本书系 2022 年北方民族大学中央高校基本科研业务费资助国别和区域研究北方民族大学乌兹别克斯坦研究中心、教育部国别与区域研究北方民族大学乌兹别克斯坦研究中心、教育部国别塔尔研究中心研究经费资助部分成果

2022 年北方民族大学校级科研平台"区域文化对外传播及翻译研究团队"（项目编号：2022PT-S14）阶段性成果、2022 年北方民族大学青年人才培育项目"英、汉翻译语言不同语域下的'翻译共性'与'translationese'：基于语料库的研究"（项目编号：2022QNPY14）阶段性成果

Common Features and Characteristics of Translationese:
A Study on English and Chinese Translation Language

译语的共性与个性
——基于语料库的英、汉特征译语比较研究

杨晓琳 ◎ 著

中国出版集团有限公司
世界图书出版公司
广州·上海·北京·西安

图书在版编目（CIP）数据

译语的共性与个性：基于语料库的英、汉特征译语比较研究 / 杨晓琳著. -- 广州：世界图书出版广东有限公司，2024.11. -- ISBN 978-7-5232-1693-4

Ⅰ．H315.9；H159

中国国家版本馆 CIP 数据核字第 2024V7S895 号

书　　名	译语的共性与个性——基于语料库的英、汉特征译语比较研究 YIYU DE GONGXING YU GEXING—JIYU YULIAOKU DE YING HAN TEZHENG YIYU BIJIAO YANJIU
著　　者	杨晓琳
责任编辑	冯彦庄
装帧设计	文　兮
责任技编	刘上锦
出版发行	世界图书出版有限公司　世界图书出版广东有限公司
地　　址	广州市海珠区新港西路大江冲 25 号
邮　　编	510300
电　　话	（020）34201967
网　　址	http://www.gdst.com.cn/
邮　　箱	wpc_gdst@163.com
经　　销	新华书店
印　　刷	武汉鑫佳捷印务有限公司
开　　本	787 mm×1092 mm　1/16
印　　张	19.5
字　　数	288 千字
版　　次	2024 年 11 月第 1 版　2024 年 11 月第 1 次印刷
国际书号	ISBN 978-7-5232-1693-4
定　　价	168.00 元

版权所有　翻印必究

（如有印装错误，请与出版社联系）

前　言

近年来，基于语料库的翻译研究蓬勃发展、方兴未艾，研究视角涉及广泛。自20世纪后半叶，大多数翻译研究的语言学研究主要聚焦于翻译技巧或词内/外对等，对于翻译后的目标语言本身，特别是对其与原生语言对比所呈现出的特征的深层思考研究，数量相对较少。众多学者认为在翻译中存在一种语言规范，既不同于源语（SL），也不同于目标语（TL），这种特殊的语言形式长久以来被赋予种种定义和名称，本书主要采用translationese（特征译语）和translation universals（翻译共性）进行表述。伴随着语料库翻译研究的发展，国内外研究者对这一话题均有重要探讨。本书从前人研究的理论基础和经验出发，在对大规模真实语料观察与描述的基础上，尝试从更加系统的角度观察语言发生与变化的规律，依托大数据和跨学科优势，从量化统计与质性分析的角度，描绘出可信的分类语言模式，从而逐步发展与构建理论体系的大厦，并期待能够为各级各类语言和翻译科研及教学应用提供参考指导，乃至对语言转换思维过程的研究、二语习得研究与教学实践等亦有所启发与帮助。

从整体结构来看，本书的主体内容部分按照所涉及的主题分为3大部分，9个章节。

第一部分为绪论，包括第1~4章，这一部分主要涉及研究主体讨论展开前的一些必要的背景介绍及理论铺垫。第1章为研究简介，简要介绍特征译语、翻译共性与语料库翻译研究的概念与联系，说明其与本书的关系，随后从理论与实践两方面阐明研究的意义。第2章为文献综述，在这一章中，从"概念及研究模式的转变"和"语料库研究方法背景下的研究路径"两个方面，分别对有关特征译语和翻译共性假设的国内外文献进行比较详细的回顾与阐述。第3章在相关研究回顾的基础上，对特征译语的概念进行重新界定，并厘清它与翻译共性之间的关系；以厘清后的概念为依托，在前人研究的基础上概括其不足之处与拓展空间，提出以往研究的不足之处在于缺乏对英、汉两种翻译语言按照语域划分的全面考察，以及缺乏将语言形式和语义、语用结合起来的双向互证研究。本书旨在填补这一不足，并期望有所拓展，这也是本书的创新之处。第4章主要介绍研究用的语料库、辅助统计工具以及研究设计。

第二部分是研究结果及讨论，包括第5~7章。第5章分别从词汇层面、句子层面以及语篇层面选取一些代表性的参数，考察、比较原生英语/翻译英语及原生汉语/翻译汉语的宏观特征。第6章则着眼于微观特征，在词汇层面选取一些英语和汉语中各自具有的独特项，在句法层面选取了一些英语和汉语中的个别共同项，分别从形式、语义以及语用方面考察比较其在翻译前后的变化。第7章对第5、6章中观察到的结果进行汇总梳理，对比互证，从中提炼出规律，阐明翻译英语和翻译汉语的共性特征与个性特征。

第三部分为理论启示与总结，包括第8、9章。第8章对前文中得到的研究结果从语言接触语言触发以及语言类型学的角度进行理论探索，并提出了自己的见解。第9章总结研究对翻译共性与个性研究的启示，提出研究可能存在的提升空间，以及对这一领域未来研究的展望。

本书基于笔者的博士论文基础上撰写而成，历经数年波折，如今境遇稍安，终得出版。借此一隅，特别感谢我的导师肖忠华教授（逝者已矣，惟愿安息），感谢导师程乐教授与合作导师李德超教授，由衷感激三位导师在我学术道路上的引导、支持和帮助。感谢北方民族大学区域与国别研究院乌兹别克斯坦研究中心、卡塔尔研究中心、北方民族大学青年人才培育项目和北方民族大学校级科研平台"区域文化对外传播及翻译研究团队"，为本书出版提供了经费支持。最后要感谢我的家人为我提供坚强的后盾，鼓励我一路坚持前行。虽经努力，然学海无涯，学识所限，书中舛误在所难免，还请读者不吝赐教。

目 录

第一部分 绪论

1 研究简介 ·· 3
   1.1 特征译语、翻译共性与语料库翻译研究 ························· 3
   1.2 研究意义 ·· 4

2 文献综述 ·· 8
   2.1 特征译语 ·· 8
   2.2 翻译共性 ··· 11
   2.3 研究述评与研究空间 ·· 14

3 特征译语与翻译共性假设 ··· 19
   3.1 特征译语的概念界定 ·· 19
   3.2 特征译语与翻译共性假设之间的联系 ······················· 22

4 研究语料库、工具与研究设计 ······································ 25
   4.1 研究语料库与辅助统计工具简介 ···························· 25

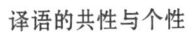

4.2 研究设计 ································ 27

第二部分 研究结果与讨论

5 总体语言特征 ································ **31**
5.1 词汇层面 ································ 31
5.2 句子层面 ································ 117
5.3 语篇层面 ································ 121
5.4 本章小结 ································ 130

6 个别语言特征 ································ **131**
6.1 词汇层面 ································ 131
6.2 句子层面 ································ 168
6.3 语篇层面 ································ 181
6.4 本章小结 ································ 190

7 翻译英语、翻译汉语中的特征译语：共性与个性 ································ **191**
7.1 词汇层面 ································ 192
7.2 句子层面 ································ 202
7.3 语篇层面 ································ 205
7.4 共性特征 ································ 207
7.5 个性特征 ································ 213
7.6 本章小结 ································ 236

第三部分 理论启示与总结

8 理论启示 241

8.1 语言类型学的联系与启示 241

8.2 词汇触发的联系与启示 246

8.3 综合性解释与探索的启示 251

9 总结 252

9.1 对翻译共性与个性研究的启示与展望 252

9.2 结束语 253

附录 255

CLAWS7 词性标注集 255

中国科学院计算技术研究所汉语词性标记集 261

UCREL 语义标注集 266

参考文献 283

第一部分

绪 论

1 研究简介

1.1 特征译语、翻译共性与语料库翻译研究

语言学研究的兴起对20世纪后半段翻译研究学科的建构功不可没，但即便是通过语言学途径来进行的翻译研究，对翻译目标语言本身所具有的语言学特征研究也一直未能得到足够的重视，大多数研究是以对源语-目标语转换的分析为主导的。Jakobson（1959）首先将翻译置于符号学的框架内进行考察，但是重点放在了对翻译进行分类及探讨语言符号对翻译中意义对等的影响上。Nida（1964，1969）力图结合乔姆斯基理论框架（Chomsky，1957）建立"翻译科学"，但是在提及translationese时，他认为这是一种过分追求形式忠实的结果（1969：496）。描写翻译学研究（DTS）兴起后，人们开始更多地关注翻译语言本身的特征，如Even-Zohar（1978）认为，翻译是有一些语言规范存在的，此类现象既不同于源语言，也不同于目标语言。Duff（1981）称这种特殊的语言现象为"第三类语言"，而Frawley（1984）则称其为"第三语码"。Toury（1995：208）认为这种"所谓的翻译语言最初只表现为一些临时出现的现象，但是从长远来看，它会凸显出一些明显的标记，这会将其与所处同一文化背景下的其他语言模式区分开来，既不同于翻译目标语言的模式，也不同于原生语言的模式"。诚如Hansen & Teich（2002：44）所述："翻译研究已达成一种共识，即译文属于一种特殊文本，不仅仅有别于源语文本，而

且也与译语中对应的母语文本不同。"（转引自肖忠华，2012）

直至语料库语言学研究方法出现后，大规模系统客观地研究翻译语言的特征才成为可能，并在近年来持续发展兴盛起来。近二十年来，基于语料库的翻译研究兴起之后，翻译语言特征描述中的两个关键词——"translationese"与"翻译共性（translation universals）"逐渐引起了越来越多研究者的关注，关于这方面的研究层出不穷。在大部分研究中，这两者交织在一起，难分难解。在国内翻译研究领域，"translation universals"被译作"翻译共性"已经达成共识，没有异议。但是"translationese"这个词自从被引进国内之后，对其译名尚无统一定论，最常见的有"翻译腔""翻译症""翻译体"等，亦有研究者对其概念与译名做过探讨，如杨普习等（2009）对概念译名进行梳理，认为称其为"翻译腔"更贴切。柴秀娟（2012）试图通过翻译语言的认知文体分析框架说明"translationese"与"翻译共性"的理论定位和关系，并加入一个"translational variation"作为中间概念，等等。本研究试图在基于语料库的翻译学研究大背景下，先对这两个概念做一番梳理，尝试厘清及再定义两者之间的关系并阐明意义。鉴于在此背景下随着研究的深入发展，目前国际国内对"translationese"的认识已经趋向中性，并且为了避免与代表整体目标文本的"翻译语言"产生混淆，并突出其"特征描写"的方面，笔者认为称其为"特征译语"更为贴切，本书亦将统一采用这个称谓。在厘清了两者的关系，搭建起初步的理论假设框架后，本书将在语料库中对其全面展开实证考察研究。

1.2 研究意义

对特征译语与翻译共性假设的探索，无论是在学科理论建设还是在实践方面都具有深远的意义。

1.2.1 理论意义

Nida（1964，1969）尝试借助语言学内核与框架建立起翻译科学体系后，翻译研究的关注点由原先主要聚焦于翻译产品逐渐扩散到了过程、环境与参与者。然而做翻译研究，建立翻译理论，归根到底还是要从对实际翻译产品的考察出发，Newman（1980：64）和Holmes（1988：101）早在20世纪80年代就指出了考察真实文本的重要性。对翻译特征语言的研究正是从实实在在的翻译产品出发，在其特征上再对其他相关原因与现象做进一步的认识、归纳或推测，从而逐步构建与发展理论体系的大厦。

名正则言顺。厘清特征译语与翻译共性的概念，明确这两个术语的关系，会对开展后续研究非常有帮助，可以避免因为概念的混淆不清所带来的表述不畅与解释的含混不清，帮助理清研究思路，明确研究层次与方向，让具有相同理论立场的学者能够通过语料库从不同语言的角度研究特征译语和翻译共性的特点，互相印证研究结果，从而提高研究效率，最终达到认识这两个概念本质，充分了解翻译语言的终极目标。种种具体特征译语的表征，就像一块块拼图碎片，或能用得上或用不上，但是如果足够耐心与细致，通过这些碎片有可能逐渐拼出翻译共性的概貌。如前所述，翻译共性产生于双语转换过程中，如果可以通过其在产品中的具体表象逆推到这一过程中的产生机制，则可能对心理学、认知科学，乃至语言学的发展均有所贡献。

此外，从语言哲学的方面来说，翻译上的等值论强调语言表层或深层的共性，然而如前所述，翻译语言所表现出来的共性并非所有语言的共性。由于种种因素的作用，翻译充满着不确定性，这种不确定性来源于对存在的感知与思维的差异。特征译语中所表现出的共性则体现着这种差异中的一种近似的规律趋向，有些类似于维特根斯坦（1953）在分析阐述"语言游戏"时所采用的"家族相似性"这个概念，不过这种"相似性"是出现在两种具体语言转换的过程中的。尽管翻译共性不同于语言共性，但是对翻译共性的研究结果对语言共性研究亦会有所帮助。如果说所有的语言都存在某些共性倾向，比如依存距离（句子中支配词与从属词之间的线性距离）最小化（Liu，2008；Futrell，Mahowald & Gibson，2015），也出现在所有的翻译语言当中，那么这是不是可以反映出人类语言思维处理中的一些共性呢？

1.2.2　实践意义

对特征译语与翻译共性的研究同样也具有重要的实践意义。梳理出各类具体的翻译语言特征，可以在进行课堂翻译教学及译员培训时有的放矢，让学生及职业译员对所涉及的具体语言有一个更加充分的了解，进而更加明了在翻译实践中应该针对实际情况采取哪些翻译策略。例如，不同的语域存在不同的语体特征，相应的翻译特征语言也不例外，了解这些区别并充分加以利用，对促进教学、学习及翻译实践的效果有着非常积极现实的意义。翻译中的语言转换机制在心理认知过程方面与第二语言习得亦有相近与联系之处，并影响着二语习得，已有不少学者关注过这两者的关系（Kern，1994；Prince，1996；Collina，2002）。因此，翻译语言转换思维中的共性研究，特别是对趋向于源语干扰方向的翻译特征语言的研究，也有可能对二语习得研究与教学实践有所启发与帮助。

Baker（1993：245）曾经提到，对第三语码本质的研究可以帮助我们解答对于"伪译"（pseudotranslation）性质的疑问。从实际应用的角度来看，这在文献鉴别、文学研究、法律语言学（forensic linguistics）等领域里非常实用，如通过使用语料库手段分析语言特征来辨别文体（Biber，1995；Short et al.，1996），描述比较作者/译者的风格（Milic，1991；Hori，2004；刘泽权、刘超朋、朱虹，2011），以及在法律语言学中通过分析语言证据来确定作者归属（Gibbons，2003；Coulthard & Johnson，2007；Grant，2008），对特征译语的研究也可以帮助我们辨别某些"伪译"，为相关研究与鉴定提供比较可靠的支持证据。而在某些特定的文化环境下，一些作者采用这种特征译语的异质性与独立性，通过刻意模仿某些语言特征来假称翻译，这属于另外一个话题。但是，这也从另一个方面承认了特征译语客观独立存在的地位（胡显耀，2010：451）。

　　对特征译语及翻译共性的研究亦可帮助学习者对翻译现象有一个更加深刻、全面的认识，从而对开阔眼界、提高职业素养不无裨益。此外，研究成果也大有可能直接应用于机器翻译上。根据一些特征译语的表征来自动识别翻译文本，已经达到了较高的识别率，证明了将特征译语的表征用于机器自然语言处理是可行的。然而机器翻译目前在实际应用中并不尽如人意，但是如果根据特征译语的特点加以改进，尤其是根据不同语言对（如英-汉翻译、日-汉翻译）中所表现出来的特征译语的变体特征进行进一步分类改进的话，就可能有针对性和更快速、有效地提高机器翻译的质量。

2 文献综述

2.1 特征译语

2.1.1 概念及研究模式的转变

"特征译语"（translationese）这个词在前语料库时期多含贬义，如Nida（1969），Newmark（1988）等，认为它是一种不恰当直译的结果，会导致对原文内容理解的偏离。语料库翻译研究出现后，人们对这个词的认识越来越趋向中性。Gellerstam（1986）最早在其研究中以中性意义使用这个词，用以指出现在翻译文本中的一种特殊语言变体。Baker（1993：243）用"翻译的普遍特征"（universal features of translation）来表述这个概念，认为它是一种与目标语背离的语言特征分布，并非两种语言系统对抗的结果，也就是说未受到源语的干扰。Tirkkonen-Condit（2002：208）认为有必要区分因不熟练翻译导致的特征译语和产生于翻译过程中不可避免的特征译语，而后者的另一标准指代术语是翻译共性。Puurtinen（2003b）认为，随着描述翻译研究对译本态度的转变，"特征译语"一词的意义已经转向了中性，指译文中特有的语言型式（pattern）特征，这种特征可能出现在词汇、句法、语义、文体以及语用功能层面上。她还探讨了特征译语与翻译共性的关系，认为后者是一种更加宽泛的定义（2003b：391）。Balaskó（2008）探讨了特征译语的重新定义问题，认为在显性（overt）翻译文本与隐性（covert）翻译文本（House，1977）里的每个语言学层面上都会出现特征译语，从而使得翻译文本的语言与目标语原生文本语言有所区别。它由两组要素构成：一组包括目标语言中偏离于标准用法的特征；另一组包括描写翻译研究中所指向的"翻译共性"，如显化、简化、范化等。Koppel & Ordan（2011）也认为无论是书面的还是口语的翻译产品都有别于原生文本。对于这种区别，有些学者强调与源语无关的总体特征（Selinker，1972；Frawley，1984；Gellerstam，1986；Baker，1993），有些学者则强调源语干扰的影响（Toury，1995），因此，即便是同一种目标语言，从不同源语翻译过来也会有不同的源语印记在里面，会呈现出不同的变体（dialects）。可见特征译语虽然总体来说表现为对目标语言常规使用特征的偏离，但其实是一种复杂的现象，具体表象与成因还需要进一步的分类探讨。本书所探讨的特征译语仅限于这种语言学层面的中性定义，不涉及与社会、文化及译者风格等有关的广义所指，如Spivak（1993）所称的政治意义上的"translationese"等。

对特征译语的研究模式，在前语料库时期，尤其在"规定性"翻译研究时期大多采用文本对比分析的方法，传统研究的重点在于追求所谓"理想"的翻译，即译本语言在传达源语文本的意义与保持在目标语言系统中的流畅性之间保持平衡，因此，在这一时期对特征译语的态度大多是否定的、消极的，这也从一个方面反映出原文文本至上而将译本看作是"次一等"文本的传统影响。描写性研究范式出现后，在多元系统论的基础上，翻译被看做是接受文化的一部分（Toury，1995），这种对"理想"翻译的强调逐渐让位于对翻译的真实描写，随着研究模式的改变、译本地位的上升，对其语言的研究也越来越需要一个客观、中立的态度。特别是在基于语料库的研究模式出现后，随着语料库规模的扩大以及技术的发展，系统、客观地描述翻译语言的特征成为可能，对译文的语言特征研究变得更加直观、科学。近年来在国际上采取语料库方法对特征译语进行的研究以及对其表述中，这个词几乎都是以中性意义出现的，而大量的研究结果也在一定程度上证明了特征译语以一定的独立形式存在，并且可以通过特定的手段识别出来。

2.1.2 语料库研究方法背景下的研究路径

语料库研究方法的出现，对特征译语研究起了极大的推动作用，研究者们，如Gellerstam等（1986，1996）率先开始在语料库中通过对比翻译语言与原生语言的统计特征来探寻特征译语的真面目。经Baker（1993，1995）提倡结合大型语料库做翻译研究之后，越来越多的学者开始关注这一领域，并采取各种各样的方法充分利用语料库开展研究。从目前来看，在基于语料库的明确以"translationese"作为目标的研究中，研究方法多种多样。既有只使用可比语料库进行研究的，如Gellerstam（1986）、Puurtinen（2003a，2003b）、Balaskó（2008）、Rayson等人（2008）、Meldrum（2009）、Koppel & Ordan（2011），也有使用平行语料库及结合两种语料库进行研究的，如Santos（1995）、Rodríguez-Castro（2011）、Rabinovich等人（2015）。

所考察的语言特征多从词汇、句法、语义等层面出发。例如，Gellerstam（1986）对瑞典翻译语言中词汇特征的考察；Puurtinen（2003a，2003b）对芬兰儿童文学翻译中的复杂非限定性结构、从句的连接词以及关键词的考察；Rayson等人（2008）从词汇、词性及语义的层面上对汉英翻译中的特征译语的考察；Meldrum（2009）从日语翻译小说中的人称代词、借词、女性用语、作为及物动词主语的抽象名词及较长段落等方面考察日语中的特征译语；Koppel & Ordan（2011）从词汇的层面考察了两个语料库——第一个语料库包括同一体裁下的原生英语及从与英语属同一语族的五种语言（法语、意大利语、西班牙语、德语、芬兰语）译入的英语，第二个语料库包括不同体裁下的原生英语及从与英语不同语族的三种语言（希腊语、希伯来语、韩语）译入的英语。将从两个语料库观察到的结果进行对比后，他们发现了不同源语、不同类型特征译语的一些相似特征。Rabinovich等人（2015）通过考察功能词及衔接标记来评估其所建的特征译语语料库（The Haifa Corpus of Translationese）。

也有一些研究从其他方面出发进行考虑。例如，Santos（1995）从语法的角度出发，通过考察葡萄牙语/英语原文及译文中的时体系统，提出特征译语的语法特征；Balaskó（2008）则通过考察匈牙利语原生语言及翻译语料库中的型式特征，提出特征译语的型式特征可能出现在语用、句法层面上；Rodríguez-Castro（2011）通过对英语/西班牙语原生语言及英西翻译语料库中标点符号的考察，提出特征译语的表征也会表现在标点符号上，原因来自源语的干扰影响。

还有一类研究偏向自然语言处理范畴。例如，研究者通过支持向量机（Bernardini & Ferraresi，2005）、机器学习（machine learning）（Baroni & Bernardini，2006；Ilisei et al.，2010，2011，2012；Popescu，2008；Avner et al.，2016）、聚类方法（clustering approach）（Nisioi & Dinu，2013）等手段根据特征译语的表征自动辨别翻译文本与原生文本，且识别率颇高，此类研究亦从一个方面证明了特征译语普遍存在及相对独立于目标语言的不争事实及其中性地位。

许多对特征译语研究的结论指向翻译共性假设。例如，Puurtinen（2003a，2003b）通过考察芬兰语儿童文学翻译语料库中的翻译语言特征，既发现了支持共性假设的证据，又发现了与假设相反的证据；Balaskó（2008）的研究验证了简化与范化假设，Rodríguez-Castro（2011）希望通过对标点符号的研究扩展至简化与显化假设；Ilisei（2012）通过分析翻译语言，考察验证了简化与显化假设。也有一些学者通过对翻译文本辨别过程的研究提出了另外的普遍性假设，如Tirkkonen-Condit（2002）在考察实验对象对翻译文本的辨别时提出译入语独特项可能是区分原生/翻译文本的一项普遍特征，值得深入研究。

2.2 翻译共性

2.2.1 概念及假设的发展

对于翻译文本所呈现出的一些普遍特征倾向，研究者从前语料库时期开始就有涉及。例如，Vinay和Darbelnet（1958：8）就讨论过翻译中的显化现象，他们将其描述为"将源语中隐含的信息添加到目标语言中的过程，这个过程是由上下文或具体情境而定的"。Vanderauwera（1985）考察了50部荷兰语-英语翻译小说后，发现无论是在词汇还是句法方面，译者往往会对原文进行简化。Baker（1993）提倡用语料库的方法做翻译研究，在前人研究的基础上提出了"翻译共性"的概念，认为这是翻译文本的共性特征，即只出现在翻译文本中的源语文本所不具备的一些典型的语言特征，这些特征与翻译所涉及的语言没有关系。（1993：243）此后许多学者在这条道路上孜孜以求，相继对已有的或新提出的共性假设进行了一系列探讨，一些讨论较多，具有代表性的如显化假设（Baker，1996；Johansson，1998；Øverås，1998；Olohan & Baker，2000；Olohan，2001；Chen，2006；王克非、胡显耀，2008；Xiao，2011）、简化假设（Laviosa，1998，2002；Olohan & Baker，2000；Xiao & McEnery，2010；李德超、王克非，2012）、范化或传统化假设（Scott，1998；Kenny，1999；Bernardini & Ferraresi，2011）、异常搭配假设（Mauranen，2000）、独特项假设（Tirkkonen-Condit，2002，2004）、源语渗透假设（Teich，2003；Dai & Xiao，2011）、趋同假设（Pastor et al.，2008）等。

  随着研究的发展，人们发现一些概念的边界模糊或有重叠之处，一些研究甚至出现了矛盾的结果，这大多是对比出发点不同，对观察对象的情况未做明确的划分所致。因此，Chesterman（2004）根据观察研究的出发点将翻译共性划分为两大类：S共性和T共性；前者从源语出发与翻译语言进行对比，后者从目标语出发与翻译语言进行对比。其实这更偏向于一种观察或对比方法的划分，并未涉及对语言特征表象的描述。其思考角度与Toury（1995）提出的两个法则——干扰法则（law of interference）和标准化法则（law of growing standardization）类似，都是从两极出发。但是对研究者来说也不无裨益，可以助其在纷繁复杂的翻译现象中理清研究思路与途径。

2.2.2 语料库研究方法背景下的研究路径

对于翻译共性假设的研究,学者们大多是从具体的语言特征现象出发,进行对比分析,再概括提炼出可能出现的共同倾向,从而验证/质疑已有的假设,或提出新的假设。就几个常见的假设来说,研究者大多通过以下途径来进行探讨:

对显化假设的特征探讨包括:连词增加（Blum-Kulka,1986;Puurtinen,2003a,2004）、增加修饰语（Vanderauwera,1985）;用具体意义词代替通用意义词（ØVERÅS,1998;Perego,2003;Klaudy & Karoli,2005）;代词清晰化、从指称词变为具体名词（Olohan & Baker,2000;Pápai,2004;黄立波,2008）;增加话语重述标记（Baker,2004,2007;Xiao,2011,肖忠华,2012）;句子扩张（Olohan & Baker,2000）;增加对源语读者来说是常识但目标语读者可能不甚了解的信息（Pym,2011）;等等。

对简化假设的特征探讨包括词汇密度降低、高频词比例上升、高频词重复率高、单次出现词（Hapax Legomena）使用频率低（Laviosa,2002;cf. Ilisei,2012;Xiao et al.,2010;肖忠华,2012）、平均句长变短、最常用词变化减少（Laviosa,2002）。Bernardini & Ferraresi（2011）通过考察三类英语词汇,认为与作者相比,译者更具有保守/范化的倾向。还有不少研究者从不同角度对简化假设提出了质疑,如Mauranen（2000）从搭配的角度、Jantunen（2001）从词汇使用的角度、Jantunen（2004）、Pastor等（2008）从句法的角度等。

对范化及其它假设的探讨途径包括May（1997）、Scott（1998）考察了翻译小说之后在词、句、标点符号等方面均发现存在范化的倾向。Kenny（1999,2001）考察了德-英翻译小说中的单次出现词,发现原文中的首创词语并未在译文中范化,认为尽管在翻译中存在词汇范化,但是单次出现词并不宜作为范化的证据。Teich（2003）通过考察英-德翻译中的被动结构等语法项目的同时探讨了范化与源语透过效应,后者也在汉语翻译中得到了一定程度的证据支持（Dai & Xiao，2011）。Tirkkonen-Condit（2002，2004）通过对芬兰语母语使用者的测试及语料库中词项的考察，提出目标语独特项假设，翻译文本中往往会呈现出独特项呈现不足的特征。Mauranen（2008）也在芬兰语翻译中找到了支持这一假设的句法结构证据。Gellerstam（1996）提到过在译文中存在不同的搭配类型，Mauranen（2000）通过考察译文中词与短语的搭配，认为与通用目标语相比，译文中出现的异常搭配也可认为是一种翻译语言的特征，这一点也在Kenny（1999）对单次出现词的搭配和Jantunen（2001）对同义词强势语（synonymous amplifiers）的搭配研究中得到了一定程度的证实。

还有一些研究者从不同的途径对假设进行探讨。例如，Scott（1998）考察范化假设时，列举例证说明范化分为两种：由目标语语法引起的强制性范化和由译者主观倾向引起的范化。Klaudy（1993）也在其研究中提到显化的这两种分类。

也有学者另辟蹊径，从传统的原语文本与译文文本之间的比较转向了别的切入点，如Lapshinova-Koltunski（2015）对比研究了不同翻译方法的变体之间的系统差异，从而探索翻译的普遍特征。她通过对专业、非专业人工翻译、机器翻译等不同变体之间的词汇语法模式及统计特征的分析比较来验证假设，结果发现规范化与源语透过效应只得到部分证明，并且根据翻译变体不同而表现出很大的差异，只有趋同假设得到了验证。

2.3　研究述评与研究空间

从文献综述来看，以往对翻译语言的研究尽管涉及多种语言、多种语域，以及从多种视角进行的观察，但是到目前为止还缺乏对象英语和汉语这样两种相距甚远的语种的翻译语言按语域分类进行对比的研究。从对语言特征的观察层面来看，既有在语言形式层面上的考察，也有专注于语义或语用层面上的观察，但是仍然缺乏同时将两者结合进行，并进行对比互证的研究。

2.3.1 语域

在语言学词典中,"语域"(register)一词的意思是"根据不同的社会情境而使用的语言变体"(Crystal, 1991)。语言的社会语境相关语言变体很早就引起了语言学家们的注意,如Malinowski(1923/1994)、Firth(1935)等人对此都有述及。到了20世纪五六十年代之后,许多论文与专著涌现出来,聚焦于描写不同语言的特殊语域及其语言形式因受到交流目的或情境语境影响而产生的变化,如Ferguson、Gumperz、Halliday、Hymes等人都对不同社会情境与交际用途下的语言变体做过研究(见Biber & Finegan, 1994: 4-5)。而吸引着这些学者们对语域进行持续不懈的研究的,正是语言的社会情境属性所带来的多样性表现及其背后的机制与规律,因此,应该如何准确全面地描述与解释不同语境下的语言现象?语言学家们发展出了一系列从各种角度出发的研究方法。例如,Labov等人通过对叙事结构的分析(Labov & Walesky, 1967)来定义语域。Romaine(1980, 1982)用社会历史的方法对语域变化进行研究。Halliday(1978: 35)认为语域反映了在不同类型情境语境(context of situation)中语言的使用,并由实际发生的事件、参与者,以及语言所扮演的角色这三个变量决定。因而语域可以被定义为与某种情景类型相联系的语义资源的组合,是在特定的社会语境下能被理解的意义潜势(meaning potential)(Halliday, 1978: 111)。Biber(1994)提出建立一种综合性的语域分析框架,并利用多维度分析的方法对语域变化的跨语言共性特征进行探索(2014),等等。因此,在不同的语域中,语言的区别特征不仅仅会体现在形式上,更重要的区别还在于语义和语用的差异,尽管一部分语义和语用的变化也可以通过语言形式的变化而表现出来。由此可见,要对一种语言进行比较全面准确的考察,就应该考察其按语域类别划分的语言特征,并从形式、语义和语用三个方面来进行。那么,要对不同翻译语言的共性与个性特征进行比较全面、准确的考察，也应该从不同语域下每种原生语言和翻译语言的形式、语义与语用的区别特征入手，然后再将不同翻译语言的特征进行对比互证，从而归纳出具有共性倾向的特征，并发现其各自的个性特征，结果才会更加具有说服力。

"以往基于语料库的研究所关注的主要焦点之一，就是描述在不同语域下所呈现出来的不同语言学特点。"（Biber，2014：7）然而在翻译语言研究领域，纵观以往的研究，对其考察描述大多集中在单个语域环境中，如小说、新闻、会议等，或者简单地分为文学类/非文学类，或者干脆未按语域及文体进行分类，而是将其作为一个整体来看待来进行考察比较。尽管近年来也有研究者开始在不同语域范围内对翻译语言进行比较全面的综合对比考察，如Kruger和Rooy（2012）考察了六类语域下翻译英语的语言特征，发现翻译语言变化特征与语域无关的假设并不成立。Xiao和Dai（2013）考察了四类语域下翻译汉语的词汇与语法变化特征，从汉语的角度来重新评估翻译共性假设。但是到目前为止，还未见有研究对这两种大跨度语言的翻译语言特征进行分语域全面详细的对比考察，所以本研究试图在此方面有所拓展与发现。

2.3.2　语言转换中的形式与语义/语用变化

由于语域根据社会功用的差别而不同，以使语言适应相应的目的、话题以及情境，因此，不同语域下所使用的语言从内容到形式上都有所区别，这是其自然属性（Biber & Finegan，1994：7）。也就是说，在不同的语域下，语言的形式、语义、语用特点都会有所区别，这是语言的系统符号性特征和社会性特征共同作用的结果，也是语言的本体属性使然。那么，当一种语言转换为另一种语言时，毫无疑问，与原生语言相比，翻译语言的变化特征也会在形式、语义、语用上有所体现，并且可以通过对特定项目的对比考察得以确定。这种变化该如何具体进行考察？它们在不同语域下发生变化的特点是什么？这些特点能放在一些共性假设的框架下加以解释吗？这些都是本项研究亟待解决的问题。

从以往的基于语料库的研究可以看出，研究者最初大多将目光集中在对翻译语言形式特征的考察上，如前文2.1.2、2.2.2中提到的一些研究。后来一些研究者开始逐渐关注翻译中的语义和语用方面的变化特征，然而由于语言识别以及标注技术等的限制，在这一方面的研究主要还是通过对语言特征形式的变化以及搭配的考察来进行的，多表现为对搭配、语义趋向、语义韵的研究，且分析多在自动提取语言形式特征的基础上辅以手工完成。例如，胡显耀、曾佳（2010）研究发现，汉语当代翻译小说中的"被"字句从形式结构到语义韵均有"传统化"的特征；郭鸿杰、韩红（2012）研究发现，"被"字句的语义韵在英汉语言接触之后，表示积极或中性语义韵的频率明显增加；夏云（2014）考察了历时翻译汉语语料库中的"被"字句后发现，五四运动之前"被"字句以消极语义为主，而在最近的翻译汉语中，消极语义则大幅度减少；朱一凡、胡开宝（2014）通过考察发现新闻翻译汉语中"被"字句的主导语义趋向为弱及物义，语义韵整体呈中性化趋势；Xu & Li（2014）采用形式与意义相结合的方法来研究汉语中的离合词及其英译。近年来词汇语义自动分析技术已有了显著的进展，如潜在语义分析（LSA）、MRC心理语言学数据库、Lancaster语义标注系统（USAS）、动词网络（VerbNet）、词汇网络（WordNet）等词汇语义系统或资源都已为各种语言研究所采用（参见许家金，2016），而在这些资源基础上考察翻译语言特点的研究仍然极少见，最近的研究，如许家金（2016）基于MRC数据库中的语义资源，考察了英语译文的词汇语义特点，发现英语译文有用词抽象、概括的显著特点。这些研究均表明，通过对语义及语用的考察来确定翻译语言的特征是可行的。然而到目前为止，还缺乏一种对英、汉翻译语言在不同语域下语义和语用变化特征的系统对比考察。这一方面是由于语言识别及标注等技术限制方面的原因，另一方面也是由于语料库翻译研究起步相对较晚，因此，相关的研究方法及研究领域还正在探索与开拓中，而这也是本研究的初衷与目的。

2.3.3 本研究的创新特点

综上所述，目前基于语料库的翻译研究领域已经取得了显著的成果，然而存在的不足与缺陷也不容小觑,但是,这也从另一个方面说明,在这一研究领域内,还有非常广阔的空间可以加以探索与拓展。作为描写翻译研究的一个重要分支,可以预见在这一领域内所取得的重要研究成果与突破会促进翻译理论建设,乃至整个翻译学科建设的发展。

  本研究意图在前人研究的基础上进行进一步探索,期望在深度和广度上都有所拓展。创新特点总结如下:①厘清了特征译语与翻译共性的各自概念与相互之间的联系,从而对特征译语中的个性特征与共性特征,乃至翻译过程有一个更加深刻的理解。②对翻译英语、翻译汉语这两种大跨度的翻译语言进行对比考察,所得到的结果,尤其是具有共性倾向的特征,会比以往大部分研究中对单一翻译语言的考察或对属同一语族内的语言对比后得出的结果更具有说服力。③将不同体裁的语料按照语域划分后进行考察对比,更加符合语言的社会特征,更科学和严谨。④将语言型式特征与语义、语用特征结合考察,更加符合语言的本体属性特征,而且互证后得到的结论更加客观,更具有说服力。⑤促使我们对翻译语言中的共性现象进行更加深入、全面的理解与思考。在翻译文本中,根据不同的参数标准,可能会出现形形色色的共性表现,但是这种共性特征表现其实是一些"common features",所谓的"翻译共性"(translation universals)则是一种普遍化了的共性表现(common features)。

3 特征译语与翻译共性假设[①]

3.1 特征译语的概念界定

通过已有的研究我们可以看到，随着研究深度与广度的扩展，研究者们对特征译语与翻译共性的认识也在不断深化。虽然仍有相互借用、纠结不清之处，但是有一点很明确，就是在语料库语言学研究的背景下，研究者们都认为这是一种出现在翻译语言中偏离目标语言规范的语言特征，是一种客观独立的存在，可以通过对翻译语言的词汇、句法、语法形式等层面具体表征的考察来确定。因此，随着研究的发展与深入，我们对这个概念的认识也应该更加深化与清晰起来。

前面提到，有学者强调源语干扰的影响（Toury，1995），亦有些学者强调与源语无关的总体特征（Baker，1993；Selinker，1972；Frawley，1984；Gellerstam，1986）。Balaskó（2008）认为特征译语由两组要素构成，其实也是从这个思路出发的，Koppel等人（2011）认为在翻译文本中这两方面的特征都存在，但是对其连续性特征没有进行足够深入、详细的阐释。的确，从一方面来说，特征译语表现为对原生语言规范的偏离，严重时会给人带来一种"不自然""不地道"的感觉，这也是早期研究者们

[①] 在本章及2.2.1、2.2.2部分内容基础上整理而成的论文已发表于《山东外语教学》，2024，45（3）：108-119.

对其持负面评价色彩并加以批判的主要原因，因而国内也将这个词译为带有明显贬义色彩的"翻译症""翻译腔"。源语干扰是产生这种严重偏离情况的主要原因，相对其他原因更容易对翻译语言产生影响，表现也更加直接和明显。Weinreich（1953/1979）在其经典著作 *Languages in Contact: Findings and Problems* 中阐述剖析了语言接触引起的干扰现象的产生机制、原因与研究方法。他认为两种语言接触中会产生干扰（interference），从而引起语言型式的重组（rearrangement of patterns），并且两种语言系统的差异越大，这种干扰就越明显（1953：1）。Toury（1979）认为翻译是这种干扰现象表现得最为明显和普遍的场所之一（1979：224），尽管这种干扰可能不仅仅来自源文本中的语言。他借用了Selinker（1972）所说的"中介语"（interlanguage）来说明这一现象在翻译中的凸显，并承认，大量的翻译例证证明，没有任何翻译实际上能完全避免这种中介语的凸显（1979：226）。实际上这种无法完全避免的事实恰恰证明了这种特征译语中所存在的普遍性的特征，如Baker所称，这部分特征与具体语言系统的干扰无关，是翻译过程的本质特征（1993：243）。这一点正是语料库翻译学研究背景下众多研究者孜孜以求的目标之一。

由此可见，所谓特征译语实际上是一个连续体，容易表现得极端的一端就是为人们所诟病的"翻译症""翻译腔"，这一部分会受到具体语言系统的制约与影响，因而也表现得比较明显，其程度强弱主要取决于译者对语言的熟练程度、认知能力，甚至译者的操纵态度。这一端因为受语言干扰较多，所以源语特征明显，比较容易辨别。

例1：His parents were cotton pickers in Peru until they open a tailor shop in downtown Lima.

译例1：他的父母在秘鲁采摘棉花谋生，一直到他们在利马商业区开了家裁缝店为止。

译例2：他的父母原本在秘鲁采摘棉花为生，后来他们改行在利马商业区开了家裁缝店。

（例1及译例1、2均参考网络https://wenku.baidu.com/

view/56c2334aba1aa8114431d958.html，2016.01.15）

例2：彼は、この自然と対照させて、今さらのように世間の下等さを思い出した。下等な世間に住む人間の不幸は、その下等さに煩わされて、自分も下等な言動を余儀なくさせられるところにある。（芥川龍之介，1968/2015：50）

译例1：与自然风光相对照，他又一次想到人世间竟有多么下等。生活在下等的人世间的人们的不幸在于，在这种下等的影响下，自己的言行也不得不变得下等了。

译例2：对照自然的景色，他更感到世间的卑俗，和生活于这俗世的人们的不幸——一天到晚被包围在卑俗的气氛中，连自己也不能不做出许多卑俗的行径。

（译例1、2取自网络http://www.docin.com/p-392280233.html，2016.01.15）

以上两个例子中，除了措辞的选择外，两个译例1均明显地带有各自源语的语言特征。如在例1的译例1中，"一直到……为止"明显是受了英语原文中"until"的影响；在例2的译例1中，"与……相对照"明显受到日语中"……と対照させて"句式的影响，"……在于，在……下"显然受到了"……は、その……て"这种日语结构的影响。因此，两个例子中的译例1分别能看出一种明显的"英语腔"和"日语腔"，相对于译例2更容易辨别出是译文。

而趋向另一端的特征译语则尽管与目标语原生语言的偏离表象相对不那么明显，但是仍然会存在，这一端往往会指向翻译共性。这里无法将例句与目标语原生语言进行规模抽样对比，但是从与原文对比的角度来看，例1中的译例2，译者增加了原文中没有的"原本""后来""改行"等词，显然是采取了显化的手段。再如例2中的译例2，译者增加连词"和"是常见的显化手段；使用破折号，一方面，省略了对原文中一些助词及代词的翻译；另一方面，降低了句子的理解难度，可以视为一种简化的手段。而在翻译中，这种策略手段的采用必然会体现在翻译产品的语言特征中，通过与原生语言的规模对比以确定。

越是趋向源语干扰这端，译者主体的影响越容易显示出来，受到源语干扰明显的特征译语就会表现得更加强势，易于辨认，当源语系统与译入语系统的差异较大时，更为如此；而趋向于翻译共性特征这段，受源语干扰不明显的特征译语要相对弱势一些，但是仍然是存在的。特征译语的这种连续特性可以用图3.1来表示。

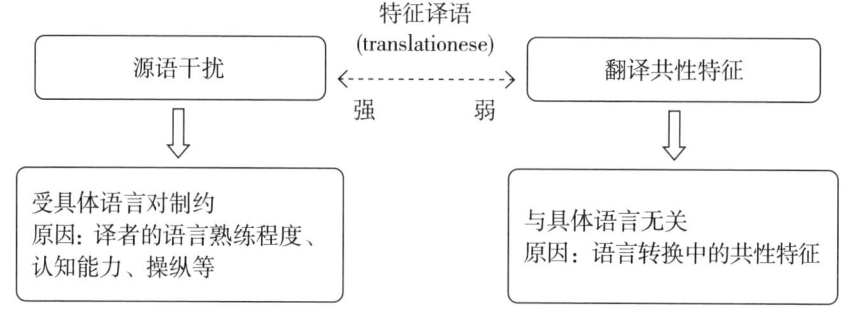

```
                    特征译语
                  (translationese)
    ┌─────────┐   ←-------------→   ┌─────────────┐
    │ 源语干扰 │      强      弱      │ 翻译共性特征 │
    └────┬────┘                     └──────┬──────┘
         ↓                                  ↓
    ┌─────────────────┐              ┌─────────────────┐
    │ 受具体语言对制约 │              │ 与具体语言无关   │
    │ 原因：译者的语言 │              │ 原因：语言转换中 │
    │ 熟练程度、认知能 │              │ 的共性特征       │
    │ 力、操纵等       │              │                  │
    └─────────────────┘              └─────────────────┘
```

图 3.1　特征译语连续特性示意图

3.2　特征译语与翻译共性假设之间的联系

那么，特征译语与翻译共性的关系究竟该怎样界定？从以上对以往相关研究的回顾可以看出，大多数特征译语的研究都与翻译共性研究交织重叠在一起，并最终试图指向对后者的假设，然而无论关注的切入点如何，研究具体实施的路径皆是从具体的语言特征现象入手进行对比分析。所考察的语言特征包括方方面面，既有宏观特征，也有微观特征，横贯词汇、句法、语法形式、话语连贯等方方面面，其中又以对词汇的考察最多，从而确定特定翻译语言的特征，继而验证已有的假设，或者提出新的假设。

总体来说，特征译语涉及具体语言中相对于目标语言的语言特征偏离，而只有一种为所有翻译语言所共有的，不受特定语言对影响所表现出来的倾向特征才能称之为翻译共性。到目前为止，相关研究远远未穷尽所有的语言，研究所依据的标准和领域也是五花八门，是以所谓"共性"远未得到全面有说服力的验证，仍处于假设的状态。因此，对翻译共性假设的验证仍需要依靠对涉及具体语言中的特征译语表现特征的不断归纳总结才能得出，也就是说，翻译语言和翻译共性都产生于翻译过程当中，并体现在翻译产品里，但是特征译语是在特定语言中的具体表现，处于具体的层面，在不同的语言中可能表现出各自不同的特征；而如果的确有一种普适的共性特征存在的话，则可以依靠这些具体表征总结出来，这一概念应该处于抽象的层面，是普适的。两者的关系可以用图3.2表示。

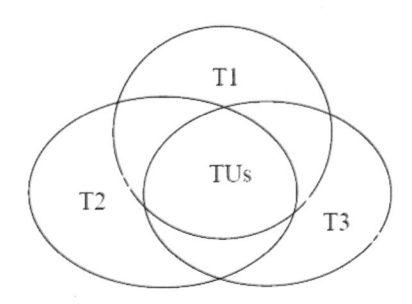

图 3.2　特征译语与翻译共性的关系示意图

（T1：特征译语1，T2：特征译语2，T3：特征译语3，TUs：翻译共性）

从图3.2可以看到，显然特征译语所涉及的范围要比翻译共性广阔，可以包含翻译语言中的个性与共性两部分特征。因此，可以说，对特征译语的研究是翻译共性研究的出发点与必要条件。

反过来说，如果确实存在某种放之四海而皆准的翻译共性的话，其产生机制实际上是处于翻译过程之中又施加作用于这个过程的，即通过语言间转换的过程施加影响，并表现在翻译产品当中，产生一部分特征译语（如前所述，另一部分特征译语则产生于游离于翻译共性之外的特定语言系统的干扰），所以这种表现为语言特征的共性实际上反映了语言转换中的思维共性趋向，因此，虽然最后也会表现为语言特征的共性趋向，但实际上与一般所说的普遍语言共性特征并无多大关系。其过程表现如图3.3所示。

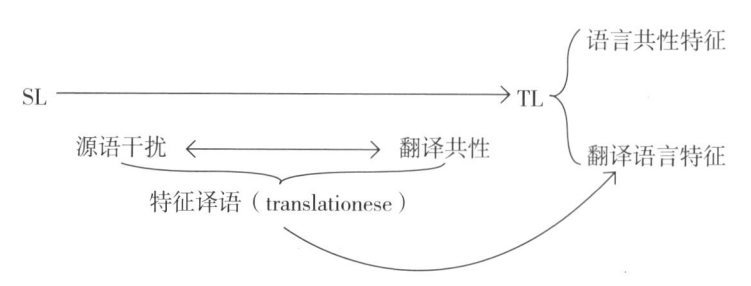

```
           语言共性特征
SL ─────────→ TL ⎨
  源语干扰 ←────→ 翻译共性    翻译语言特征
        特征译语（translationese）
```

图 3.3　翻译共性特征和语言共性特征的产生过程

（SL：source language，TL：target language）

　　如果说的确存在一种普遍的语言共性特征的话，它应该是产生于人类语言思维过程之中的。其语言学表征所反映出的深层意义表现在翻译当中，是与 Nida（1964）所追求并借以建立动态对等的"语言内核"的意义相关的。对于翻译共性的追寻并不同于对语言共性的追寻，前者是将目光集中于偏离常规原生语言的"异常"部分，"异中求同"，从中找到规律。因此，所谓的"第三语码"实际上是在语言转换过程中的认知与思维共性趋向作用下的表现结果。Chomsky（1965：30）不承认所有自然语言的深层形式普遍性会理所当然地一定影响到翻译语言，就是这个原因。

4　研究语料库、工具与研究设计

4.1　研究语料库与辅助统计工具简介

本研究所用的语料来自四个平衡可比语料库，分别是COTE语料库（The Corpus of Translational English，由肖忠华教授创建，见Hu & Xiao, 2014）和FLOB语料库（Freiberg-LOB Corpus，Freiberg-LOB英国英语语料库，由德国Freiberg大学Hundt等人建于1998年），以及ZCTC语料库（Zhejiang University Corpus of Translational Chinese，浙江大学翻译汉语语料库，由肖忠华等人建于2010年，参照LCMC语料库的标准建立，用于研究汉语译文特征）和LCMC语料库（the Lancaster Corpus of Mandarin Chinese，兰卡斯特普通话汉语语料库，由Tony McEnery与肖忠华建于2004年，由兰卡斯特大学语言学系承担开发）。这四个语料库均按照Brown家族语料库标准建立，其中COTE和FLOB分别收录了现代翻译英语和原生英语语料，ZCTC和LCMC分别收录了现代翻译汉语和原生汉语语料。四个语料库相互匹配，各自收录了500篇2000词左右的样本，均选自20世纪90年代以后的公开出版物，内容涵盖了4类语域（新闻、通用、学术、小说），15类体裁（见表4.1）。

表 4.1 语料库结构

文体分类	语域分类	代码	语体类别
非文学	新闻	ABC	新闻（报道、社论、综述）
	通用	D	宗教
		E	操作语体
		F	流行读物
		G	散文和传记
		H	政府报告、公文
	学术	J	学术
文学	小说	K	普通小说
		L	侦探小说
		M	科幻小说
		N	武侠传奇小说
		P	爱情小说
		R	幽默笑话

  为了减少某一类特定语言对译文语言的干扰作用，便于观察普适的翻译语言特征，COTE语料库中所收录的译文的源语文本语言呈多样化，译文既有译自欧洲语言文本的，也有译自非欧洲语言文本的。ZCTC语料库中的译文主要译自英语源语文本，约占99%，亦包括来自其他源语，如日语、法语、西班牙语、罗马尼亚语等不同源语的译文，约占1%，这样的结构也能在一定程度上减少来自纯粹单一的源语对译文的干扰。

  语料词性（POS）及语义标注分别采用兰卡斯特大学CLAWS7词性标注集，中国科学院计算技术研究所汉语词性标记集以及兰卡斯特大学UCREL语义标注集（参见附录）。

  本研究使用的主要检索统计工具为WordSmith Tools 5.0和Wmatrix 3。前者主要用于对语料中从词汇、句子、语篇层面拣选出的语言项进行检索统计；后者为英国兰卡斯特大学计算机语料库语言研究中心主任Dr. Paul Rayson等人开发的网络在线语料分析工具，其特点在于内嵌的两套CLAWS POS标注系统及USAS语义标注系统（UCREL Semantic Annotation System），可以对文本进行除POS标注外的自动语义域标注。本研究主要用这两个工具对语料进行语义标注及检索，亦可进行一部分必要的统计。此外，其他辅助统计工具还有Excel 2013，SPSS 20.0，Log Likelihood Calculator等。

4.2 研究设计

4.2.1 研究问题

本研究目的在于通过在不同的语域内观察与对比翻译英语和翻译汉语中出现的特征译语，发现其共性的趋向与个性的特征，从而明确特征译语与翻译共性趋向的关系，厘清概念并有所发现，从而对翻译语言及语言转换过程有一个更加深刻和全面的认识。为达到以上目的，研究拟通过对语料的对比考察分析回答以下几个问题：

（1）汉语翻译语言在不同语域下有什么语言学上的特点？
（2）英语翻译语言在不同语域下有什么语言学上的特点？
（3）以上两种翻译语言的特点有什么联系和区别？
（4）观察到的这些语言特征中（尤其是对这样两种差异极大的语言来说）有多少与翻译共性假设有关？
（5）在这种联系和区别背后起作用的机制是什么？

4.2.2 研究步骤

为解答以上问题，本研究设计实行步骤如下：
（1）在整理前人研究文献的基础上，确定要在语料库中考察的参数。这些参数将从词汇、句子、话语三个层面选取，并兼顾形式、语义、语用三个方面。以往的研究（如Puurtinen，2003a，2003b；肖忠华，2012等）表明，从宏观与微观两个方面对语言特征进行考察是可行而有效的，可以对考察对象作出比较全面而深刻的描述。因此本研究亦将分别从总体语言特征与个体语言项目特征两个视角出发，在四大类语域下（新闻、通用、学术、小说）对原生英语/翻译英语、原生汉语/翻译汉语进行考察与对比，确定两种翻译语言各自的特征表现。

（2）将观察到的两种翻译语言的特征先按照语域进行分类比较，找出翻译英语和翻译汉语在同一语域下的异同，再将不同语域下的特征进行横向比较，确定在不同语域下翻译语言的整体语言特点。

（3）尝试结合语言类型学及词汇触发理论等相关理论，对所观察到的特点作出解释。

第二部分
研究结果与讨论

5 总体语言特征

5.1 词汇层面

在传统语言学的概念里，对语法的重视远远超过对词汇的重视，词汇往往被认为是无序混乱的。语料库语言学出现后，通过对大量自然语篇文本基本单位的观察，许多学者将目光转到了词汇上，开始重新审视词汇与语法的关系。无论是Sinclair（2004）的词汇语法还是Hunston等人（2000）的型式语法，都把词汇在语言研究中的地位提高到一个至关重要的位置。Sinclair（1987）将词汇在语言研究中的重要地位的凸显归因于两点：①Halliday语言模式的影响；②计算机的普遍使用。

早在1966年，Halliday就提出语言研究中的词汇层面应该与语法层面并重，这种观点的依据应该在于搭配的重要性的凸显。其实在此之前，从Malinovski到Firth对于语境强调的传承实际上就已经突显了搭配（collocation）的重要性，而搭配实际上是一个概率问题，即词与词在某一语境下的习惯性共现，反映出词汇使用的"习惯性或惯例性的特点"（Firth，1957：12）。语料库语言学方法的出现为语言中大量词汇的统计提供了便利的条件，使得通过统计观察其概率来寻找规律成为可能。因此，在语料库语言学研究的背景下，从词汇层面入手对语言特征进行观察描述是非常有效的手段。本章节将先从宏观总体语言特征的角度考察语料的词汇层面上的特征，随后在第6章里亦会从个体语言特征的角度选取一些有代表性的词项再进行进一步考察。

5.1.1 词汇变化性比较（STTR）

首先我们从语料库方法中最基本而常见的标准类符/型符比（STTR，Scott，2004）入手，来比较一下四类语域中原生英语/翻译英语和原生汉语/翻译汉语的词汇变化程度。经过标准化后的类符/型符比避免了因文本长度不一而可能带来的误差，能够比较准确地反映出文本词汇变化的丰富程度。

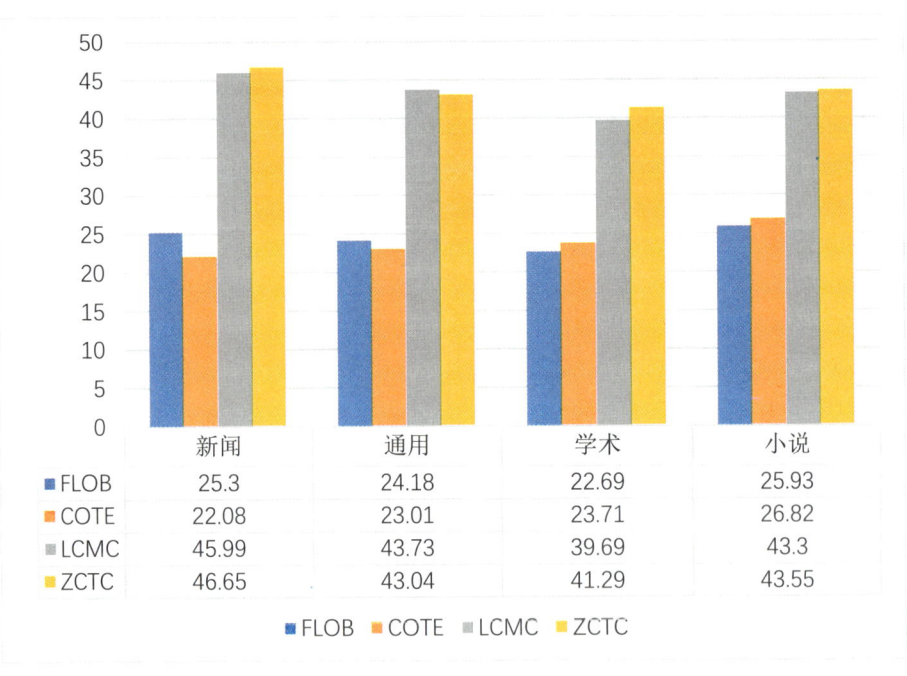

	新闻	通用	学术	小说
FLOB	25.3	24.18	22.69	25.93
COTE	22.08	23.01	23.71	26.82
LCMC	45.99	43.73	39.69	43.3
ZCTC	46.65	43.04	41.29	43.55

图 5.1　原生英语/翻译英语及原生汉语/翻译汉语在四种语域下的STTR

总体来看，相对于原生语言文本，翻译语言文本中的变化幅度都不太大。进一步对两种原生/翻译语言在四类语域下总体STTR的变化做Wilcoxon等级检验，得到表5.1：

表 5.1 对英、汉原生/翻译语言在四类语域下总体STTR变化的Wilcoxon等级检验

语料库		平均等级	等级总和	Z值	渐进显著性（双尾）
COTE-FLOB	负等级	3.50	7.00	−0.730	0.465
	正等级	1.50	3.00		
ZCTC-LCMC	负等级	3.00	3.00	−0.730	0.465
	正等级	2.33	7.00		

从表5.1可以看出，英语原生/翻译语言及汉语原生/翻译语言中STTR的变化从整体来看并没有显著差异，这与前人的研究（肖忠华，2012）相符合。但是并不能立刻下结论说，单从词汇变化形式上看，无法推断出翻译语言中有简化/范化或显化的倾向，其具体情况还需要按语域分类作进一步仔细观察。

根据图5.1，我们按照语域将两种语言经过翻译后的变化趋势及程度整理如表5.2所示。

表5.2 英/汉语不同语域下翻译文本中STTR的变化趋势

语料库	新闻类	通用类	学术类	小说类
COTE	3.22 ↓	1.17 ↓	1.02 ↑	0.89 ↑
ZCTC	0.46 ↑	0.69 ↓	1.60 ↑	0.25 ↑

这些变化有升有降，高低不一，其实在表5.1中表现出的整体无显著差异性，原因就在于此。接下来我们再对英语中及汉语中的这些变化按照不同语域分别取样做*t*检验，发现如表5.3、5.4所示。

表5.3 对不同语域下英语原生/翻译文本中STTR变化的*t*检验结果

FLOB/COTE	*t*值	自由度	显著性（双尾）
新闻类	11.414	75	0.000
通用类	2.930	77	0.004
学术类	−2.307	67	0.024
小说类	−3.744	113	0.000

表 5.4 对不同语域下汉语原生/翻译文本中STTR变化的t检验结果

LCMC/ZCTC	t 值	自由度	显著性（双尾）
新闻类	−2.543	75	0.013
通用类	1.368	193	0.173
学术类	−2.457	67	0.017
小说类	−0.183	113	0.855

从表5.3、5.4中我们可以看出，在这四种语域下，英语原生语言文本与翻译语言文本的STTR均有显著的差异。而汉语原生文本与翻译文本的STTR表现出的差异性在除了学术类之外的语域下，显然要比英语的小，并且在通用类语域和小说类语域下，汉语原生语言文本和翻译语言文本的STTR不具备显著的差异性。

也就是说，在英语语言中，这四类语域下的STTR相对于原生语言文本的变化规律可以作为英语翻译文本语言的特征之一；而在汉语语言中，只有在新闻类和学术类语域下的STTR相对于原生语言文本的变化规律才可以作为汉语翻译文本语言的特征之一。在新闻类语域下，相对于原生语言文本而言，英语翻译文本中的STTR产生明显下降，而汉语翻译文本中的STTR则产生明显上升，说明在这一语域下，英语翻译文本中词汇的变化程度没有原生语言文本中的丰富，在形式上可能出现了简化或范化的倾向；在通用类语域中，英语翻译文本中的STTR产生明显下降，说明其词汇变化程度没有原生语言文本中的丰富，有可能在形式上出现了简化或范化的倾向，而汉语翻译语言文本和原生语言文本中的词汇变化程度在这一语域下差别不明显；在学术类语域下，相对于原生语言文本而言，英语和汉语翻译文本的STTR均产生了明显上升的趋势，说明在这一语域下，英语和汉语翻译文本中的词汇的变化程度都会更加丰富，在形式上均有显化的趋向；在小说类语域下，相对于原生语言文本而言，英语翻译文本的STTR上升明显，说明其词汇形式比原生语言文本更加丰富多变，在形式上有显化的趋向，而汉语翻译文本在这一语域下词汇形式变化不明显。

按照语域分别对英语原生/翻译文本和汉语原生/翻译文本的STTR从高到低进行排序，分别如下：

FLOB：小说 > 新闻 > 通用 > 学术
COTE：小说 > 学术 > 通用 > 新闻
LCMC：新闻 > 通用 > 小说 > 学术
ZCTC：新闻 > 小说 > 通用 > 学术

也就是说，从语域划分后的语言特点来看，在英语原生语言中，词汇变化最丰富的是小说类文本，而词汇变化程度最低的是学术类文本，翻译后仍是小说类文本词汇变化最丰富，但词汇变化程度最低的变成了新闻类文本。而在汉语原生语言中，词汇变化最丰富的是新闻类文本，词汇变化程度最低的是学术类文本，经过翻译的文本中这一趋势仍然得以保存而未产生变化。

5.1.2 高频词

对高频词的考察可以帮助我们进一步确认翻译中简化或范化的趋向。在本研究中对高频词的界定参照Laviosa（1998）的定义，即在语料库中出现的频率大于等于0.10%的词，本研究所统计的高频词中不包括标点符号，每一个子库中的高频词总体比例在库中类符（type）的基础上进行计算。下面对英语和汉语的原生/翻译语言中出现的高频词按照不同的语域分别进行考察比较，结果如图5.2所示。

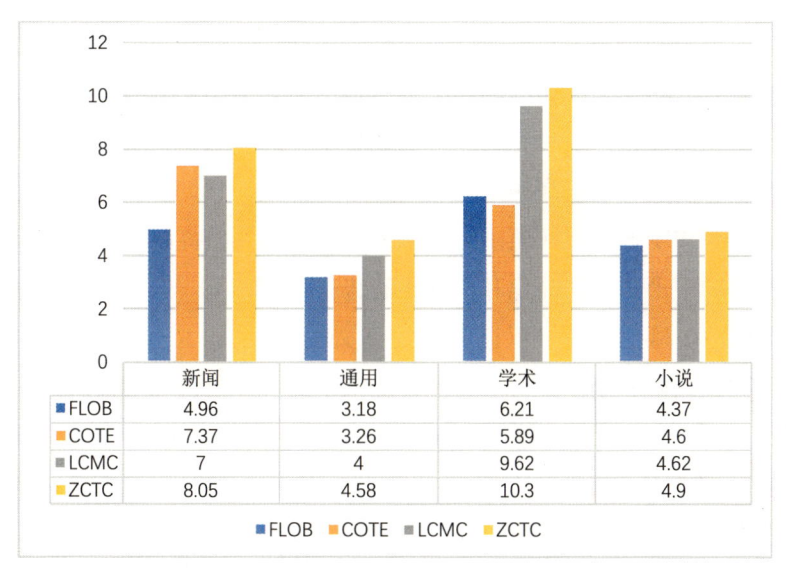

	新闻	通用	学术	小说
FLOB	4.96	3.18	6.21	4.37
COTE	7.37	3.26	5.89	4.6
LCMC	7	4	9.62	4.62
ZCTC	8.05	4.58	10.3	4.9

图 5.2 原生英语/翻译英语及原生汉语/翻译汉语在四种语域下的高频词出现频率

从图5.2可以看出，在不同语域下高频词的变化幅度各有不同，在大部分语域下，不论是英语还是汉语翻译文本中均有增长的趋势。这一特点与前人的研究大部分相符合（Laviosa，2002；Xiao & McEnery，2010；肖忠华，2012），不同之处在于学术类英语翻译文本例外，而且有些变化并不太明显。为此笔者进一步做了对数似然比检验，结果如表5.5所示。

表 5.5　四类语域下英/汉语中高频词在原生/翻译文本中变化的幅度、对数似然比及显著性

语域	英语			汉语		
	平均变化幅度 /%	LL 值	显著性	平均变化幅度 /%	LL 值	显著性
新闻	+2.41	39.52	0.000*** +	+1.05	12.56	0.000*** −
通用	+0.08	0.13	0.715 −	+0.58	11.06	0.001*** −
学术	−0.32	0.76	0.382 +	+0.68	3.01	0.083 −
小说	+0.23	0.65	0.422 −	+0.28	1.71	0.191 −

注：*** 代表 $p < 0.001$。

从图5.2和表5.5中可以明显看出，在英语中，大多数语域下，翻译语言文本中的高频词都多于原生语言文本中的高频词，只有学术类文本出现了下降的趋势；在汉语中，四类语域下翻译语言文本中的高频词都多于原生语言文本中的高频词。但是，除了英语新闻类文本和汉语新闻类、通用类文本之外，其他语域下的翻译文本语言中高频词出现的频率相对于原生语言文本中的变化都不具有统计上的显著性。这说明，在新闻类语域下，翻译英语和翻译汉语中高频词的使用频率明显上升，词汇形式上简化和范化的趋势更加明显；而在通用类语域下，翻译汉语中高频词的使用频率显著上升，词汇形式上的简化和范化的趋势也比较明显。这些特点可以用以区分英语原生/翻译文本和汉语原生/翻译文本。

下面我们来着重考察一下新闻类语域下的翻译英语和翻译汉语，以及通用类语域下翻译汉语中高频词的具体表现。主要目的在于通过考察在原生语言及翻译语言文本中高频词词性（POS）偏好的变化，来进一步了解其主要在语法使用上的变化特点。

5.1.2.1 新闻类语域下英语原生/翻译文本中高频词的词性

首先来观察新闻类语域下英语原生及翻译文本中的高频词词性（POS）的分布情况，在这里词性出现的频数和频率以高频词的词类（type）为基础进行统计。按照其出现的频率从高到低列如表5.6所示。

表5.6 新闻类语域下FLOB/COTE中高频词词性（POS）的分布状况

新闻类		FLOB		COTE		
序号	POS	Freq.	Ratio/%	POS	Freq.	Ratio/%
1	JJ	112	22.72	JJ	165	31.73
2	RR	39	7.91	VVI	43	8.27
3	II	32	6.49	VVN	42	8.08
4	VVI	31	6.28	VVD	33	6.35
5	VVN	29	5.89	II	32	6.15
6	VVD	28	5.68	RR	21	4.04
7	VVZ	19	3.85	VVG	14	2.69
8	VVG	13	2.64	CS	10	1.92
9	CS	12	2.43	RP	9	1.73
10	RP	10	2.03	VM	8	1.54
11	VM	10	2.03	VVZ	8	1.54
12	MC	9	1.83	APPGE	6	1.15
13	RG	8	1.62	NNB	6	1.15
14	APPGE	7	1.42	RT	6	1.15
15	RL	7	1.42	MC	5	0.96
16	MD	6	1.22	MD	5	0.96
17	NNB	6	1.22	NN	5	0.96
18	RT	6	1.22	DA	4	0.77
19	DA	4	0.81	RG	4	0.77
20	NN	4	0.81	RL	4	0.77
21	RRQ	4	0.81	RRQ	4	0.77
22	RRR	4	0.81	JJR	3	0.58
23	CC	3	0.61	JJT	3	0.58
24	JJT	3	0.61	RRR	3	0.58
25	DAR	2	0.41	CC	2	0.38

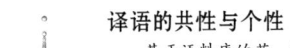

续表

新闻类		FLOB		COTE		
序号	POS	Freq.	Ratio/%	POS	Freq.	Ratio/%
26	DB	2	0.41	DD	2	0.38
27	DD	2	0.41	DDQ	2	0.38
28	DDQ	2	0.41	IW	2	0.38
29	IW	2	0.41	NNO	2	0.38
30	JJR	2	0.41	RA	2	0.38
31	RGR	2	0.41	VBZ	2	0.38
32	VBM	2	0.41	CCB	1	0.19
33	VBR	2	0.41	CSA	1	0.19
34	VBZ	2	0.41	CSN	1	0.19
35	XX	2	0.41	CST	1	0.19
36	CCB	1	0.2	CSW	1	0.19
37	CSA	1	0.2	DAR	1	0.19
38	CSN	1	0.2	DAT	1	0.19
39	CST	1	0.2	DAY	1	0.19
40	CSW	1	0.2	DB	1	0.19
41	DAT	1	0.2	DDQGE	1	0.19
42	DDQGE	1	0.2	IO	1	0.19
43	JK	1	0.2	NNA	1	0.19
44	NNO	1	0.2	NNU	1	0.19
45	NP	1	0.2	PNQS	1	0.19
46	PNQO	1	0.2	PPY	1	0.19
47	PNQS	1	0.2	RGR	1	0.19
48	PPY	1	0.2	RGT	1	0.19
49	RA	1	0.2	VBDR	1	0.19
50	RGQ	1	0.2	VBDZ	1	0.19
51	RGT	1	0.2	VBG	1	0.19
52	RRT	1	0.2	VBI	1	0.19
53	VBDR	1	0.2	VBM	1	0.19
54	VBDZ	1	0.2	VBN	1	0.19
55	VBG	1	0.2	VBR	1	0.19
56	VBI	1	0.2	VDD	1	0.19

续表

新闻类序号	FLOB			COTE		
	POS	Freq.	Ratio/%	POS	Freq.	Ratio/%
57	VBN	1	0.2	VDI	1	0.19
58	VDD	1	0.2	VDN	1	0.19
59	VDG	1	0.2	VDZ	1	0.19
60	VDI	1	0.2	VERY	1	0.19
61	VDN	1	0.2	VHD	1	0.19
62	VDZ	1	0.2	VHG	1	0.19
63	VHD	1	0.2	VHI	1	0.19
64	VHG	1	0.2	VHZ	1	0.19
65	VHI	1	0.2	XX	1	0.19
66	VHN	1	0.2			
67	VHZ	1	0.2			
68	VVGK	1	0.2			

统计后发现，FLOB语料库的新闻类子库中高频词的词性种类共有68个；COTE语料库的新闻类子库中的高频词的词性种类共有65个，翻译后高频词词性总体类型数量的变化不具备统计上的显著性（$p=0.570$）。从表5.6中我们还可以观察到一种比较整齐的规律：在新闻类文本高频词的词性中，翻译文本中出现频率最高的前五位词性的使用频率均高于原生文本中出现频率最高的前五位，此后则毫无例外均低于原生文本中。这说明，在英语新闻类语域下，两种文本高频词中各自使用频率最高的前五种词性，在翻译文本中的使用频率比在原生文本中的要高，其后的词性在翻译文本中的使用频率则相对于原生文本中的要低。也就是说，在翻译文本语言中所出现的高频词里，其出现频率最高的前五种词性会被更加频繁地使用，范化的现象非常明显。

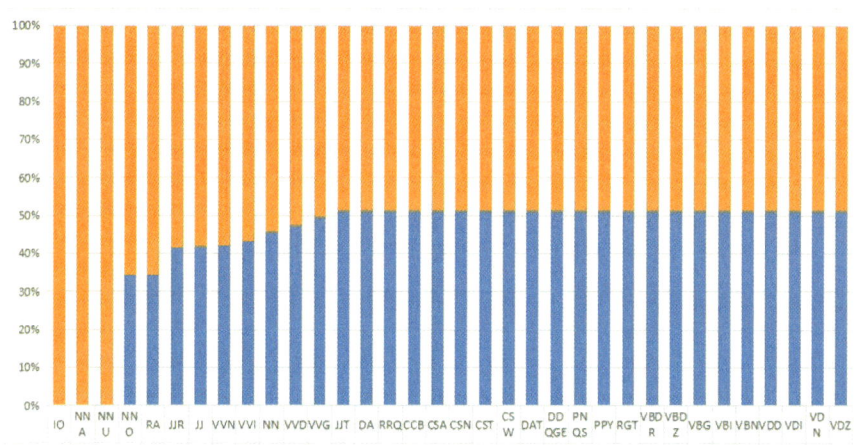

(a)

图 5.3 新闻类语域下 FLOB/COTE 中高频词

5　总体语言特征

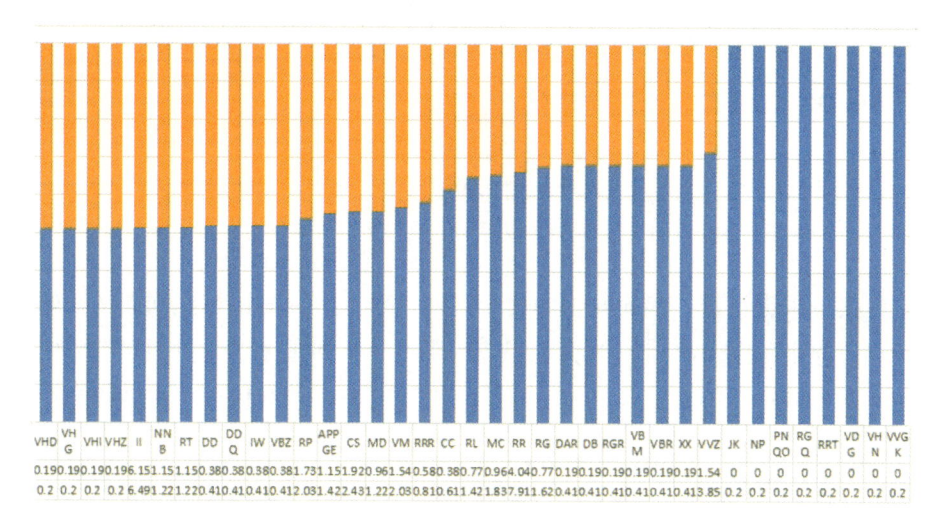

（b）

词性相对比例的变化（相对百分比）

译语的共性与个性
——基于语料库的英、汉特征译语比较研究

整理出所有在两个子库中出现过的词性共71种。假设在原生/翻译两种文本下高频词的这些词性变化不相关，在进一步进行相关分析后得到表5.7（SPSS计算结果截图）。从中可以看到，相关系数为0.972，显著性水平为0.000，因此零假设被推翻，表明英语新闻类原生文本和翻译文本中高频词词性的变化具有非常显著的相关性。

表 5.7　新闻类语域下原生/翻译英语文本中高频词词性的相关性

		FLOB	COTE
FLOB	皮尔森（Pearson）相关	1	0.972**
	显著性（双尾）		0.000
	N	71	71
COTE	皮尔森（Pearson）相关	0.972**	1
	显著性（双尾）	0.000	
	N	71	71

注：** 相关性在 0.01 层上显著（双尾）。

接下来进行进一步比较，为便于观察比较，两两对比相同词性在新闻类英语原生/翻译语料库中出现的频率（%）并整理排序后绘出相对百分比（在原生或翻译语料库中出现的频率/在原生及翻译语料库中出现频率的总和*100%）堆积柱形图（图5.3）：

从图5.3中我们可以看到，同时在两个子库中均出现过的词性有60种。在英语新闻类原生与翻译两个子库中均能观察到的高频词的词性中（图中为NNO--VVZ），在翻译文本中呈现上升趋势的有9种，依次是：NNO（单复数同型的数量词），RA（名词中心词后的副词），JJR（形容词一般比较级），JJ（普通形容词），VVN（动词过去分词），VVI（不定式），NN（单复数同型的普通名词），VVD（动词过去时），VVG（动词ing分词形式）。其余51种均呈现下降趋势。

对翻译后产生上升及下降趋势的词性进行对数似然比测试，整理结果分别如表5.8、5.9所示。

表 5.8　新闻类语域下COTE中相对于FLOB上升的高频词词性的变化

词性	FLOB 中的频数	COTE 中的频数	LL 值	显著性
NNO	1	2	0.29	0.591　-
RA	1	2	0.29	0.591　-
JJR	2	3	0.15	0.697　-
JJ	112	165	7.57	0.006** -
VVN	29	42	1.75	0.186　-
VVI	31	43	1.37	0.242　-
NN	4	5	0.06	0.800　-
VVD	28	33	0.19	0.665　-
VVG	13	14	0.00	0.957　-

注：** 代表 $p < 0.01$。

表 5.9　新闻类语域下COTE中相对于FLOB下降的高频词词性变化

词性	FLOB 中的频数	COTE 中的频数	LL 值	显著性
JJT	3	3	0.00	0.948　+
DA	4	4	0.01	0.940　+
RRQ	4	4	0.01	0.940　+
CCB	1	1	0.00	0.970　+
CSA	1	1	0.00	0.970　+
CSN	1	1	0.00	0.970　+
CST	1	1	0.00	0.970　+
CSW	1	1	0.00	0.970　+
DAT	1	1	0.00	0.970　+
DDQGE	1	1	0.00	0.970　+
PNQS	1	1	0.00	0.970　+
PPY	1	1	0.00	0.970　+
RGT	1	1	0.00	0.970　+
VBDR	1	1	0.00	0.970　+
VBDZ	1	1	0.00	0.970　+
VBG	1	1	0.00	0.970　+
VBI	1	1	0.00	0.970　+
VBN	1	1	0.00	0.970　+

续表

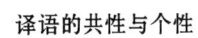

词性	FLOB 中的频数	COTE 中的频数	LL 值	显著性
VDD	1	1	0.00	0.970 +
VDI	1	1	0.00	0.970 +
VDN	1	1	0.00	0.970 +
VDZ	1	1	0.00	0.970 +
VHD	1	1	0.00	0.970 +
VHG	1	1	0.00	0.970 +
VHI	1	1	0.00	0.970 +
VHZ	1	1	0.00	0.970 +
II	32	32	0.05	0.831 +
NNB	6	6	0.01	0.926 +
RT	6	6	0.01	0.926 +
DD	2	2	0.00	0.957 +
DDQ	2	2	0.00	0.957 +
IW	2	2	0.00	0.957 +
VBZ	2	2	0.00	0.957 +
RP	10	9	0.12	0.730 +
APPGE	7	6	0.14	0.709 +
CS	12	10	0.30	0.581 +
MD	6	5	0.15	0.696 +
VM	10	8	0.34	0.559 +
RRR	4	3	0.20	0.653 +
CC	3	2	0.26	0.611 +
RL	7	4	1.00	0.318 +
MC	9	5	1.38	0.240 +
RR	39	21	6.49	0.011* +
RG	8	4	1.58	0.209 +
DAR	2	1	0.40	0.530 +
DB	2	1	0.40	0.530 +
RGR	2	1	0.40	0.530 +
VBM	2	1	0.40	0.530 +
VBR	2	1	0.40	0.530 +
XX	2	1	0.40	0.530 +
VVZ	19	8	5.22	0.022* +

注：* 代表 $p < 0.05$。

从表5.8、5.9我们可以看出，在呈现上升趋势的词性中，只有普通形容词（JJ）的变化具有统计学上的显著性，而在呈现下降趋势的词性中，普通副词（RR）、动词S形式（VVZ）的变化具有统计学上的显著性。因此这三种词性的变化，即在高频词中大量使用普通形容词，而普通副词和动词-S形式明显减少，是英语新闻类翻译文本最显著的语法形式特征之一，也是用来与英语新闻类原生语言文本进行比较区分较为可靠的依据。

以上频率统计考察对比的是每种词性在原生及翻译文本中的相对比例。如果按照原生英语中的实际使用频率来观察的话，在新闻类语域下，这些词类在翻译英语中又会表现出什么样的变化特征呢？

图5.4按照原生英语中高频词词性实际出现从高到低的频率绘制。

译语的共性与个性
——基于语料库的英、汉特征译语比较研究

（a）

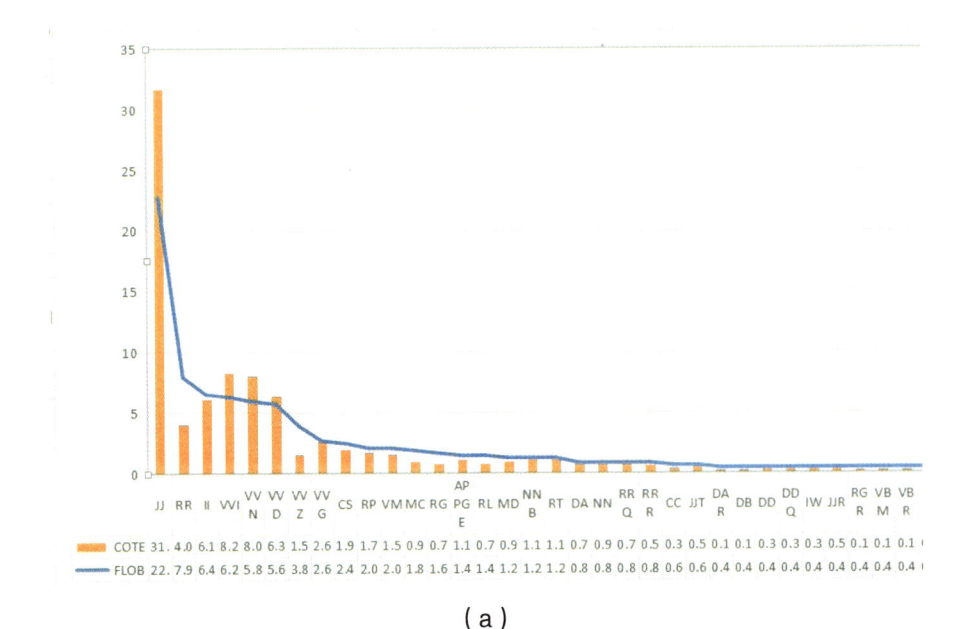

图5.4 新闻类语域下FLOB/COTE中

5 总体语言特征

	VBZ	XX	CCB	CSA	CSN	CST	CSW	DAT	DDQGE	JK	NNO	NP	PNQO	PNQS	PPY	RA	RGQ	RGT	RRT	VBDR	VBDZ	VBG	VBI	VDN	VDD	VDG	VDI	VDN	VDZ	VDD	VDG	VHI	VHN	VHZ	VVGK	IO	NNA	NNU
	0.3	0.1	0.1	0.1	0.1	0.1	0.1	0.1	0.1	0	0.3	0	0	0.1	0.1	0.3	0	0.1	0	0.1	0.1	0.1	0.1	0.1	0.1	0.1	0.1	0.1	0.1	0.1	0.1	0	0.1	0	0.1	0	0.1	0.1
	0.4	0.4	0.2	0.2	0.2	0.2	0.2	0.2	0.2	0.2	0.2	0.2	0.2	0.2	0.2	0.2	0.2	0.2	0.2	0.2	0.2	0.2	0.2	0.2	0.2	0.2	0.2	0.2	0.2	0.2	0.2	0.2	0.2	0.2	0.2	0	0	0

(b)

高频词词性频率分布比较

从图5.4我们可以看到，这些词性在新闻类翻译英语中出现的频率并未很好地贴合原生英语中逐渐变低的曲线分布规律，而是有高有低，也就是说，在某些词性的使用上并未完全遵从原生英语中的分布规律。如果将原生文本与翻译文本进行比较的话，其词性增减及其变化的显著性具体表现前文已作详述。如果就翻译文本本身的词性分布规律来看的话，最明显的表现是形容词的使用频率远高于原生英语文本。其次是不定式（VVI）、动词过去分词（VVN）、动词过去时（VVD）这一组动词形式的使用频率提升，亦高于原生英语文本，占据了仅次于普通形容词（JJ）第二位，而普通介词（II）和普通副词（RR）的使用频率均下降，排在了以上提到的动词组后面。这说明在新闻类语域下，翻译英语的高频词中会比原生英语中更多地使用表示过去或已完成概念的动词类，也就是说，从时体的方面来讲，完成体可能会被更加频繁地使用，这一点留待后文（6.3.2语篇层面）验证。

5.1.2.2 新闻类语域下汉语原生/翻译文本中高频词的词性

再来看看新闻语域下汉语的情况。通过统计发现，LCMC语料库的新闻类子库中的高频词的词性种类共有55个，ZCTC语料库的新闻类子库中的高频词的词性种类共有64个，词性种类数量总体变化不具备统计上的显著性（$p=0.407$）。按照其出现的频率，从高到低列表如表5.10所示。

表 5.10 新闻类语域下LCMC/ZCTC中高频词词性（POS）的分布状况

新闻类序号	LCMC POS	Freq.	Ratio/%	ZCTC POS	Freq.	Ratio/%
1	N	367	28.6	N	371	28.94
2	V	259	20.19	V	249	19.42
3	D	78	6.08	D	82	6.4
4	VN	54	4.21	A	53	4.13
5	A	53	4.13	VN	52	4.06
6	P	36	2.81	P	36	2.81
7	Q	32	2.49	NSF	31	2.42

续表

新闻类序号	LCMC POS	Freq.	Ratio/%	ZCTC POS	Freq.	Ratio/%
8	C	28	2.18	C	30	2.34
9	M	26	2.03	B	26	2.03
10	F	24	1.87	Q	26	2.03
11	RZ	21	1,64	M	24	1.87
12	B	19	1.48	F	23	1.79
13	NS	19	1.48	RZ	20	1.56
14	RR	16	1.25	VI	18	1.4
15	T	16	1.25	X	17	1.33
16	VI	14	1.09	T	14	1.09
17	AD	13	1.01	NRF	13	1.01
18	NSF	12	0.94	VF	12	0.94
19	VF	12	0.94	R	10	0.78
20	AN	10	0.78	RR	10	0.78
21	NG	10	0.78	NS	9	0.7
22	S	10	0.78	AD	8	0.62
23	NR	9	0.7	S	8	0.62
24	QV	8	0.62	CC	7	0.55
25	R	8	0.62	NG	7	0.55
26	CC	7	0.55	AN	6	0.47
27	NT	7	0.55	RZV	6	0.47
28	RZS	6	0.47	QV	5	0.39
29	RZV	6	0.47	RZS	5	0.39
30	QT	5	0.39	NT	4	0.31
31	Y	5	0.39	QT	4	0.31
32	K	3	0.23	K	3	0.23
33	MQ	3	0.23	MQ	3	0.23
34	RY	3	0.23	RY	3	0.23
35	RYV	3	0.23	Y	3	0.23
36	VD	3	0.23	ULS	2	0.16
37	NZ	2	0.16	VX	2	0.16
38	UDENG	2	0.16	AG	1	0.08

续表

新闻类序号	LCMC POS	Freq.	Ratio/%	ZCTC POS	Freq.	Ratio/%
39	DL	1	0.08	BL	1	0.08
40	NL	1	0.08	E	1	0.08
41	NRF	1	0.08	H	1	0.08
42	NRJ	1	0.08	I	1	0.08
43	PBA	1	0.08	L	1	0.08
44	PBEI	1	0.08	NL	1	0.08
45	UGUO	1	0.08	NR	1	0.08
46	ULE	1	0.08	NZ	1	0.08
47	ULIAN	1	0.08	O	1	0.08
48	ULS	1	0.08	PBA	1	0.08
49	USUO	1	0.08	PBEI	1	0.08
50	UYY	1	0.08	RG	1	0.08
51	UZHE	1	0.08	RYS	1	0.08
52	UZHI	1	0.08	RYV	1	0.08
53	VSHI	1	0.08	TG	1	0.08
54	VX	1	0.08	UDENG	1	0.08
55	VYOU	1	0.08	UGUO	1	0.08
56				ULE	1	0.08
57				ULIAN	1	0.08
58				USUO	1	0.08
59				UYY	1	0.08
60				UZHE	1	0.08
61				UZHI	1	0.08
62				VG	1	0.08
63				VSHI	1	0.08
64				VYOU	1	0.08

通过观察表5.10我们发现，汉语新闻类翻译文本中高频词词性的变化不像英语中的那样规律性比较明显，只有第一位的名词（N）使用频率要高于原生文本中的，并且其变化并不显著（$p=0.875$）。这说明在新闻类汉语翻译文本中，对高频词性的集中使用偏好并不强烈，词性表现更加丰

富多变。

整理出两个子库中出现过的词性共67种。假设在原生/翻译两种文本下高频词的这些词性变化不相关，在进一步进行相关分析后得到表5.11（SPSS计算结果截图）。从中可以看到，相关系数为0.997，显著性水平为0.000，因此零假设被推翻，表明汉语新闻类原生文本和翻译文本中高频词词性的变化相关非常显著。

表 5.11　新闻类语域下原生/翻译汉语文本中高频词词性的相关性

		LIMC	ZCTC
LIMC	皮尔森（Pearson）相关	1	0.997**
	显著性（双尾）		0.000
	N	67	67
ZCTC	皮尔森（Pearson）相关	0.997**	1
	显著性（双尾）	0.000	
	N	67	67

注：** 相关性在 0.01 层上显著（双尾）。

为便于观察比较，两两对比相同词性在新闻类汉语原生/翻译语料库中出现的频率（%）并整理排序后绘出相对百分比（在原生或翻译语料库中出现的频率/在原生及翻译语料库中出现频率的总和*100%）堆积柱形图，如图5.5所示。

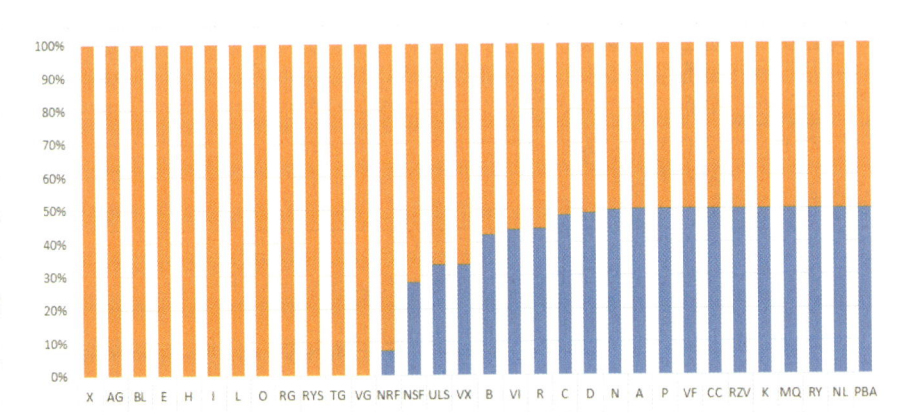

(a)

图 5.5 新闻类语域下LCMC/ZCTC中高

5 总体语言特征

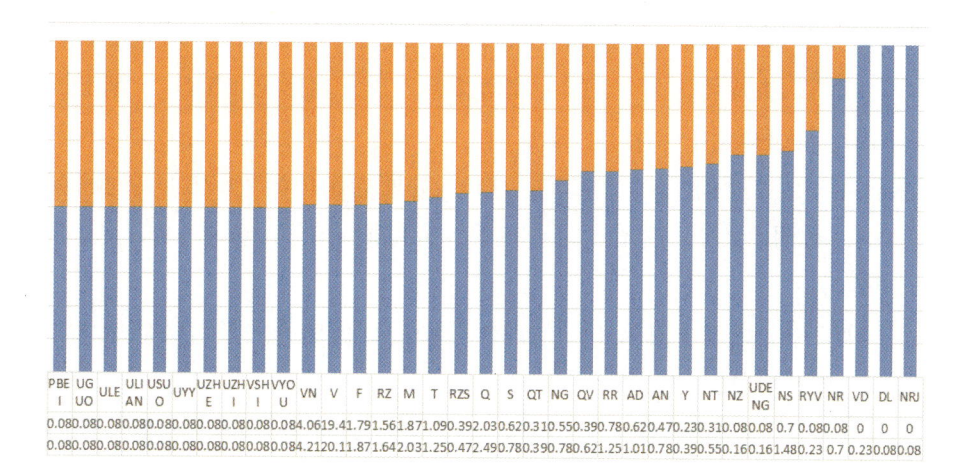

（b）

频词词性相对比例的变化（相对百分比）

从图5.5中我们可以看到，同时在两个子库中均出现过的词性共有52种。在汉语新闻类原生与翻译两个子库中均能观察到的高频词的词性中（图中为NRF--NR），在翻译文本中呈现上升趋势的有10种，按照上升程度从高到低排列依次是：NRF（音译人名），NSF（音译地名），ULS（助词"来讲"，"来说"，"而言"，"说来"），VX（形式动词），B（区别词），VI（不及物动词），R（代词），C（连词），D（副词），N（名词）；20种（A--VYOU）持平；22种（VN--NR）呈现下降趋势，按照下降程度从高到低排列依次是：人名（NR），谓词性疑问代词（RYV），地名（NS），助词-等等、等、云云（UDENG），其他专有名词（NZ），机构团体名（NT），语气词（Y），名形词（AN），副形词（AD），人称代词（RR），动量词（QV），名词性语素（NG），时量词（QT），处所词（S），量词（Q），处所指示代词（RZS），时间词（T），数词（M），指示代词（RZ），方位词（F），动词（V），动名词（VN）。

对翻译文本中上升及下降的词性分别进行排序列表及对数似然比测试，结果如表5.12、5.13所示。

表 5.12 新闻类语域下ZCTC中相对于LCMC上升的高频词词性的变化

词性	LCMC 中的频数	ZCTC 中的频数	LL 值	显著性
NRF	1	13	12.21	0.000*** -
NSF	12	31	8.71	0.003** -
ULS	1	2	2.00	0.559 -
VX	1	2	0.34	0.559 -
B	19	26	1.10	0.295 -
VI	14	18	0.50	0.478 -
R	8	10	0.22	0.636 -
C	28	30	0.07	0.791 -
D	78	82	0.10	0.748 -
N	367	371	0.02	0.875 -

注：** 代表 $p < 0.01$，*** 代表 $p < 0.001$。

表 5.13　新闻类语域下ZCTC中相对于LCMC下降的高频词词性的变化

词性	LCMC 中的频数	ZCTC 中的频数	LL 值	显著性
NR	9	1	7.36	0.007 ** +
RYV	3	1	1.04	0.307 +
NS	19	9	3.64	0.056 +
UDENG	2	1	0.34	0.560 +
NZ	2	1	0.34	0.560 +
NT	7	4	0.83	0.363 +
Y	5	3	0.50	0.478 +
AN	10	6	1.01	0.315 +
AD	13	8	1.20	0.274 +
RR	16	10	1.39	0.238 +
QV	8	5	0.70	0.404 +
NG	10	7	0.53	0.467 +
QT	5	4	0.11	0.740 +
S	10	8	0.22	0.638 +
Q	32	26	0.62	0.432 +
RZS	6	5	0.09	0.764 +
T	16	14	0.13	0.716 +
M	26	24	0.08	0.779 +
RZ	21	20	0.02	0.878 +
F	24	23	0.02	0.886 +
V	258	249	0.15	0.696 +
VN	54	52	0.04	0.849 +

注：** 代表 $p < 0.01$。

	N	V	D	VN	A	P	Q	C	M	F	RZ	B	NS	RR	T	VI	AD	NSF	VF	AN	NG	S	NR	QV	R
ZCTC	28.9	19.4	6.4	4.06	4.13	2.81	2.03	2.34	1.87	1.79	1.56	2.03	0.7	0.78	1.09	1.4	0.62	2.42	0.94	0.47	0.55	0.62	0.08	0.39	0.78
LCMC	28.6	20.1	6.08	4.21	4.13	2.81	2.49	2.18	2.03	1.87	1.64	1.48	1.48	1.25	1.25	1.09	1.01	0.94	0.94	0.78	0.78	0.78	0.7	0.62	0.62

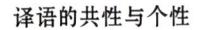

(a)

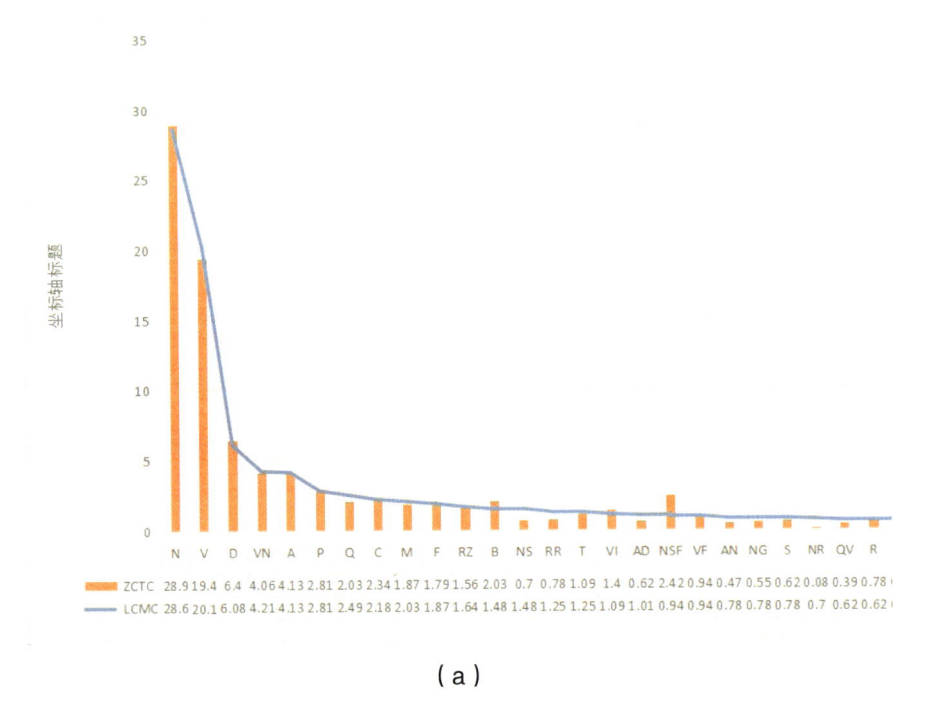

图 5.6　新闻类语域下LCMC/

5 总体语言特征

	CC	NT	RZS	RZV	QT	Y	K	MQ	RY	RYV	VD	NZ	UDENG	DL	NL	NRF	NRJ	PBA	PBEI	UGUO	ULE	ULIAN	ULS	USUO	UYY	UZHEI	UZHU	VSHI	VX	VYOU
	0.55	0.31	0.39	0.47	0.31	0.23	0.23	0.23	0.23	0.08	0	0.08	0.08	0	0.08	1.01	0	0.08	0.08	0.08	0.08	0.08	0.16	0.08	0.08	0.08	0.08	0.16	0.08
	0.55	0.55	0.47	0.39	0.39	0.23	0.23	0.23	0.23	0.16	0.16	0.08	0.08	0.08	0.08	0.08	0.08	0.08	0.08	0.08	0.08	0.08	0.08	0.08	0.08	0.08	0.08	0.08	0.08

(b)

ZCTC中高频词词性频率分布比较

从表5.12和表5.13可以看出，在频率上升的词性中，只有音译人名（NRF）、音译地名（NSF）的变化具有统计上的显著性；在频率下降的词性中，只有人名（NR）的变化具有统计上的显著性，而地名（NS）的变化几乎接近统计上的显著性标准（0.056）。再对其做贝叶斯因子（Bayes factor）测试，得到结果为-4.21，说明其变化积极支持零假设，因此将这一项排除不予考虑。因此最后发现这三种词性的变化，即大量使用音译人名和音译地名，而人名的出现频率明显减少是汉语新闻类翻译文本最显著的形式特征之一，也是用来与汉语新闻类原生语言文本进行比较区分较为可靠的依据。此外，这也印证了前文中得出的结论，即在新闻类汉语翻译文本中，对高频词性的集中使用偏好并不强烈，整体上与原生文本的区别不甚明显。

如果按照原生汉语中的实际使用频率来观察的话，这些词类在翻译汉语中的实际表现如图5.6所示。

图5.6根据原生汉语的高频词词性实际出现的频率高低绘制。从中我们可以更加直观地看到，原生汉语中使用频率最高的名词（N），动词（V），副词（D）三类词性在翻译汉语中仍居前三位，且原生/翻译文本中表现虽有不同（名词与副词略有上升，动词略有下降），但变化不甚明显。除了个别几种词性外，新闻类语域下翻译汉语高频词词性的变化程度大致贴合原生汉语中的变化曲线，尤其是图中左边靠近纵轴的高频使用词性部分，上下波动并不大。

5.1.2.3 通用类语域下汉语原生/翻译文本中高频词的词性

再来看看通用类语域下翻译汉语中高频词词性的具体表现，整理如表5.14所示。

表 5.14 通用类语域下LCMC/ZCTC中高频词词性（POS）的分布状况

通用(D-H)		LCMC			ZCTC	
序号	POS	Freq.	Ratio/%	POS	Freq.	Ratio/%
1	N	338	27.77	N	329	27.74
2	V	251	20.62	V	241	20.32
3	D	84	6.9	D	87	7.34
4	A	47	3.86	A	40	3.37

续表

通用(D–H)	LCMC			ZCTC		
序号	POS	Freq.	Ratio/%	POS	Freq.	Ratio/%
5	P	39	3.2	VN	39	3.29
6	VN	36	2.96	P	38	3.2
7	Q	34	2.79	C	37	3.12
8	C	32	2.63	Q	30	2.53
9	M	29	2.38	F	24	2.02
10	F	28	2.3	RZ	23	1.94
11	RZ	23	1.89	M	22	1.85
12	VI	18	1.48	B	19	1.6
13	B	16	1.31	VI	19	1.6
14	NG	15	1.23	RR	17	1.43
15	RR	15	1.23	NSF	12	1.01
16	AD	13	1.07	VF	12	1.01
17	VF	13	1.07	T	11	0.93
18	NR	9	0.74	NG	9	0.76
19	T	9	0.74	AD	7	0.59
20	QV	8	0.66	CC	7	0.59
21	CC	7	0.58	S	7	0.59
22	NS	7	0.58	X	7	0.59
23	S	7	0.58	NRF	6	0.51
24	QT	6	0.49	QV	6	0.51
25	R	6	0.49	RZV	6	0.51
26	RZV	6	0.49	NS	5	0.42
27	Y	6	0.49	QT	5	0.42
28	K	5	0.41	R	5	0.42
29	AN	4	0.33	Y	5	0.42
30	MQ	4	0.33	AN	4	0.34
31	RY	4	0.33	MQ	4	0.34
32	RYV	4	0.33	RY	4	0.34
33	RZS	4	0.33	RYV	4	0.34
34	VG	3	0.25	RZS	4	0.34
35	NL	2	0.16	K	3	0.25
36	NRF	2	0.16	VX	3	0.25
37	NSF	2	0.16	NZ	2	0.17

续表

通用(D-H)	LCMC			ZCTC		
序号	POS	Freq.	Ratio/%	POS	Freq.	Ratio/%
38	NZ	2	0.16	RZT	2	0.17
39	RZT	2	0.16	ULS	2	0.17
40	UDENG	2	0.16	BL	1	0.08
41	VX	2	0.16	I	1	0.08
42	AG	1	0.08	II	1	0.08
43	NT	1	0.08	NL	1	0.08
44	PBA	1	0.08	NT	1	0.08
45	PBEI	1	0.08	PBA	1	0.08
46	TG	1	0.08	PBEI	1	0.08
47	UGUO	1	0.08	RG	1	0.08
48	ULE	1	0.08	UDENG	1	0.08
49	ULIAN	1	0.08	UGUO	1	0.08
50	ULS	1	0.08	ULE	1	0.08
51	USUO	1	0.08	USUO	1	0.08
52	UYY	1	0.08	UYY	1	0.08
53	UZHE	1	0.08	UZHE	1	0.08
54	UZHI	1	0.08	UZHI	1	0.08
55	VL	1	0.08	VSHI	1	0.08
56	VSHI	1	0.08	VYOU	1	0.08
57	VYOU	1	0.08			

表5.14显示，在通用类语域下，原生汉语子库中出现的高频词的词性共有57种，翻译汉语子库中出现的高频词词性共有54种，词性总体变化并无统计上的显著性（$p=0.779$）。两个子库高频词中使用频率最高的前四位词性依次均为名词（N）、动词（V）、副词（D）和形容词（A），且频率变化幅度均不太大，除了副词在翻译子库中略呈上升外，其他三类词性在翻译子库中均略微下降。

整理出两个子库中出现过的词性共59种。假设在原生/翻译两种文本下高频词的这些词性变化不相关，在进一步进行相关分析后得到表5.15（SPSS计算结果截图）。从中可以看到，相关系数为0.972，显著性水平为0.000，因此零假设被推翻，表明汉语通用类原生文本和翻译文本中高频词词性的变化相关非常显著。

表 5.15 通用类语域下原生/翻译汉语文本中高频词词性的相关性

		LCMC	ZCTC
LCMC	皮尔森（Pearson）相关	1	0.998**
	显著性（双尾）		0.000
	N	59	59
ZCTC	皮尔森（Pearson）相关	0.998**	1
	显著性（双尾）	0.000	
	N	59	59

注：** 相关性在 0.01 层上显著（双尾）。

为便于观察比较，两两对比相同词性在新闻类汉语原生/翻译语料库中出现的频率（%）并整理排序后绘出相对百分比（在原生或翻译语料库中出现的频率/在原生及翻译语料库中出现频率的总和*100%）堆积柱形图，如图5.7所示。

从图5.7可以看出，同时在两个子库中均出现过的词性有51种。在汉语通用类原生与翻译两个子库中均能观察到的高频词的词性中（图中为NSF--UDENG），在翻译文本中呈现上升趋势的有22种（NSF--S），按照上升程度从高到低排列依次是：音译地名（NSF）、音译人名（NRF）、助词（来讲、来说、而言、说来）（ULS）、形式动词（VX）、时间词（T）、区别词（B）、连词（C）、人称代词（RR）、名动词（VN）、不及物动词（VI）、副词（D）、其他专名（NZ）、时间指示代词（RZT）、谓词性指示代词（RZV）、名形词（AN）、数量词（MQ）、疑问代词（RY）、谓词性疑问代词（RYV）、处所指示代词（RZS）、指示代词（RZ）、并列连词（CC）、处所词（S）；12种（P--VYOU）持平；17种（N--UDENG）呈现下降趋势，按照下降程度从高到低排列依次是：形副词（AD）、后缀（K）、名词性语素（NG）、地名（NS）、动量词（QV）、数词（M）、时量词（QT）、代词（R）、语气词（Y）、形容词（A）、方位词（F）、量词（Q）、趋向动词（VF）、动词（V）、名词（N）。

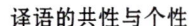

译语的共性与个性
——基于语料库的英、汉特征译语比较研究

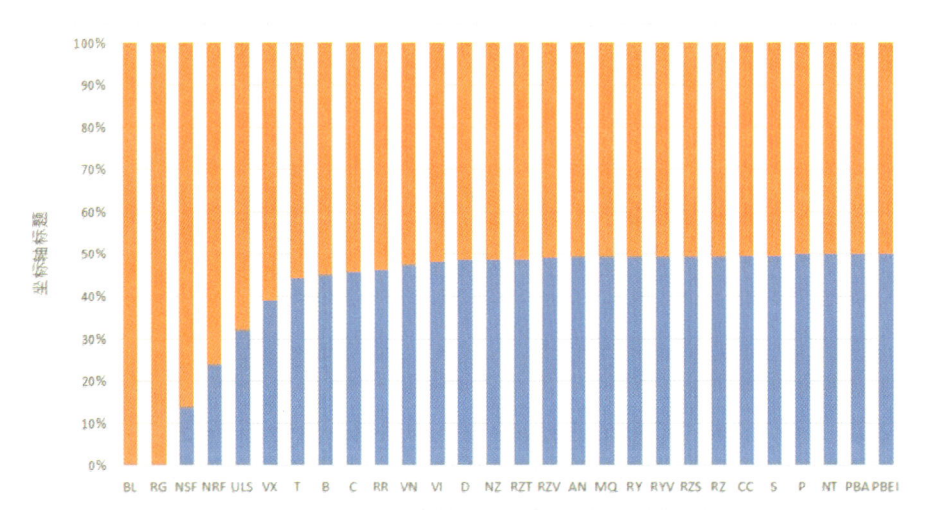

(a)

图 5.7 通用类语域下LCMC/ZCTC中高

5　总体语言特征

	UG UO	ULE	USU O	UYY	UZH E	UZH I	VSH I	VYO U	N	V	VF	Q	F	A	QT	R	Y	M	QV	NS	NG	K	AD	NL	UDE NG	NR	VG	AG	TG	ULI AN	VL
	0.08	0.08	0.08	0.08	0.08	0.08	0.08	0.08	27.7	20.3	1.01	2.53	2.02	3.37	0.42	0.42	0.42	1.85	0.51	0.42	0.76	0.25	0.59	0.08	0.08	0	0	0	0	0	0
	0.08	0.08	0.08	0.08	0.08	0.08	0.08	0.08	27.7	20.6	1.07	2.79	2.3	3.86	0.49	0.49	0.49	2.38	0.66	0.58	1.23	0.41	1.07	0.16	0.16	0.74	0.25	0.08	0.08	0.08	0.08

（b）

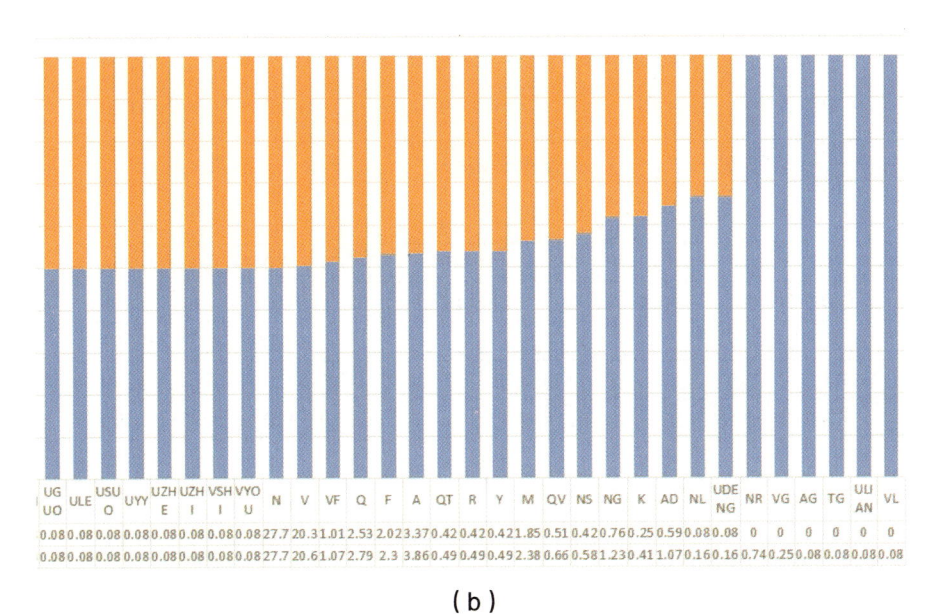

频词词性相对比例的变化（相对百分比）

对翻译文本中频率产生上升和下降的词性分别进行排序列表及对数似然比测试，结果如表5.16、5.17所示。

表 5.16 通用类语域下ZCTC中相对于LCMC上升的高频词词性的变化

词性	LCMC 中的频数	ZCTC 中的频数	LL 值	显著性
NSF	2	12	7.93	0.005** −
NRF	2	6	2.10	0.148 −
ULS	1	2	0.34	0.559 −
VX	2	3	0.20	0.653 −
T	9	11	0.20	0.653 −
B	16	19	0.26	0.610 −
C	32	37	0.37	0.545 −
RR	15	17	0.13	0.722 −
VN	36	39	0.12	0.726 −
VI	18	19	0.03	0.868 −
D	84	87	0.05	0.815 −
NZ	2	2	0.00	0.999 −
RZT	2	2	0.00	0.999 −
RZV	6	6	0.00	0.999 −
AN	4	4	0.00	0.999 −
MQ	4	4	0.00	0.999 −
RY	4	4	0.00	0.999 −
RYV	4	4	0.00	0.999 −
RZS	4	4	0.00	0.999 −
RZ	23	23	0.00	0.998 −
CC	7	7	0.00	0.999 −
S	7	7	0.00	0.999 −

注：** 代表 $p < 0.01$。

表 5.17 通用类语域下ZCTC中相对于LCMC下降的高频词词性的变化

词性	LCMC 中的频数	ZCTC 中的频数	LL 值	显著性
NL	2	1	0.34	0.560 +
UDENG	2	1	0.34	0.560 +

续表

词性	LCMC 中的频数	ZCTC 中的频数	LL 值	显著性
AD	13	7	1.82	0.177 +
K	5	3	0.50	0.478 +
NG	15	9	1.51	0.219 +
NS	7	5	0.33	0.564 +
QV	8	6	0.29	0.593 +
M	29	22	0.96	0.328 +
QT	6	5	0.09	0.764 +
R	6	5	0.09	0.764 +
Y	6	5	0.09	0.764 +
A	47	40	0.56	0.455 +
F	28	24	0.30	0.581 +
Q	34	30	0.25	0.619 +
VF	13	12	0.04	0.843 +
V	251	241	0.20	0.658 +
N	338	329	0.11	0.735 +

由表5.16、5.17可以看出,所有这些产生变化的词性中,只有音译地名(NSF)的变化具有统计上的显著性,因此在通用类语域下,音译地名频率上升可以被看做是区分原生及翻译文本的一个比较可靠的参数。

如果按照原生汉语中的高频词词性实际使用频率来观察的话,这些词类在翻译汉语中的实际表现如图5.8所示。

从图5.8可以看出,除了个别词性(如NSF等)变化比较突出外,在通用类语域下,翻译汉语高频词的词性分布大致符合原生汉语高频词词性的分布规律。也就是说,相对于原生文本而言翻译文本高频词词性的变化不明显。

译语的共性与个性
——基于语料库的英、汉特征译语比较研究

	N	V	D	A	P	VN	Q	C	M	F	RZ	VI	B	NG	RR	AD	VF	NR	T	QV	CC	NS	S	QT	R	RZV	Y	K
ZCTC	27.7	20.3	7.34	3.37	3.2	3.29	2.53	3.12	1.85	2.02	1.94	1.6	1.6	0.76	1.43	0.59	1.01	0	0.93	0.51	0.59	0.42	0.59	0.42	0.42	0.51	0.42	0.25
LCMC	27.7	20.6	6.9	3.86	3.2	2.96	2.79	2.63	2.38	2.3	1.89	1.48	1.31	1.23	1.23	1.07	1.07	0.74	0.74	0.66	0.58	0.58	0.58	0.49	0.49	0.49	0.49	0.41

(a)

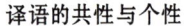

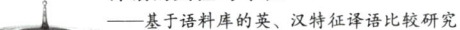

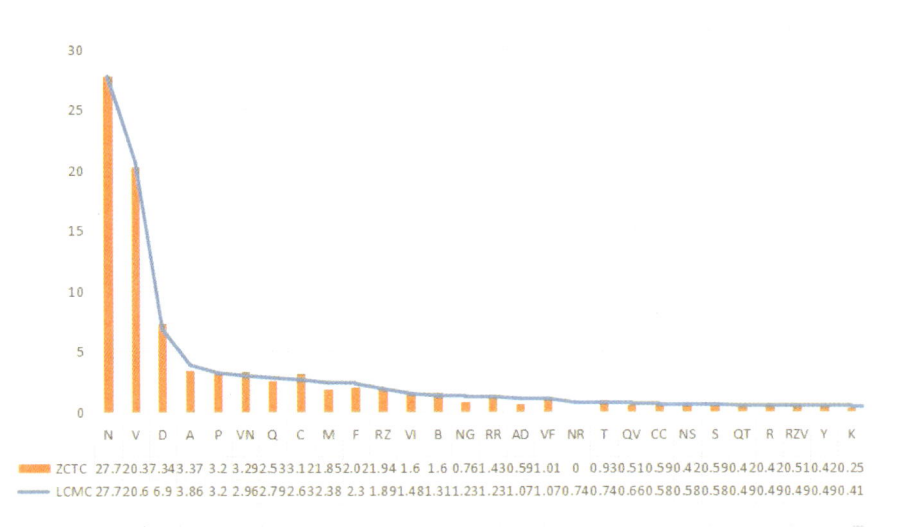

图 5.8　通用类语域下LCMC/ZCTC中

5 总体语言特征

	AN	MQ	RY	RYV	RZS	VG	NL	NRF	NSF	NZ	RZT	UDE NG	VX	AG	NT	PBA	PBE I	TG	UG UO	ULE	ULI AN	ULS	USU O	UYY	UZH E	UZH I	VL	VSH U	VYO	BL	RG
	0.34	0.34	0.34	0.34	0.34	0	0.08	0.51	1.01	0.17	0.17	0.08	0.25	0	0.08	0.08	0.08	0	0.08	0.08	0	0.17	0.08	0.08	0.08	0.08	0	0.08	0.08	0.08	0.08
	0.33	0.33	0.33	0.33	0.33	0.25	0.16	0.16	0.16	0.16	0.16	0.16	0.08	0.08	0.08	0.08	0.08	0.08	0.08	0.08	0.08	0.08	0.08	0.08	0.08	0.08	0.08	0.08	0.08	0	0

(b)

高频词词性频率分布比较

5.1.3 单次出现词

单次出现词（Hapax Legomena）是指在语料库文本中只出现一次的词，在许多学者关于词频分布的研究当中占有十分重要的地位（如Kennedy，2000，Baayen，2001，Manning & Schutzs，2001，肖忠华，2012等人的研究），亦有研究者以此来作为判定词汇丰富性的指标之一（Holmes，1991；参见罗卫华、佟大明，2011）。还有不少学者专门针对单次出现词做过考察研究，如Baayen（1998）对当代英国新闻报纸英语中单次出现词的语法化现象进行了考察；Popescu & Altmann（2008）通过研究认为，单次出现词在综合性语言中出现的频率比在分析性语言中出现的要高；罗卫华、佟大明（2011）对英语中单次出现词的分布和增长模式做了较为深入的实证研究；等等。可见其重要性不容忽视。

本研究对四种语域下的原生/翻译英语语料库及原生/翻译汉语语料库中的单次出现词频率做了统计比较（标点符号、非语素字及字符串不计在内），结果如图5.9所示。

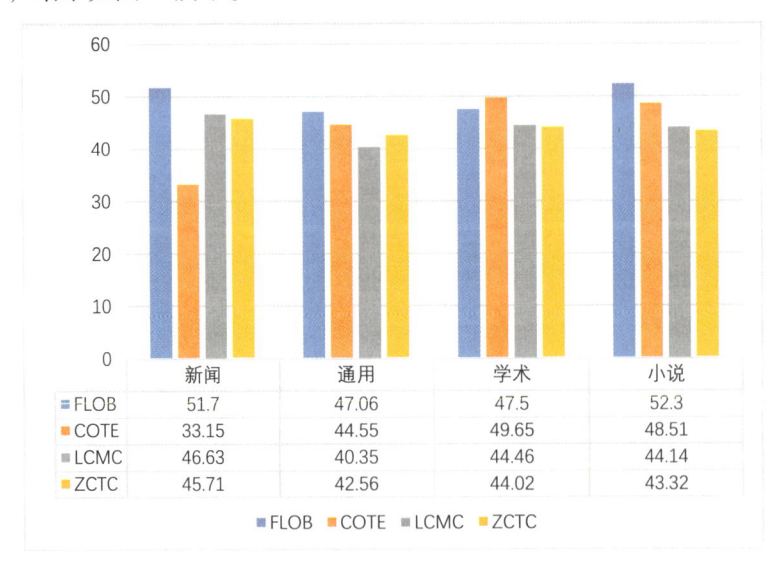

	新闻	通用	学术	小说
FLOB	51.7	47.06	47.5	52.3
COTE	33.15	44.55	49.65	48.51
LCMC	46.63	40.35	44.46	44.14
ZCTC	45.71	42.56	44.02	43.32

图 5.9　四种语域下FLOB/COTE及LCMC/ZCTC语料库中的单次出现词频率统计

从图5.9中可以看出，无论是在英语还是汉语中，原生语言还是翻译语言中，除了新闻类翻译英语外，单次出现词在各种语域下出现的比例都占了各子库类符（type）总数的一半左右。在各个语域下，英语原生语言中的单次出现词频率均大于汉语原生语言。但是在翻译语言中，情况不尽相同：只有在新闻语域下，英语翻译语言中的单次出现词频率小于汉语翻译语言；在其他三类语域中，英语翻译语言中的单次出现词频率均大于汉语翻译语言，与原生语言中的规律相同。这就对前面提到的Popescu & Altmann（2008）的研究结论提出了质疑，说明翻译语言确实是与原生语言有区别的，并且与以前研究者们普遍认为单次出现词在翻译文本中的使用频率低这一特点不尽相同（Laviosa, 2002；Xiao et al., 2010；肖忠华，2012）。在不同语域下，相对原生语言而言，英汉两种翻译语言中单次出现词的变化有增有减，且变化幅度高低不齐。为此进一步做对数似然比测试并整理如表5.18所示。

表 5.18 四类语域下英/汉语中单次出现词在原生/翻译文本中变化的幅度、对数似然比及显著性

语域	英语 平均变化幅度 /%	LL 值	显著性	汉语 平均变化幅度 /%	LL 值	显著性
新闻	−18.55	75.15	0.000*** +	−0.92	1.54	0.214 +
通用	−2.51	10.58	0.001** +	+2.21	16.54	0.000*** −
学术	+2.15	4.27	0.039* −	−0.44	0.28	0.595 +
小说	−3.79	3.77	0.052 +	−0.28	1.57	0.211 +

注：* 代表 $p < 0.05$，** 代表 $p < 0.01$，*** 代表 $p < 0.001$。

从表5.18中我们可以看出，相对于原生语言文本中的单次出现词频率，在新闻类语域下，英语翻译文本中的单次出现词出现明显下降的趋势，具有统计学上的显著性，汉语翻译文本中的单次出现词亦略呈下降趋势，然而并不具统计学上的显著性；在通用类语域下，英语翻译文本中的单次出现词频率呈下降趋势，并且具有统计学上的显著性，而汉语翻译文本中的单次出现词则呈上升趋势，也具有统计学上的显著性；在学术类语域下，英语翻译文本中的单次出现词呈上升趋势，具有统计学上的显著

性，而汉语翻译文本中的单次出现词则略呈下降趋势，不具有统计学上的显著性；在小说类语域下，无论是英语翻译文本还是汉语翻译文本中的单次出现词均呈下降趋势，并且都不具备统计学上的显著性。因此，以下我们将对新闻、学术、通用语域下的英语以及通用类语域下的汉语翻译文本中的单次出现词的词性进行着重考察。

从以上统计可以看出，在原生语言中，英语各个语域下的单次出现词均高于汉语，这印证了Popescu & Altmann（2008）的研究结果。从总体来看，翻译英语中的单次出现词的变化要比翻译汉语明显得多。这说明，如果将单次出现词的频率作为一个指数来区分翻译文本和原生文本，它在英语（综合性语言）中比在汉语（分析性语言）中更为有效（是否在所有的综合性语言与分析性语言中都如此呢？）；在英语新闻类语域，将单次出现词的频率作为一个指数来区分翻译文本和原生文本，比在其他英语的语域下更有效。而对汉语而言，似乎只有在通用类语域下，以此作为区别原生与翻译文本的指数之一才是可靠的。

那么文本在经过翻译后，单次出现词的语法形式在这些语域中有没有一些特别的变化规律呢？接下来将对新闻、通用、学术语域下的英语以及通用类语域下的汉语翻译文本中单次出现词的词性（POS）分布进行考察，以期能够观察到语法形式上的变化规律。统计词性时排除了公式、无法进行分类的词以及标点符号。

5.1.3.1 新闻类语域下英语原生/翻译文本中单次出现词的词性

对新闻类语域下英语原生和翻译两个子库中单次出现词词性的统计如表5.19所示。

表 5.19 新闻类语域下FLOB/COTE中单次出现词词性（POS）的分布状况

新闻类	FLOB			COTE		
序号	POS	Freq.	Ratio/%	POS	Freq.	Ratio/%
1	JJ	1628	31.69	JJ	896	29.94
2	VVN	534	10.40	VVN	348	11.63
3	VVG	514	10.01	VVG	334	11.16

续表

新闻类序号	FLOB POS	Freq.	Ratio/%	COTE POS	Freq.	Ratio/%
4	VVI	474	9.23	VVI	325	10.86
5	VVD	447	8.70	VVD	299	9.99
6	VVZ	366	7.12	VVZ	179	5.98
7	RR	317	6.17	RR	164	5.48
8	JJT	46	0.90	FW	13	0.43
9	JJR	31	0.60	JJR	11	0.37
10	NNB	26	0.51	JJT	11	0.37
11	RL	20	0.39	NNU	11	0.37
12	NN	17	0.33	RL	11	0.37
13	FW	13	0.25	NN	10	0.33
14	UH	12	0.23	II	8	0.27
15	II	11	0.21	MC	8	0.27
16	NNU	10	0.19	UH	8	0.27
17	MC	6	0.12	NNB	7	0.23
18	RRR	6	0.12	MD	3	0.10
19	MD	5	0.10	MF	3	0.10
20	MF	5	0.10	CS	2	0.07
21	NP	5	0.10	NNA	2	0.07
22	RG	5	0.10	NNO	2	0.07
23	CS	3	0.06	RA	2	0.07
24	NNA	3	0.06	RRQ	2	0.07
25	RA	3	0.06	RT	2	0.07
26	PPY	2	0.04	DB	1	0.03
27	REX	2	0.04	DDQV	1	0.03
28	RRT	2	0.04	NP	1	0.03
29	AT	1	0.02	REX	1	0.03
30	DA	1	0.02	RG	1	0.03
31	DAT	1	0.02	RGQV	1	0.03
32	PNQV	1	0.02	RGT	1	0.03
33	PPGE	1	0.02	RRQV	1	0.03
34	VBR	1	0.02	RRR	1	0.03

续表

新闻类序号	FLOB			COTE		
	POS	Freq.	Ratio/%	POS	Freq.	Ratio/%
35	VDZ	1	0.02	VM	1	0.03
36	VHI	1	0.02			
37	XX	1	0.02			

从表5.19我们可以看出，在新闻类语域下，原生英语文本中的单次出现词词性为37种，翻译英语文本中的单次出现词词性为35种，变化具有统计上的显著性（$p=0.041$），因此做进一步计算，发现原生英语文本中单次出现词的词性种类与所有单次出现词的比例（0.72%）要低于翻译英语文本（1.17%）。因此，在这一语域下，尽管翻译英语文本中单次出现词的总体比例明显下降了，但是其词性却比原生英语文本中的明显丰富多变。

此外，无论在原生英语中还是翻译英语中，单次出现词出现频率最高的前七位词性都是一样的：第一位均为普通形容词，第七位均为普通副词，第二至六位均为动词类，依次为动词过去时（VVD）、动词ing分词形式（VVG）、不定式（VVI）、动词过去时（VVD）、VVZ（动词-S形式）。

整理出两个子库中均出现过的词性共46种，对此进行相关分析后，得到表5.20（SPSS计算结果截图）。

表 5.20　新闻类语域下原生/翻译英语文本中单次出现词词性的相关性

		FLOB	COTE
FLOB	皮尔森（Pearson）相关	1	0.995**
	显著性（双尾）		0.000
	N	46	46
COTE	皮尔森（Pearson）相关	0.995**	1
	显著性（双尾）	0.000	
	N	46	46

注：** 相关性在 0.01 层上显著（双尾）。

通过表5.20我们看到，相关系数为0.995，显著性水平为0.000，因此英语新闻类原生文本和翻译文本中单次出现词词性的变化相关非常显著。

为便于观察比较，两两对比相同词性在新闻类汉英语原生/翻译语料库中出现的频率（%）并整理排序后绘出相对百分比（在原生或翻译语料库中出现的频率/在原生及翻译语料库中出现频率的总和*100%）堆积柱形图，如图5.10所示。

译语的共性与个性
——基于语料库的英、汉特征译语比较研究

	PPY	RRT	AT	DA	DAT	PNQV	PPGE	VBR	VDZ	VHI	XX	RRR	NP	RG	JJT	NNB	JJR	REX	VVZ	RR	JJ	RL
COTE	0	0	0	0	0	0	0	0	0	0	0	0.03	0.03	0.03	0.37	0.23	0.37	0.03	5.98	5.48	29.94	0.37
FLOB	0.04	0.04	0.02	0.02	0.02	0.02	0.02	0.02	0.02	0.02	0.02	0.12	0.1	0.1	0.9	0.51	0.6	0.04	7.12	6.17	31.69	0.39

(a)

图 5.10 新闻类语域下FLOB/COTE中单次出现

5 总体语言特征

	NN	MD	MF	VVG	VVN	VVD	CS	NNA	RA	UH	VVI	II	FW	NNU	MC	NNO	RRQ	RT	DB	DDQV	RGQV	RGT	RRQV	VM
	0.33	0.1	0.1	11.16	11.63	9.99	0.07	0.07	0.07	0.27	10.86	0.27	0.43	0.37	0.27	0.07	0.07	0.07	0.03	0.03	0.03	0.03	0.03	0.03
	0.33	0.1	0.1	10.01	10.4	8.7	0.06	0.06	0.06	0.23	9.23	0.21	0.25	0.19	0.12	0	0	0	0	0	0	0	0	0

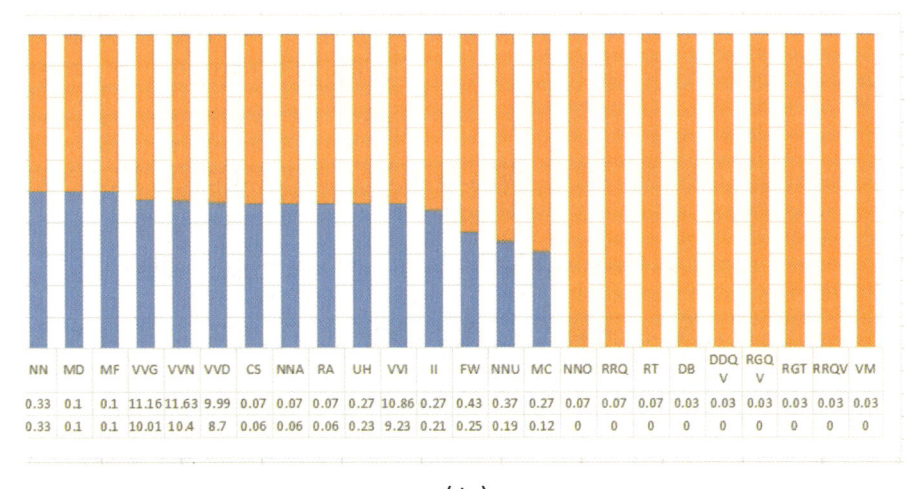

(b)

词词性相对比例的变化（相对百分比）

从图5.10中我们可以看出，在两个子库中同时都出现过的词性共有26种。与原生文本相比较，其中在翻译文本中呈上升趋势的有13种，依次为基数词（MC）、度量单位词（NNU）、外来词（FW）、普通介词（II）、不定式（VVI）、感叹词（UH）、名词中心词后的副词（RA）、称呼名词之后的词（NNA）、从属连词（CS）、动词过去时（VVD）、动词过去分词（VVN）、动词ing形式（VVG）；持平的有3种：普通名词（NN）、序数词（MD）、分词（MF）；呈下降趋势的有11种，依次是普通副词比较级（RRR）、专有名词（NP）、程度副词（RG）、形容词一般最高级（JJT）、称呼名词之前的词（NNB）、形容词一般比较级（JJR）、引导同位结构的副词（REX）、动词S形式（VVZ）、普通副词（RR）、普通形容词（JJ）、地点副词（RL）。

对这些上升和下降的词性分别进行排序列表及对数似然比测试，结果如表5.21、5.22所示。

表5.21 新闻类语域下COTE中相对于FLOB上升的单次出现词词性的变化

词性	FLOB 中的频数	COTE 中的频数	LL 值	显著性
MC	6	8	2.38	0.123 –
NNU	10	11	2.10	0.147 –
FW	13	13	1.87	0.171 –
II	11	8	0.221	0.626 –
VVI	474	325	5.05	0.025 *
UH	12	8	0.09	0.769 –
RA	3	2	0.02	0.883 –
NNA	3	2	0.02	0.883 –
CS	3	2	0.02	0.883 –
VVD	447	299	3.38	0.066 –
VVN	534	348	2.62	0.105 –
VVG	514	334	2.39	0.122 –

注：* 代表 $p < 0.05$。

表 5.22　新闻类语域下COTE中相对于FLOB下降的单次出现词词性的变化

词性	FLOB 中的频数	COTE 中的频数	LL 值	显著性
RRR	6	1	1.77	0.184 +
NP	5	1	1.18	0.277 +
RG	5	1	1.18	0.277 +
JJT	46	11	8.30	0.004** +
NNB	26	7	3.76	0.053 +
JJR	31	11	2.14	0.143 +
REX	2	1	0.02	0.900 +
VVZ	366	179	3.75	0.053 +
RR	317	164	1.55	0.214 +
JJ	1628	896	1.89	0.170 +
RL	20	11	0.02	0.878 +

注：** 代表 $p < 0.01$。

从表5.21、5.22可以看出，相对于原生文本，在翻译文本中的变化具有统计学上的显著性的词性只有不定式（VVI）（$p=0.025$）和形容词一般最高级（JJT）（$p=0.004$）。因此在新闻类语域下，单次出现词中动词不定式使用频率上升和形容词一般最高级使用频率下降是英语翻译文本的显著特征。

按照新闻类原生英语中的单次出现词词性实际使用频率来观察，这些词性在翻译英语中的实际分布表现如图5.11所示。

	JJ	VVN	VVG	VVI	VVD	VVZ	RR	JJT	JJR	NNB	RL	NN	FW	UH	II	NNU	MC
COTE	29.94	11.63	11.16	10.86	9.99	5.98	5.48	0.37	0.37	0.23	0.37	0.33	0.43	0.27	0.27	0.37	0.27
FLOB	31.69	10.4	10.01	9.23	8.7	7.12	6.17	0.9	0.6	0.51	0.39	0.33	0.25	0.23	0.21	0.19	0.12

（a）

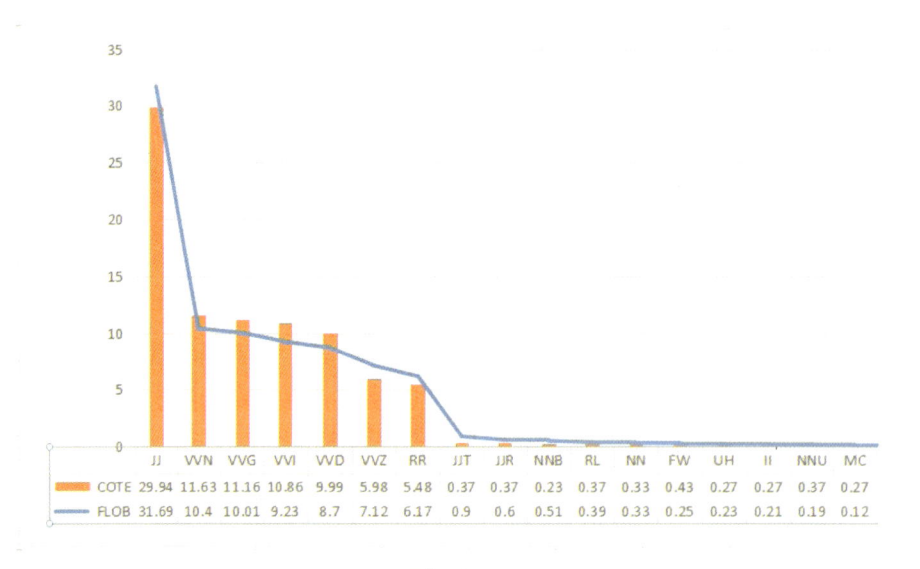

图 5.11 新闻类语域下FLOB/COTE中

5 总体语言特征

RRR	MD	MF	NP	RG	CS	NNA	RA	PPY	REX	RRT	AT	DA	DAT	PNQV	PPGE	VBR	VDZ	VHI	XX
0.03	0.1	0.1	0.03	0.03	0.07	0.07	0.07	0	0.03	0	0	0	0	0	0	0	0	0	0
0.12	0.1	0.1	0.1	0.1	0.06	0.06	0.06	0.04	0.04	0.04	0.02	0.02	0.02	0.02	0.02	0.02	0.02	0.02	0.02

（b）

单次出现词词性频率分布比较

从图5.11中我们可以看到,这些词性在新闻类翻译英语文本中的分布趋势与原生英语文本中的分布曲线大致贴合较好,并未出现明显不同的波动。在最常使用的前几种词性中,动词类(VVN、VVG、VVI、VVG)使用频率都比原生英语文本中的高,其中以动词不定式(VVI)最为显著($p=0.025$),动词S形式(VVZ)的使用频率虽然降低了,变化几乎接近统计上的显著性($p=0.053$),但是贝叶斯因子为-5.52,因此其相对于原生文本的变化可以忽略不计。形容词类(JJ、JJT、JJR)都有所降低,以形容词一般最高级(JJT)最为明显($p=0.004$)。普通副词也有所降低,然而变化离统计上的显著性差得很远($p=0.214$)。

5.1.3.2 通用类语域下英语原生/翻译文本中单次出现词的词性

下面对通用类语域下英语原生和翻译两个子库中单次出现词的词性进行考察,统计结果如表5.23所示。

表5.23 通用类语域下FLOB/COTE中单次出现词词性(POS)的分布状况

通用类序号	FLOB POS	FLOB Freq.	FLOB Ratio/%	COTE POS	COTE Freq.	COTE Ratio/%
1	JJ	2310	31.73	JJ	2112	31.37
2	VVN	721	9.90	VVG	644	9.56
3	VVG	664	9.12	VVD	635	9.43
4	VVD	635	8.72	VVN	626	9.30
5	VVI	624	8.57	VVI	591	8.78
6	VVZ	414	5.69	VVZ	507	7.53
7	RR	400	5.49	RR	395	5.87
8	JJR	47	0.65	FW	44	0.65
9	JJT	40	0.55	JJT	44	0.65
10	FW	37	0.51	JJR	37	0.55
11	NN	26	0.36	NNU	29	0.43
12	NNU	24	0.33	NN	26	0.39
13	RL	23	0.32	RL	21	0.31
14	NNB	19	0.26	UH	17	0.25
15	UH	17	0.23	NNB	14	0.21

续表

通用类		FLOB			COTE		
序号	POS	Freq.	Ratio/%	POS	Freq.	Ratio/%
16	II	13	0.18	II	10	0.15
17	MC	12	0.16	CS	7	0.10
18	CS	7	0.10	MC	6	0.90
19	RT	6	0.08	MD	5	0.07
20	RG	4	0.05	MF	5	0.07
21	RRR	4	0.05	RG	4	0.06
22	RRT	4	0.05	RRQ	4	0.06
23	NNA	3	0.04	RRT	3	0.04
24	NP	3	0.04	NNO	2	0.03
25	RRQ	3	0.04	NP	2	0.03
27	MF	2	0.03	PNQV	2	0.03
28	RA	2	0.03	RT	2	0.03
29	XX	2	0.03	DB	1	0.01
30				DDQ	1	0.01
31				DDQV	1	0.01
32				RA	1	0.01

从表5.23中我们可以看到，通用类原生英语文本中单次出现词的词性有29种，翻译英语文本中单次出现词的词性有32种，词性种类变化并无统计上的显著性（$p=0.490$）。并且第一位最常出现的词性都是普通形容词（JJ），第二至六位均为动词类，包括动词过去分词（VVN）、动词ing形式（VVG）、动词过去时（VVD）、动词不定式（VVI）和动词S形式（VVZ），只是次序稍有不同，第七位均为普通副词（RR）。

	RRR	NNA	RPQ	XX	RA	RT	NP	RRT	NNB	II	JJR	VVN	RL	JJ	CS	VVI	VVG
COTE	0	0	0	0	0.01	0.03	0.03	0.04	0.21	0.15	0.55	9.3	0.31	31.37	0.1	8.78	9.56
FLOB	0.05	0.04	0.04	0.03	0.03	0.08	0.04	0.05	0.26	0.18	0.65	9.9	0.32	31.73	0.1	8.57	9.12

(a)

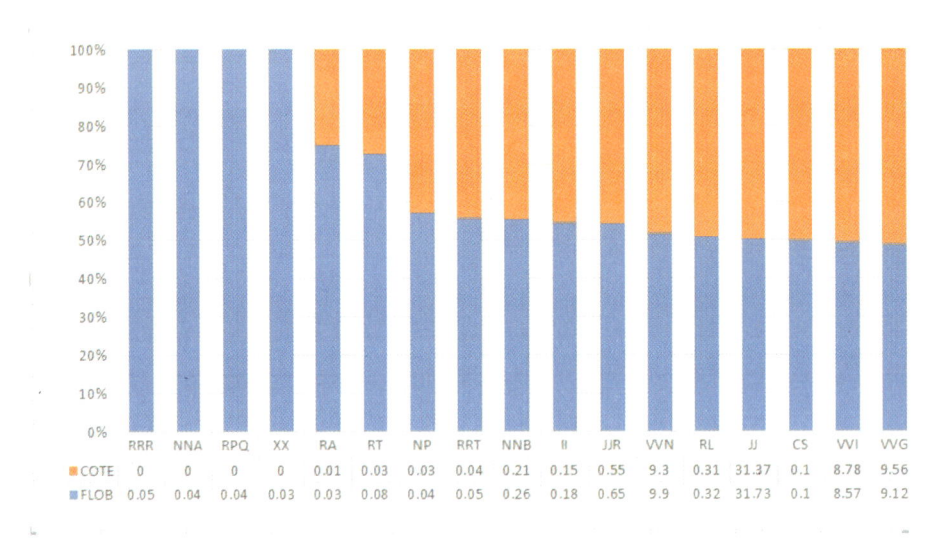

图 5.12 通用类语域下FLOB/COTE中单次

5 总体语言特征

	RR	VVD	NN	UH	JJT	RG	FW	NNU	VVZ	MF	MC	MD	MF	NNO	PNQV	DB	DDQ	DDQV
	5.87	9.43	0.39	0.25	0.65	0.06	0.65	0.43	7.53	0.07	0.9	0.07	0.07	0.03	0.03	0.01	0.01	0.01
	5.49	8.72	0.36	0.23	0.55	0.05	0.51	0.33	5.69	0.03	0.16	0	0	0	0	0	0	0

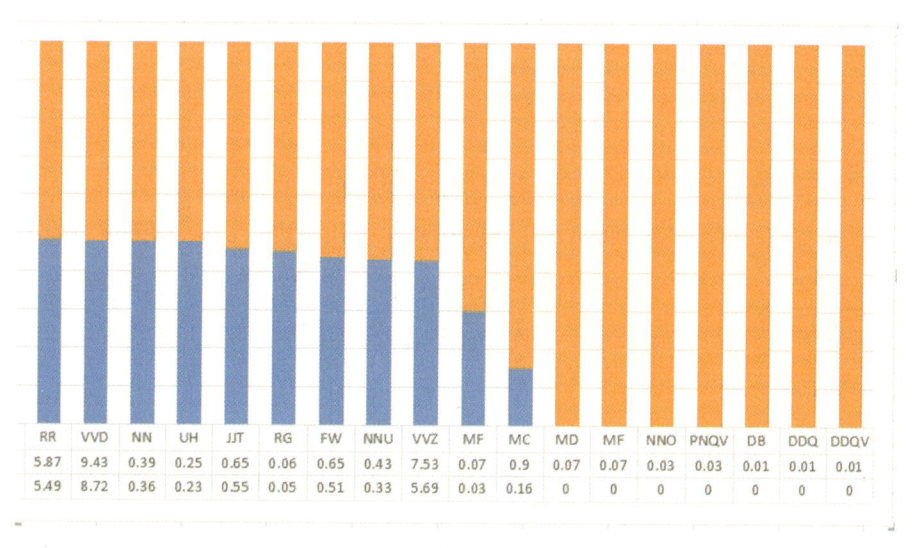

(b)

出现词词性相对比例的变化（相对百分比）

整理出两个子库中均出现过的词性共35种，对此进行相关分析后，结果如表5.24（SPSS计算结果截图）所示。

表 5.24　通用类语域下原生/翻译英语文本中单次出现词词性的相关性

		FLOB	COTE
FLOB	皮尔森（Pearson）相关 显著性（双尾） N	1 35	0.998** 0.000 35
COTE	皮尔森（Pearson）相关 显著性（双尾） N	0.998** 0.000 35	1 35

注：** 相关性在 0.01 层上显著（双尾）。

表5.24显示，相关系数为0.998，显著性水平为0.000，因此英语通用类原生文本和翻译文本中单次出现词词性的变化相关非常显著。

为便于观察比较，两两对比相同词性在通用类汉语原生/翻译语料库中出现的频率（%）并整理排序后绘出相对百分比（在原生或翻译语料库中出现的频率/在原生及翻译语料库中出现频率的总和*100%）堆积柱形图，如图5.12所示。

从图5.12中我们可以看出，在两个英语通用类子库中同时都出现过的词性共计24种，其中在翻译文本中呈上升趋势的有13种，依次是基数词（MC）、分数（MF）、动词S形式（VVZ）、度量单位词（NNU）、外来词（FW）、程度副词（RG）、形容词一般最高级（JJT）、感叹词（UH）、普通名词（NN）、动词过去时（VVD）、普通副词（RR）、动词ing分词形式（VVG）、不定式（VVI）；持平的有1种：从属连词（CS）；下降的有10种，依次是名词中心词后的副词（RA）、准名词性时间副词（RT）、专有名词（NP）、普通副词最高级（RRT）、称呼名词之前的词（NNB）、普通介词（II）、形容词一般比较级（JJR）、动词过去分词（VVN）、地点副词（RL）、普通形容词（JJ）。

对翻译文本中产生上升及下降变化的词性进行对数似然比测试，结果如表5.25、5.26所示。

表 5.25 通用类语域下COTE中相对于FLOB上升的单次出现词词性的变化

词性	FLOB 中的频数	COTE 中的频数	LL 值	显著性
MC	12	6	1.60	0.206 +
MF	2	5	1.57	0.210 −
VVZ	414	507	18.09	0.000 *** −
NNU	24	29	0.94	0.331 −
FW	37	44	1.28	0.258 −
RG	4	4	0.01	0.912
JJT	40	44	0.63	0.427 −
UH	17	17	0.05	0.820 −
NN	26	26	0.08	0.778 −
VVD	635	635	1.94	0.163 −
RR	400	395	0.86	0.355 −
VVG	664	644	0.74	0.389 −
VVI	624	591	0.17	0.677 −

注：*** 代表 $p < 0.001$。

表 5.26 通用类语域下COTE中相对于FLOB下降的单次出现词词性的变化

词性	FLOB 中的频数	COTE 中的频数	LL 值	显著性
RA	2	1	0.27	0.606 +
RT	6	2	1.79	0.181 +
NP	3	2	0.13	0.718 +
RRT	4	3	0.08	0.783 +
NNB	19	14	0.42	0.517 +
II	13	10	0.19	0.661 +
JJR	47	37	0.54	0.463 +
VVN	721	626	1.33	0.248 +
RL	23	21	0.00	0.966 +
JJ	2310	2112	0.14	0.706 +

从表5.25、5.26我们可以看到，在这些词性变化中，只有动词S形式（VVZ）的变化非常显著（$p < 0.001$），因此在这一语域下，动词S形式显著升高可以看做英语翻译文本的一个显著语言特征。

按照通用类原生英语中的单次出现词词性实际使用频率来观察，这些词性在翻译英语中的实际分布表现如图5.13所示。

	JJ	VVN	VVG	VVD	VVI	VVZ	RR	JJR	JJT	FW	NN	NNU	RL	NNB	UH	II
COTE	31.37	9.3	9.56	9.43	8.78	7.53	5.87	0.55	0.65	0.65	0.39	0.43	0.31	0.21	0.25	0.15
FLOB	31.73	9.9	9.12	8.72	8.57	5.69	5.49	0.65	0.55	0.51	0.36	0.33	0.32	0.26	0.23	0.18

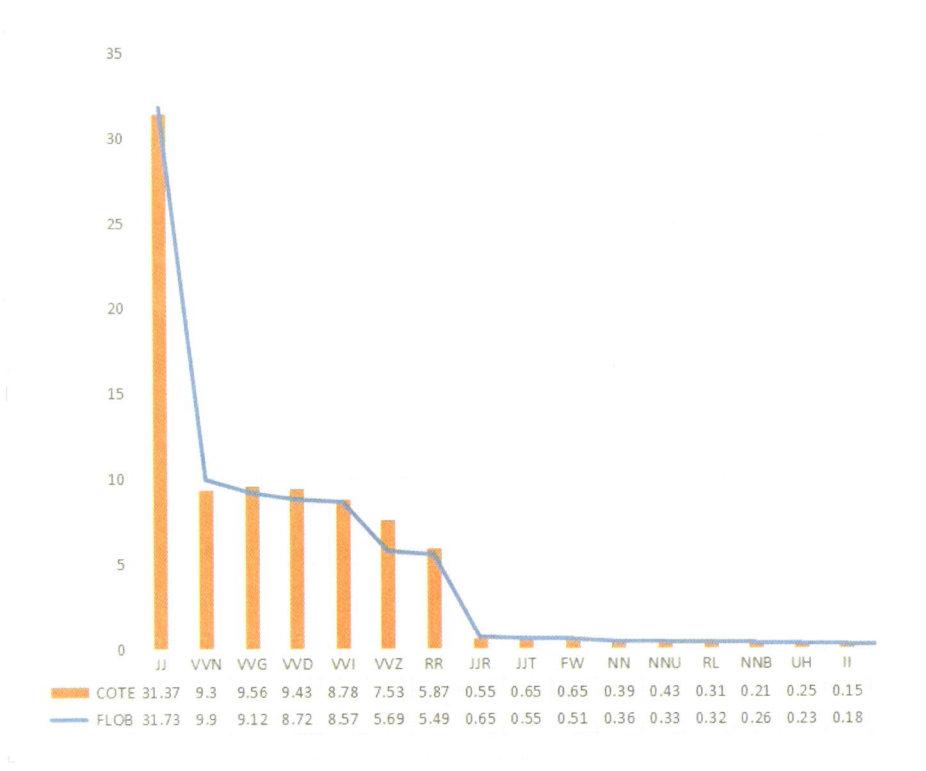

(a)

图 5.13　通用类语域下FLOB/COTE中

MC	CS	RT	RG	RRR	RRT	NNA	NP	RPQ	MF	RA	XX	MD	MF	NNO	PNQV	DB	DDQ	DDQV
0.9	0.1	0.03	0.06	0	0.04	0	0.03	0	0.07	0.01	0	0.07	0.07	0.03	0.03	0.01	0.01	0.01
0.16	0.1	0.08	0.05	0.05	0.05	0.04	0.04	0.04	0.03	0.03	0.03	0	0	0	0	0	0	0

(b)

单次出现词词性频率分布比较

从图5.13中我们可以看到，在通用类语域下，翻译英语文本中单次出现词的词性分布趋势大致贴合原生英语文本中单次出现词词性的分布曲线，主要动词类中除动词过去分词形式（VVN）略呈下降（$p=0.248$）以外，大致略显上升趋势，其中以动词S形（VVZ）最为显著（$p<0.001$），常用词性大致波动不明显。

5.1.3.3 学术类语域下英语原生/翻译文本中单次出现词的词性

下面对学术类语域下英语原生和翻译两个子库中单次出现词的词性进行考察，统计结果如表5.27所示。

表5.27 学术类语域下FLOB/COTE中单次出现词词性（POS）的分布状况

学术类序号	FLOB POS	Freq.	Ratio/%	COTE POS	Freq.	Ratio/%
1	JJ	1359	33.17	JJ	1501	33.16
2	VVN	407	9.93	VVN	488	10.78
3	VVI	390	9.52	VVI	420	9.28
4	VVG	324	7.91	VVG	414	9.15
5	VVD	282	6.88	VVD	400	8.84
6	RR	248	6.05	VVZ	323	7.13
7	VVZ	243	5.93	RR	273	6.03
8	JJR	22	0.54	FW	41	0.91
9	FW	20	0.49	JJT	30	0.66
10	NNU	19	0.46	JJR	28	0.62
11	JJT	18	0.44	RL	21	0.46
12	NN	16	0.39	NNU	17	0.38
13	RL	16	0.39	NN	15	0.33
14	NNB	12	0.29	NNB	10	0.22
15	MC	11	0.27	MC	9	0.20
16	II	10	0.24	UH	8	0.18
17	UH	9	0.22	II	6	0.13
18	MD	4	0.10	MF	6	0.13
19	RRT	4	0.10	CS	5	0.11
20	CS	3	0.07	VM	5	0.11

续表

学术类序号	FLOB POS	Freq.	Ratio/%	COTE POS	Freq.	Ratio/%
21	REX	3	0.07	RRR	4	0.09
22	RP	3	0.07	MD	2	0.04
23	RRR	3	0.07	NNO	2	0.04
24	RT	3	0.07	RP	2	0.04
25	RA	2	0.05	RT	2	0.04
26	DAT	1	0.02	DA	1	0.02
27	DB	1	0.02	DAT	1	0.02
28	DDQV	1	0.02	DD	1	0.02
29	MF	1	0.02	DDQV	1	0.02
30	RPK	1	0.02	NNA	1	0.02
31	RRQ	1	0.02	RRQ	1	0.02
32	VM	1	0.02	RRT	1	0.02

从表5.27中我们可以看到，学术类原生英语文本和翻译英语文本中单次出现词的词性都为32种，变化并无统计上的显著性（$p=0.690$）。无论是在原生英语还是翻译英语文本中，单次出现词词性中出现频率最高的前五位完全相同，甚至连排序都未发生变化。第一位均为普通形容词（JJ），第二至五位均为动词类，依次为动词过去分词（VVN）、动词不定式（VVI）、动词ing形式（VVG）、动词过去时（VVD）。

整理出两个子库中均出现过的词性37种，进行相关分析后，结果如表5.28（SPSS计算结果截图）所示。

表 5.28 学术类语域下原生/翻译英语文本中单次出现词词性的相关性

		FLOB	COTE
FLOB	皮尔森（Pearson）相关	1	0.998**
	显著性（双尾）		0.000
	N	37	37
COTE	皮尔森（Pearson）相关	0.998**	1
	显著性（双尾）	0.000	
	N	37	37

注：** 相关性在0.01层上显著（双尾）。

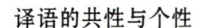

译语的共性与个性
——基于语料库的英、汉特征译语比较研究

	REX	RA	DB	RPK	RRT	MD	II	RP	RT	MC	NNB	UH	NNU	NN	VVI	JJ	DAT	DDQV
COTE	0	0	0	0	0.02	0.04	0.13	0.04	0.04	0.2	0.22	0.18	0.38	0.33	9.28	33.16	0.02	0.02
FLOB	0.07	0.05	0.02	0.02	0.1	0.1	0.24	0.07	0.07	0.27	0.29	0.22	0.46	0.39	9.52	33.17	0.02	0.02

(a)

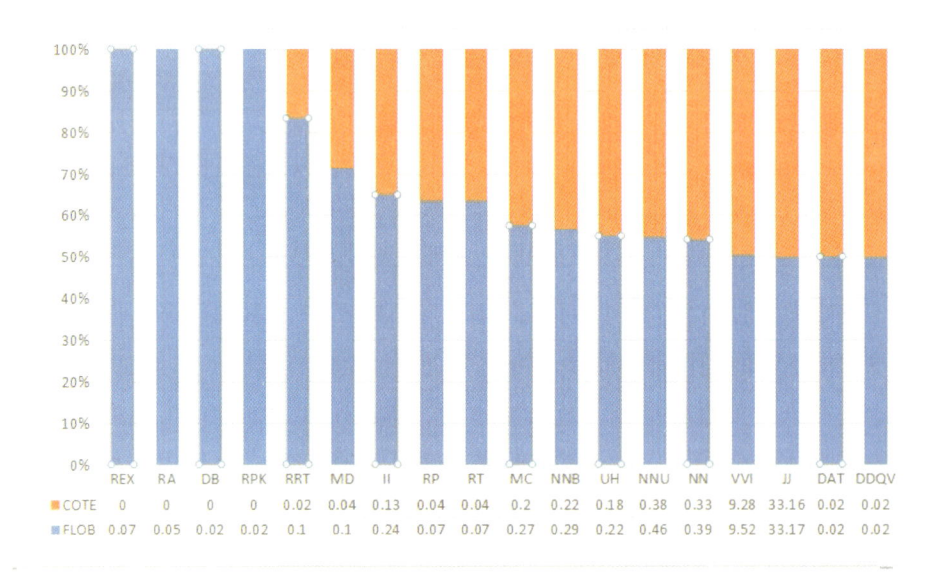

图 5.14 学术类语域下FLOB/COTE中单次出

5 总体语言特征

	RRQ	VVZ	VVN	VVG	JJR	RR	RL	VVD	RRR	JJT	CS	FW	VM	MF	NNO	DA	DD	NNA	RRT
	0.02	6.03	10.78	9.15	0.62	7.13	0.46	8.84	0.09	0.66	0.11	0.91	0.11	0.13	0.04	0.02	0.02	0.02	0.02
	0.02	5.93	9.93	7.91	0.53	6.05	0.39	6.88	0.07	0.44	0.07	0.49	0.02	0.02	0	0	0	0	0

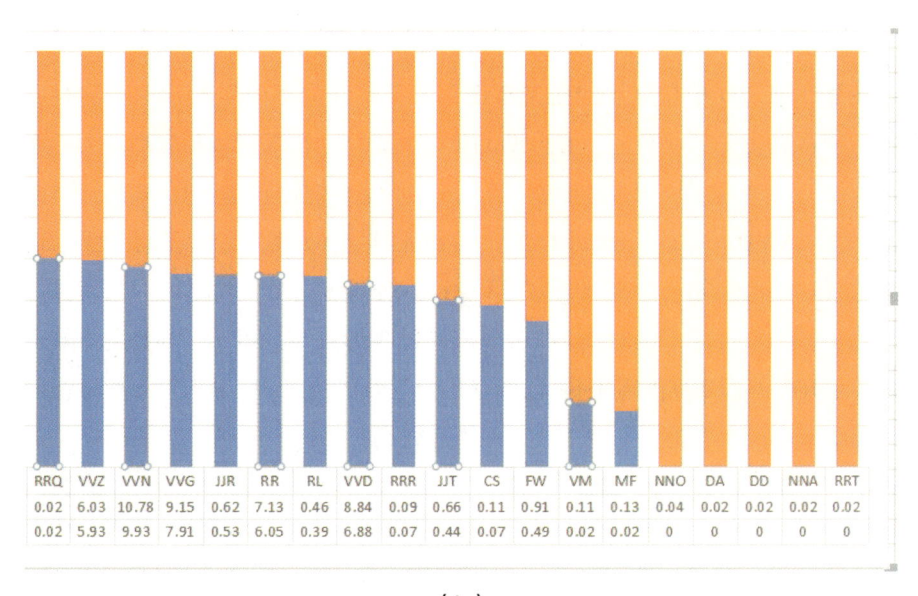

（b）

现词词性相对比例的变化（相对百分比）

译语的共性与个性
——基于语料库的英、汉特征译语比较研究

从表5.28中我们可以看到，相关系数为0.998，显著性水平为0.000，这说明英语学术类原生文本和翻译文本中单次出现词词性的变化相关非常显著。

为便于观察比较，两两对比相同词性在学术类英语原生/翻译语料库中出现的频率（%）并整理排序后绘出相对百分比（在原生或翻译语料库中出现的频率/在原生及翻译语料库中出现频率的总和*100%）堆积柱形图，如图5.14所示。

从图5.14中我们可以看出，在两个英语学术类子库中同时都出现过的词性有28种，其中相对于原生文本而言，在翻译文本中呈上升趋势的有13种，依次为分数（MF）、情态助动词（VM）、外来词（FW）、从属连词（CS）、形容词一般最高级（JJT）、普通副词比较级（RRR）、动词过去时（VVD）、地点副词（RL）、普通副词（RR）、形容词一般比较级（JJR）、动词ing分词形式（VVG）、动词过去分词（VVN）、动词S形式（VVZ）；持平的有3种：后限定词最高形式（DAT）、WH强调限定词（DDQV）、WH普通副词（RRQ）；下降的有12种，依次为普通副词最高级（RRT）、序数词（MD）、普通介词（II）、介词、副词、小品词（RP）、准名词性时间副词（RT）、基数词（MC）、称呼名词之前的词（NNB）、感叹词（UH）、单复数同行的度量单位词（NNU）、单复数同型的普通名词（NN）、不定式（VVI）、普通形容词（JJ）。

对翻译文本中产生上升及下降变化的词性进行对数似然比测试，结果如表5.29、5.30所示。

表 5.29　学术类语域下COTE中相对于FLOB上升的单次出现词词性的变化

词性	FLOB 中的频率	COTE 中的频率	LL 值	显著性
MF	1	6	3.48	0.062 –
VM	1	5	2.53	0.112 –
FW	20	41	5.44	0.020* –
CS	3	5	0.33	0.568
JJT	18	30	1.95	0.162
RRR	3	4	0.06	0.805
VVD	282	400	10.44	0.001** –

续表

词性	FLOB 中的频率	COTE 中的频率	LL 值	显著性
RL	16	21	0.27	0.603 −
RR	248	273	0.00	0.966 +
JJR	22	28	0.25	0.619 −
VVG	324	414	3.86	0.050 * −
VVN	407	488	1.48	0.223 −
VVZ	243	323	4.77	0.029 * −

注：* 代表 $p < 0.05$，** 代表 $p < 0.01$。

表 5.30 学术类语域下COTE中相对于FLOB下降的单次出现词词性的变化

词性	FLOB 中的频率	COTE 中的频率	LL 值	显著性
RRT	4	1	2.24	0.135 +
MD	4	2	0.89	0.344 +
II	10	6	1.45	0.229 +
RP	3	2	0.31	0.575 +
RT	3	2	0.31	0.575 +
MC	11	9	0.45	0.502 +
NNB	12	10	0.44	0.509 +
UH	9	8	0.20	0.654 +
NNU	19	17	0.40	0.527 +
NN	16	15	0.21	0.647 +
VVI	390	420	0.13	0.715 +
JJ	1359	1501	0.00	0.991 +

通过表5.29、5.30我们看到，在这一语域下，翻译后产生显著变化的词性有外来词（FW）（$p=0.020$）、动词过去时（VVD）（$p=0.001$）、动词ing分词形式（VVG）（$p=0.050$）、动词S形式（VVZ）（$p=0.029$）。因此，外来词、动词过去时、动词ing分词形式、动词S形使用频率明显上升可以被看做学术类语域下翻译英语文本的语言特征。

按照学术类原生英语中的单次出现词词性实际使用频率来观察，这些词性在翻译英语中的实际分布表现如图5.15所示。

译语的共性与个性
——基于语料库的英、汉特征译语比较研究

	JJ	VVN	VVI	VVG	VVD	RR	VVZ	JJR	FW	NNU	JJT	NN	RL	NNB	MC	II	UH
COTE	33.16	10.78	9.28	9.15	8.84	7.13	6.03	0.62	0.91	0.38	0.66	0.33	0.46	0.22	0.2	0.13	0.18
FLOB	33.17	9.93	9.52	7.91	6.88	6.05	5.93	0.53	0.49	0.46	0.44	0.39	0.39	0.29	0.27	0.24	0.22

（a）

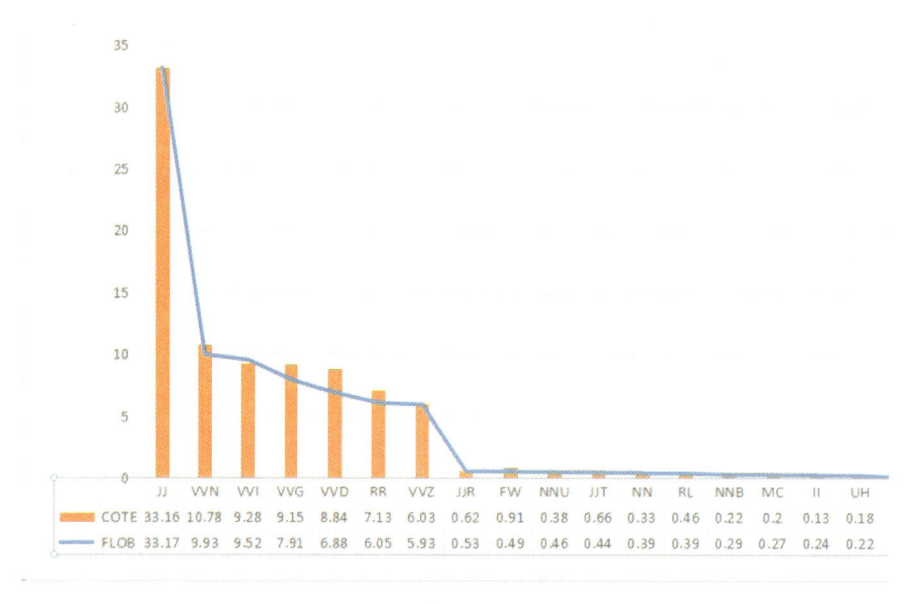

图 5.15 学术类语域下FLOB/COTE中

MD	RRT	CS	REX	RP	RRR	RT	RA	DAT	DB	DDQV	MF	RPK	RRQ	VM	NNO	DA	DD	NNA	RRT
0.04	0.02	0.11	0	0.04	0.09	0.04	0	0.02	0	0.02	0.13	0	0.02	0.11	0.04	0.02	0.02	0.02	0.02
0.1	0.1	0.07	0.07	0.07	0.07	0.07	0.05	0.02	0.02	0.02	0.02	0.02	0.02	0.02	0	0	0	0	0

(b)

单次出现词词性频率分布比较

从图5.15中我们可以看出，在学术类语域下，翻译英语文本中单次出现词的主要词性分布趋势基本符合原生英语文本中单次出现词词性的分布规律曲线，主要动词组除不定式（VVI）外均有上升趋势，其中动词过去时（VVD）、动词ing分词形式（VVG）、动词S形（VVZ）上升显著，而动词不定式的下降离统计学上的显著性差得很远（$p=0.715$），所以其变化可以忽略不计。这一组动词大致都可看做有上升趋势，其他词性无明显波动变化。

5.1.3.4 小说类语域下汉语原生／翻译文本中单次出现词的词性

下面来对小说类语域下汉语原生和翻译两个子库中单次出现词的词性进行考察，统计如表5.31所示。

表5.31 小说类语域下LCMC/ZCTC中单次出现词词性（POS）的分布状况

小说类	LCMC			ZCTC		
序号	POS	Freq.	Ratio/%	POS	Freq.	Ratio/%
1	N	4190	34.15	N	3110	28.22
2	V	1659	13.52	V	1325	12.02
3	VI	913	7.44	NRF	843	7.65
4	VN	760	6.19	VN	677	6.14
5	NR	712	5.8	VI	666	6.04
6	VL	704	5.73	VL	525	4.76
7	A	495	4.03	A	466	4.23
8	NS	240	1.96	NG	194	1.76
9	NG	212	1.73	NR	179	1.62
10	B	206	1.68	D	164	1.489
11	D	199	1.62	B	162	1.47
12	M	184	1.5	M	142	1.29
13	NL	180	1.47	NSF	135	1.23
14	Z	162	1.32	NL	132	1.2
15	NRF	161	1.31	AN	116	1.05
16	T	149	1.21	Z	112	1.02
17	AN	138	1.12	VG	110	1
18	VG	105	0.86	T	102	0.93
19	NZ	97	0.79	AD	78	0.71

续表

小说类序号	LCMC POS	Freq.	Ratio/%	ZCTC POS	Freq.	Ratio/%
20	AL	90	0.73	NS	71	0.64
21	VD	78	0.64	AL	68	0.62
22	AD	71	0.58	VD	67	0.62
23	Q	58	0.47	AG	58	0.53
24	S	58	0.47	NZ	53	0.48
25	DL	47	0.38	Q	51	0.46
26	AG	46	0.37	DL	40	0.36
27	NSF	46	0.37	S	38	0.34
28	R	36	0.29	R	31	0.28
29	O	30	0.24	F	30	0.27
30	BL	28	0.23	C	27	0.25
31	C	28	0.23	O	27	0.25
32	NT	28	0.23	BL	16	0.15
33	F	25	0.2	P	11	0.1
34	DG	10	0.08	NT	9	0.08
35	NRJ	10	0.08	DG	7	0.06
36	P	7	0.06	E	7	0.06
37	Y	7	0.06	TG	7	0.06
38	E	6	0.05	Y	6	0.05
39	TG	5	0.04	NRJ	4	0.04
40	MQ	4	0.03	QT	4	0.04
41	RZS	4	0.03	U	4	0.04
42	U	4	0.03	RR	3	0.03
43	QT	2	0.02	MQ	2	0.02
44	RR	2	0.02	QV	2	0.02
45	RZ	2	0.02	RY	2	0.02
46	CC	1	0.01	RZ	2	0.02
47	K	1	0.01	RZT	2	0.02
48	QV	1	0.01	RZV	2	0.02
49	RY	1	0.01	K	1	0.01
50	RYV	1	0.01	ULS	1	0.01
51	RZT	1	0.01			
52	UDENG	1	0.01			

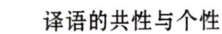

译语的共性与个性
——基于语料库的英、汉特征译语比较研究

	VG	E	RZS	CC	RYV	UDE NG	NR	NS	NT	NRJ	NZ	BL	MQ	S	DG	T	Z	VI	NL	N	VL	Y	AL	M	B	V
ZCTC	0	0	0	0	0	0	1.62	0.64	0.08	0.04	0.48	0.15	0.02	0.34	0.06	0.93	1.02	6.04	1.2	28.2	4.76	0.05	0.62	1.29	1.47	12.0
LCMC	0.86	0.05	0.03	0.01	0.01	0.01	5.8	1.96	0.23	0.08	0.79	0.23	0.03	0.47	0.08	1.21	1.32	7.44	1.47	34.1	5.73	0.06	0.73	1.5	1.68	13.5

（a）

图 5.16　小说类语域下LCMC/ZCTC中单次

5 总体语言特征

	D	AN	DL	VD	R	Q	VN	RZ	K	NG	O	A	C	AD	U	F	AG	TG	RR	P	QT	QV	RY	RZT	NSF	NRF	RZV	ULS
	1.49	1.05	0.36	0.61	0.28	0.46	6.14	0.02	0.01	1.76	0.25	4.22	0.25	0.71	0.04	0.27	0.53	0.06	0.03	0.1	0.04	0.02	0.02	0.02	1.23	7.65	0.02	0.02
	1.62	1.12	0.38	0.64	0.29	0.47	6.19	0.02	0.01	1.73	0.24	4.03	0.23	0.58	0.03	0.2	0.37	0.04	0.02	0.06	0.02	0.01	0.01	0.01	0.37	1.31	0	0

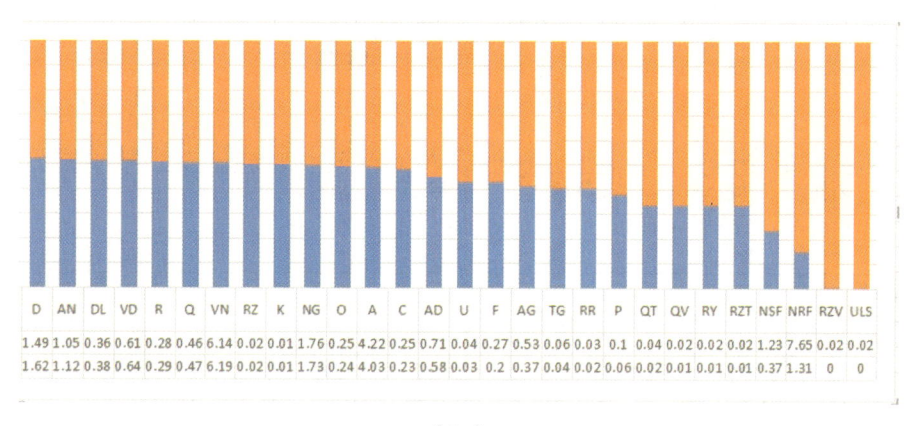

（b）

出现词词性相对比例的变化（相对百分比）

从表5.31中我们可以看到，在小说类语域下，原生汉语中单次出现词的词性有52种，翻译汉语中单次出现词的词性有50种，变化不具有统计上的显著性（$p=0.728$）。不论是在原生汉语文本中，还是翻译汉语文本中，单次出现词最常见的前两位词性都相同，第一位是名词（N），第二位是动词（V），并且在翻译汉语文本中，这两种词性都产生了下降的趋势。

整理出两个子库中均出现过的词性共54种，进行相关分析如表5.32（SPSS计算结果截图）所示。

表 5.32 小说类语域下原生/翻译汉语文本中单次出现词词性的相关性

		LCMC	ZCTC
LCMC	皮尔森（Pearson）相关	1	0.970**
	显著性（双尾）		0.000
	N	54	54
ZCTC	皮尔森（Pearson）相关	0.970**	1
	显著性（双尾）	0.000	
	N	54	54

注：** 相关性在 0.01 层上显著（双尾）。

从表5.32中我们可以看到，相关系数为0.970，显著性水平为0.000。这说明汉语小说类原生文本和翻译文本中单次出现词词性的变化相关非常显著。

为便于观察比较，两两对比相同词性在小说类汉语原生/翻译语料库中出现的频率（%）并整理排序后绘出相对百分比（在原生或翻译语料库中出现的频率/在原生及翻译语料库中出现频率的总和*100%）堆积柱形图，如图5.16所示。

从图5.16中我们可以看到，同时出现在两个子库中的词性有46种，其中相对于原生文本而言，在翻译文本中呈上升趋势的有17种，依次为音译人名（NRF）、音译地名（NSF）、时间指示代词（RZT）、疑问代词（RY）、动量词（QV）、时量词（QT）、介词（P）、人称代词（RR）、时间词性语素（TG）、形容词性语素（AG）、方位词（F）、助词（U）、形副词（AD）、连词（C）、形容词（A）、拟声词（O）、名词性语素（NG）；持平的有2种：指示代词（RZ）、后缀（K）；呈下降趋势的有27种，依次是人名（NR）、地名（NS）、机构团体名（NT）、日语人名（NRJ）、其他专名（NZ）、区别词性惯用语（BL）、数量词（MQ）、处所词（S）、副词素（DG）、时间词（T）、状态词（Z）、不及物动词（VI）、名词性惯用语（NL）、名词（N）、动词性惯用语（VL）、语气词（Y）、形容词性惯用语（AL）、数词（M）、区别词（B）、动词（V）、副词（D）、代词（R）、量词（Q）、名动词（VN）。

分别对产生了上升和下降趋势的词性做对数似然比测试，得到表5.33、5.34。

表 5.33 小说类语域下ZCTC中相对于LCMC上升的单次出现词词性的变化

词性	LCMC 中的频率	ZCTC 中的频率	LL 值	显著性
NRF	161	843	584.50	0.000 *** –
NSF	46	135	55.88	0.000 *** –
RZT	1	2	0.46	0.499 –
RY	1	2	0.46	0.499 –
QV	1	2	0.46	0.499 –
QT	2	4	0.91	0.339 –
P	7	11	1.38	0.240 –
RR	2	3	0.32	0.569 –
TG	5	7	0.59	0.444 –
AG	46	58	2.99	0.084 –
F	25	30	1.16	0.282 –
U	4	4	0.02	0.878 –
AD	71	78	1.52	0.217 –
C	28	27	0.07	0.790 –
A	495	466	0.55	0.459 –
O	30	27	0.00	0.992 –
NG	212	194	0.04	0.845 –

注：*** 代表 $p < 0.001$。

表5.34 小说类语域下ZCTC中相对于LCMC下降的单次出现词词性的变化

词性	LCMC中的频率	ZCTC中的频率	LL值	显著性
NR	712	179	286.20	0.000*** +
NS	240	71	79.62	0.000*** +
NT	28	9	8.29	0.004** +
NRJ	10	4	2.05	0.152 +
NZ	97	53	8.78	0.003** +
BL	28	16	2.15	0.143 +
MQ	4	2	0.48	0.488 +
S	58	38	2.31	0.128 +
DG	10	7	0.26	0.612 +
T	149	102	4.50	0.034* +
Z	162	112	4.57	0.033* +
VI	913	666	16.69	0.000*** +
NL	180	132	3.13	0.077 +
N	4190	3110	64.88	0.000*** +
VL	704	525	10.39	0.001** +
Y	7	6	0.01	0.934 +
AL	90	71	0.66	0.416 +
M	184	142	1.84	0.175 +
B	206	162	1.59	0.207 +
V	1659	1325	10.06	0.002** +
D	199	164	0.66	0.418 +
AN	138	116	0.27	0.603 +
DL	47	40	0.06	0.805 +
VD	78	67	0.07	0.792 +
R	36	31	0.03	0.866 +
Q	58	51	0.01	0.915 +
VN	760	667	0.02	0.888 +

注：* 代表 $p < 0.05$，** 代表 $p < 0.01$，*** 代表 $p < 0.001$。

从表5.33、5.34中我们可以看出，翻译前后产生明显上升的词性有音译人名（NRF）（$p < 0.001$）和音译地名（NSF）（$p < 0.001$）。产生

明显下降的词性比较多，分别为人名（NR）（$p < 0.001$）、地名（NS）（$p < 0.001$）、机构团体名（NT）（$p=0.004$）、其他专有名词（NZ）（$p=0.003$）、时间词（T）（$p=0.034$）、状态词（Z）（$p=0.033$）、不及物动词（VI）（$p < 0.001$）、名词（N）（$p < 0.001$）、动词性惯用语（VL）（$p=0.001$）、动词（V）（$p=0.002$）。因此，在小说类语域下，单次出现词中以下词性的变化可以视为翻译汉语文本的语言特征：音译人名、音译地名的使用频率明显上升；人名、地名、机构团体名、其他专有名词、时间词、状态词、不及物动词、名词、动词性惯用语、动词的使用频率明显下降。

按照小说类原生汉语中的单次出现词词性实际使用频率来观察，这些词性在翻译汉语中的实际分布表现如图5.17所示。

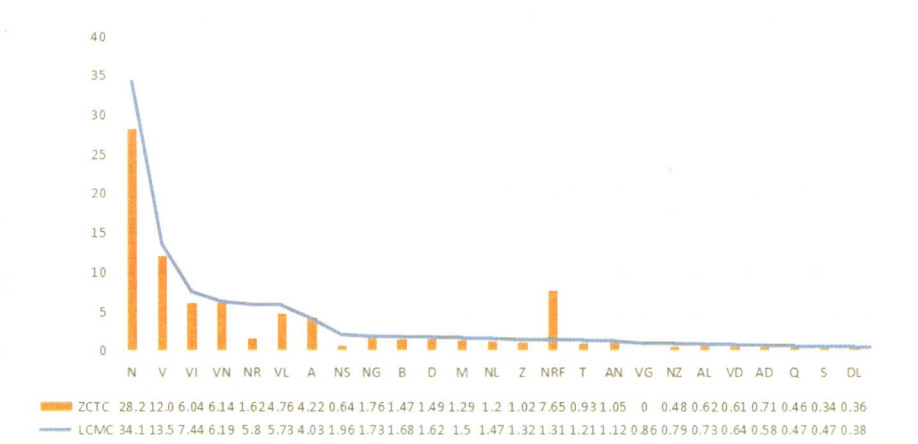

译语的共性与个性
——基于语料库的英、汉特征译语比较研究

	N	V	VI	VN	NR	VL	A	NS	NG	B	D	M	NL	Z	NRF	T	AN	VG	NZ	AL	VD	AD	Q	S	DL
ZCTC	28.2	12.0	6.04	6.14	1.62	4.76	4.22	0.64	1.76	1.47	1.49	1.29	1.2	1.02	7.65	0.93	1.05	0	0.48	0.62	0.61	0.71	0.46	0.34	0.36
LCMC	34.1	13.5	7.44	6.19	5.8	5.73	4.03	1.96	1.73	1.68	1.62	1.5	1.47	1.32	1.31	1.21	1.12	0.86	0.79	0.73	0.64	0.58	0.47	0.47	0.38

(a)

图 5.17 小说类语域下LCMC/ZCTC中

5　总体语言特征

AG	NSF	R	O	BL	C	NT	F	DG	NRJ	P	Y	E	TG	MQ	RZS	U	QT	RR	RZ	CC	K	QV	RY	RYV	RZT	UDENG	RZV	ULS
0.53	1.23	0.28	0.25	0.15	0.25	0.08	0.27	0.06	0.04	0.1	0.05	0	0.06	0.02	0	0.04	0.04	0.03	0.02	0	0.01	0.02	0.02	0	0.02	0	0.02	0.02
0.37	0.37	0.29	0.24	0.23	0.23	0.23	0.2	0.08	0.08	0.06	0.06	0.05	0.04	0.03	0.03	0.03	0.03	0.02	0.02	0.02	0.01	0.01	0.01	0.01	0.01	0.01	0	0

（b）

单次出现词词性频率分布比较

从图5.17中我们可以看到，在翻译汉语中，由于音译人名、音译地名、名词、动词、其他专有名词、时间词、状态词、不及物动词、动词性惯用语、人名、地名、机构团体名这些产生显著变化的词性比较多，所以这一语域下，翻译汉语中单次出现词的词性分布并未很好地符合原生汉语中单次出现词词性分布的曲线。

5.1.4 词汇密度（实词密度）

Ure（1971）采用计算实词（content word）密度的方法来考察文本的词汇密度，计算公式如下：

$$词汇密度 = \frac{实词数量}{词汇总量} \times 100\%$$

此后许多学者，如Laviosa（1998）、肖忠华（2012）等人均在其研究中采用了这种方法。其优点在于，由于所考察的是实词的比例，因此能够比标准型符比（STTR）更加客观、准确地反映文本的信息承载量，而文本所承载的信息量的变化不仅能反映出词汇形式的变化，还与语义的变化有关。因此在此项研究中，我们也使用这种方法来考察比较文本中的词汇密度。

对英语中实词的定义，笔者参考词典中的定义以及前人的研究（Ure，1971；Laviosa，1998），根据语料库中所使用的词性标注标准，确定检索词类为名词类22种，动词类31种，形容词类4种，以及副词类16种（详见附录）。对汉语中实词的定义，笔者亦主要参考词典以及前人的研究定义（王力，1959），根据语料库中所使用的词性标注标准，确定检索词类为名词类12种，动词类10种，形容词类5种，数词类2种（详见附录）。检索及统计结果如图5.18所示。

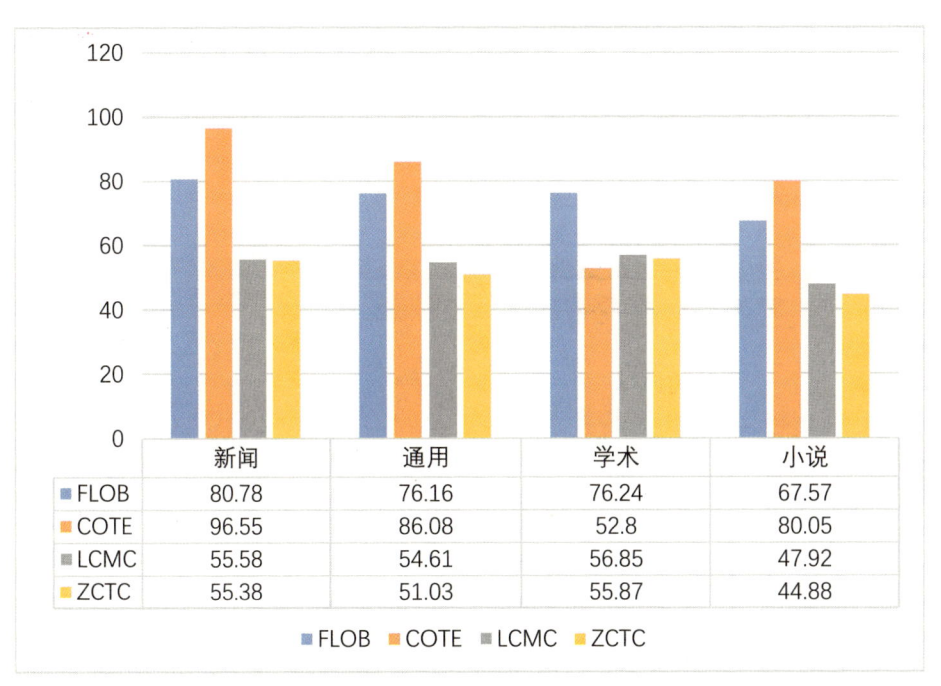

	新闻	通用	学术	小说
FLOB	80.78	76.16	76.24	67.57
COTE	96.55	86.08	52.8	80.05
LCMC	55.58	54.61	56.85	47.92
ZCTC	55.38	51.03	55.87	44.88

图 5.18 四类语域下FLOB/COTE、LCMC/ZCTC中的实词密度（%）

从图5.18中我们可以看出，翻译英语文本的词汇密度只在学术类语域下低于原生英语文本，在其他三类语域下都产生了升高的趋势，经测试，其变化均具有统计上的显著性（$p < 0.001$）；翻译汉语文本的词汇密度在四类语域下则都比原生汉语文本的要低，且变化均具有统计上的显著性（$p < 0.001$）。这说明，相对于英语原生语言文本而言，学术类翻译文本的信息密度有所降低，意义发生了简化的倾向，而新闻类、通用类、小说类翻译文本的信息密度则均有所增高，意义发生显化的倾向；相对于汉语原生文本而言，四类语域下翻译文本的信息密度则均有所降低，发生了意义简化的倾向。

再进一步对这些实词词性的分布进行考察，结果如图5.19、5.20所示。

译语的共性与个性
——基于语料库的英、汉特征译语比较研究

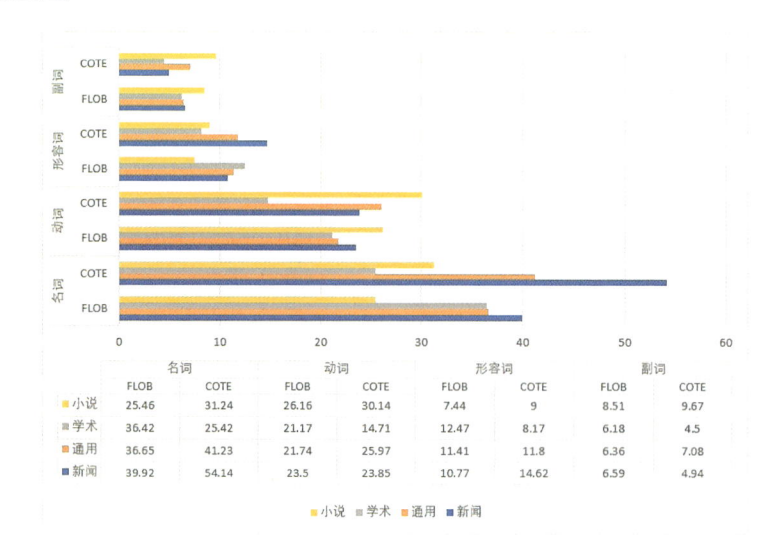

	名词		动词		形容词		副词	
	FLOB	COTE	FLOB	COTE	FLOB	COTE	FLOB	COTE
小说	25.46	31.24	26.16	30.14	7.44	9	8.51	9.67
学术	36.42	25.42	21.17	14.71	12.47	8.17	6.18	4.5
通用	36.65	41.23	21.74	25.97	11.41	11.8	6.36	7.08
新闻	39.92	54.14	23.5	23.85	10.77	14.62	6.59	4.94

图 5.19 四类语域下FLOB/COTE中名词、动词、形容词、副词的频率分布

从图5.19中可以看出，就几种实词的词性来说，无论是在原生英语文本中还是在翻译英语文本中，实词中名词所占的比例最高，其次是动词，再次是形容词，最后是副词。名词在新闻类语域下的原生英语文本和翻译英语文本中所占比例均为最高，动词在小说类语域下的原生英语文本和翻译英语文本中所占比例最高。相对于原生英语文本而言，翻译英语文本在新闻类语域下，名词、动词、形容词的比例均有增长，副词比例下降；在通用类语域下，名词、动词、形容词和副词的比例均有所上升；在学术类语域下，名词、动词、形容词和副词的比例均有所下降；在小说类语域下，这四类实词的比例均有所上升。对这些变化做对数似然比测试，结果如表5.35所示。

表 5.35 四类语域下英语原生/翻译文本中名词、动词、形容词、副词变化的对数似然比及显著性

语域	名词		动词		形容词		副词	
	LL 值	显著性	LL 值	显著性	LL 值	显著性	LL 值	显著性
新闻	2447.15	0.000*** −	3.33	0.068 −	762.97	0.000*** −	306.87	0.000*** +
通用	824.69	0.000*** −	1149.38	0.000*** −	19.52	0.000*** −	119.07	0.000*** −
学术	2885.11	0.000*** +	1712.57	0.000*** +	1325.04	0.000*** +	387.53	0.000*** +
小说	1186.94	0.000*** −	565.32	0.000*** −	296.20	0.000*** −	149.13	0.000*** −

注：*** 代表 $p < 0.001$。

结合表5.35，我们可以看出，这些变化中除了在新闻类语域下，动词的增长不具统计学上的显著性（$p=0.068$）之外，其他变化都非常显著（$p < 0.001$）。

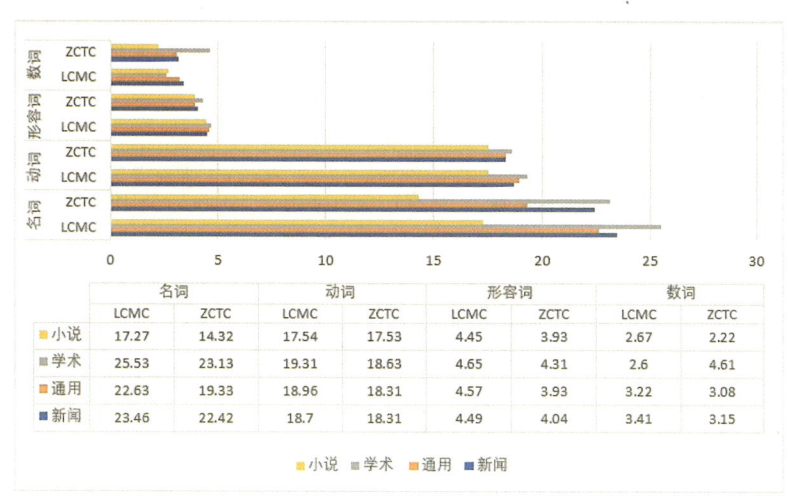

	名词		动词		形容词		数词	
	LCMC	ZCTC	LCMC	ZCTC	LCMC	ZCTC	LCMC	ZCTC
小说	17.27	14.32	17.54	17.53	4.45	3.93	2.67	2.22
学术	25.53	23.13	19.31	18.63	4.65	4.31	2.6	4.61
通用	22.63	19.33	18.96	18.31	4.57	3.93	3.22	3.08
新闻	23.46	22.42	18.7	18.31	4.49	4.04	3.41	3.15

图 5.20　四类语域下LCMC/ZCTC中名词、动词、形容词、数词的频率分布

从图5.20可以看出，无论是在原生汉语文本中，还是在翻译汉语文本中，实词中名词所占的比例依然最高，其他依次是动词、形容词、数词。名词、动词、形容词在学术类语域下的原生汉语文本和翻译汉语文本中所占比例均为最高。相对于原生汉语文本而言，翻译汉语文本在新闻类语域下，名词、动词、形容词、数词的比例均有所降低；在通用类语域下，名词、动词、形容词和数词的比例均有所降低；在学术类语域下，名词、动词、形容词的比例有所降低，而数词的比例增高了；在小说类语域下，这四类实词的比例均有所降低。对这些变化做对数似然比测试，结果如表5.36所示。

表 5.36　四类语域下汉语原生/翻译文本中名词、动词、形容词、数词变化的对数似然比及显著性

语域	名词 LL 值	名词 显著性	动词 LL 值	动词 显著性	形容词 LL 值	形容词 显著性	数词 LL 值	数词 显著性
新闻	40.32	0.000***+	7.24	0.007**+	41.11	0.000***+	17.83	0.000***+
通用	1055.40	0.000***+	46.06	0.000***+	197.16	0.000***+	12.16	0.000***+
学术	183.67	0.000***+	18.93	0.000***+	20.33	0.000***+	876.89	0.000***−
小说	700.59	0.000***+	0.02	0.894 +	82.48	0.000***+	106.11	0.000***+

注：** 代表 $p < 0.01$，*** 代表 $p < 0.001$。

从表5.36中我们可以看出，除了在小说类语域下动词的下降不具统计学上的显著性（$p=0.894$）以外，其他的变化都是非常显著的（$p < 0.001$）。

5.1.5　主要功能词的变化

实词密度的升降标志着文本信息密度的变化，反映着意义的显化或简化。随着实词密度的变化，作为在语言中承担句法功能的的另一大类词汇，功能词（function word）的整体使用比例也会随之产生相应的变化，但是就其中一些主要的功能词来说，其变化是否也是随实词的增减而相应产生反方向波动这么简单呢？为此我们考察了两种受关注程度最高，研究范围最广的功能词——连词和代词在四种不同语域下、两种原生/翻译语言中的表现。

5.1.5.1　连词（conjunction）

连词在句法及语篇、语义衔接方面起着非常重要的作用，是实现句法及语义逻辑连贯的重要手段（Halliday & Hasan, 1976；Biber et al., 1999）。相关研究发现，在翻译语言中，连词的使用频率会出现明显过度使用的趋势，因此这一特征经常被当做翻译共性假设中显化假设的证据（Blum-Kulka, 1986；Puurtinen, 2003a, 2004；Rabinovich et al.,

2015）。然而在以往的相关研究中，这个特征的验证环境往往是整体翻译语言，或者某一种特定类型的翻译语言，如小说类（Puurtinen，2003a）等。那么，如果分别在不同的语域下，不同的翻译语言中进行考察，这种特征是否还会一如既往地持续下去呢？为此本研究考察了新闻、通用、学术及小说四种语域下英、汉两种原生及翻译文本中连词类整体的分布状况。根据词性标注标准，确定检索英语中的连词类共7种（CC，CCB，CS，CSA，CSN，CST，CSW），汉语中的连词类共2种（C，CC）（详见附录）。首先来看看连词类整体的使用情况，统计结果如图5.21所示。

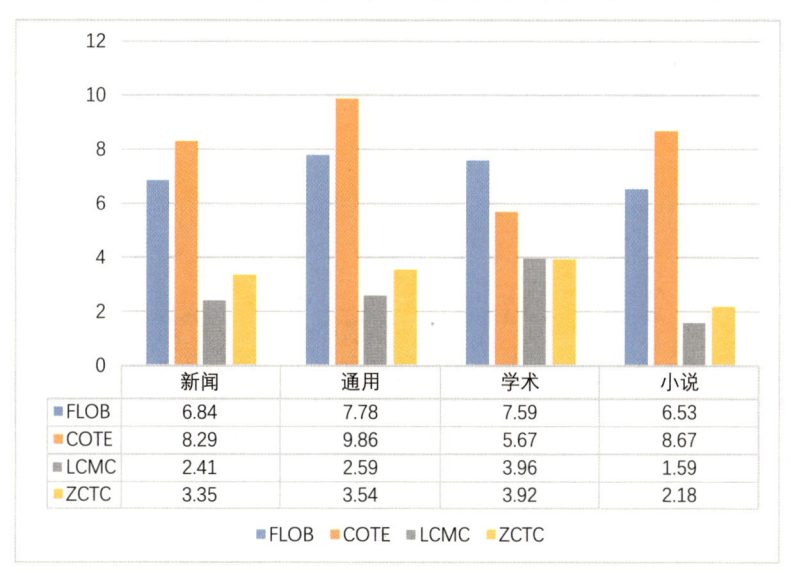

	新闻	通用	学术	小说
FLOB	6.84	7.78	7.59	6.53
COTE	8.29	9.86	5.67	8.67
LCMC	2.41	2.59	3.96	1.59
ZCTC	3.35	3.54	3.92	2.18

图 5.21 四类语域下FLOB/COTE、LCMC/ZCTC中的连词频率（%）

从图5.21中我们可以看出，在新闻类、通用类以及小说类语域下，相对于原生文本而言，英语及汉语翻译文本中连词总体的使用频率都有了显著的提高（经测试P值均小于0.001），这一点与前人的研究（Blum-Kulka，1986；Puurtinen，2003a，2004）相符合，具有语法和语篇显化的倾向；但是在学术类语域下出现了比较特殊的情况，英语和汉语翻译文本中的连词使用频率均出现了下降的趋势，然而经过测试发现，在这一语域下，英语翻译文本中连词的下降趋势显著（$p < 0.001$），而汉语翻译文本

-111-

中连词的下降趋势并不显著（$p=0.503$）。因此，如果从整体语言的范围来看，翻译后连词使用频率整体上升的趋势是占绝对性优势的，这一点也在前人的研究中有所体现，但是在学术类这个语域下，情况有所不同，在英语及汉语中都是如此，值得我们深入研究探讨一番。

先分别在FLOB与COTE的学术类子库中检索7种连词（CC，CCB，CS，CSA，CSN，CST，CSW），统计整理结果如图5.22所示。

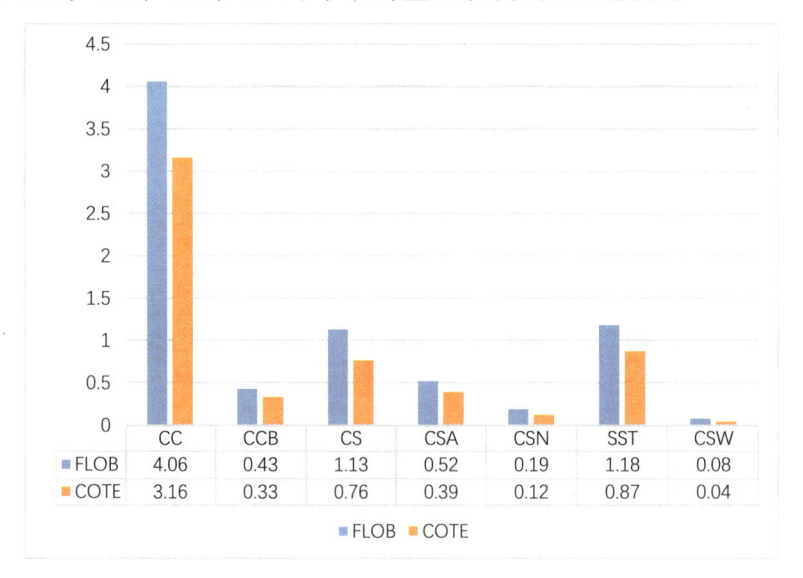

	CC	CCB	CS	CSA	CSN	SST	CSW
FLOB	4.06	0.43	1.13	0.52	0.19	1.18	0.08
COTE	3.16	0.33	0.76	0.39	0.12	0.87	0.04

图 5.22　学术类语域下FLOB/COTE中连词类的频率分布（%）

从图5.22中可以看出，在学术类英语翻译文本中，各类连词的使用频率均有下降，使用频率最高的并列连词（CC）的下降程度最明显。经过测试，这些词类的变化均具有显著的统计差异（$p < 0.001$）。

分别在LCMC与ZCTC学术类子库中检索其他连词（C）和并列连词（CC），统计整理结果如图5.23所示。

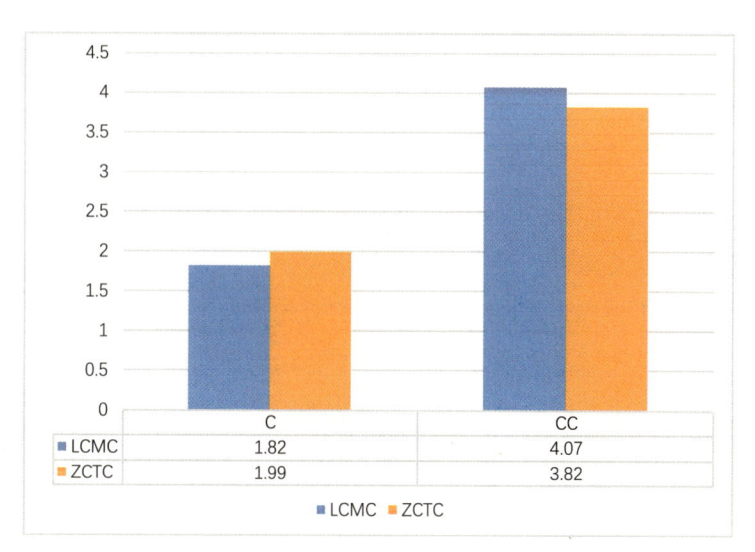

	C	CC
LCMC	1.82	4.07
ZCTC	1.99	3.82

图 5.23　学术类语域下LCMC/ZCTC中连词类的频率分布

从图5.23中我们可以看到，学术类汉语翻译文本中的并列连词使用频率出现了下降的趋势，而其他连词的频率是上升的。进一步做对数似然比测试，得到表5.37：

表 5.37　学术类语域下LCMC/ZCTC中连词类的对数似然值及显著性

	LCMC 中的频数	ZCTC 中的频数	LL 值	显著性
并列连词（CC）	6350	5956	13.81	0.000*** +
其他连词（C）	2830	3098	11.34	0.001*** −

注：*** 代表 $p < 0.001$。

从表5.37中我们可以看到，尽管其他连词（C）在学术类翻译汉语文本中呈现上升的趋势，且具有统计上的较强显著性（$p=0.001$），但是由于并列连词（CC）在翻译汉语文本中的使用频率要显著低于原生汉语文本中的（$p < 0.001$），LL值更高（13.81 > 11.34），说明差异性比其他类连词更高，并且无论是在原生汉语文本中还是翻译汉语文本中，这一部分连词的使用频率要远高于其他连词（C）的使用频率，并且其在翻译文本中产生变化的LL值也大于其他连词，统计上的差异也更加显著（$p < 0.001$），所以使得连词类整体在学术类汉语翻译文本中仍呈现下降

的趋势,但是这种总体下降趋势被削弱了,因此不具有统计学上的显著性($p=0.503$)。

5.1.5.2 代词

另一类主要功能词——代词,其重要性不言而喻,从国内外大量对其方方面面研究的文献可以看出其复杂性以及研究者对这一类词汇的重视。代词一般多用于指代名词性的成分,根据其句法及语义功能又可划分为多种多样的类型。有些学者通过结合考察平行语料库与可比语料库,找到了代词清晰化的证据(Pápai,2004);或者通过双语平行语料库,对语际翻译中人称代词的隐化与显化类型表现做一描述,发现汉语翻译中人称代词显化受语言迁移的影响(黄立波,2008);也有学者发现汉语文学翻译中人称代词存在显化与陌生化操作规范的倾向(王克非,胡显耀,2010)等等。总之,这些研究都指向了显化假设。那么,在不同语域下,英、汉两种原生及翻译语言中,代词的表现又有何不同呢?

我们首先将代词看做一个整体类别来进行考察,统计整理结果如图5.24所示。

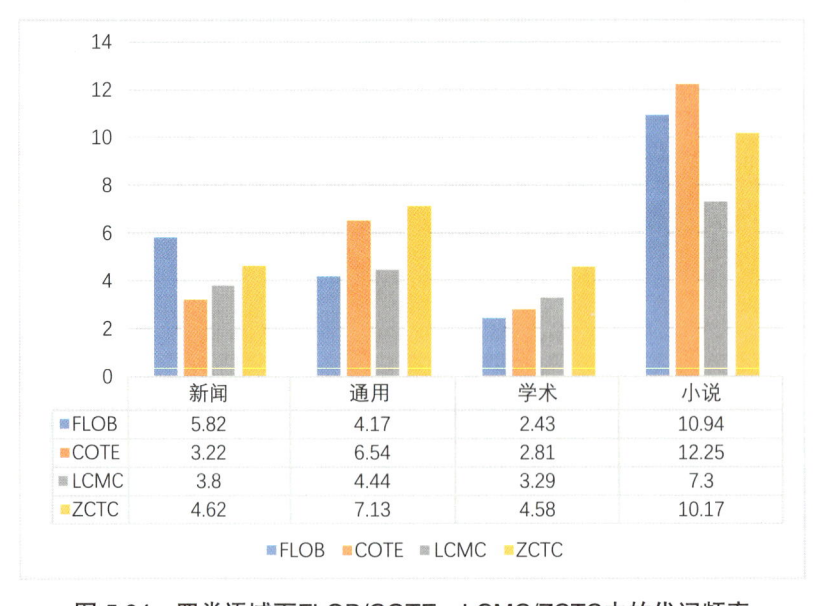

	新闻	通用	学术	小说
FLOB	5.82	4.17	2.43	10.94
COTE	3.22	6.54	2.81	12.25
LCMC	3.8	4.44	3.29	7.3
ZCTC	4.62	7.13	4.58	10.17

图 5.24 四类语域下FLOB/COTE、LCMC/ZCTC中的代词频率

从图5.24中我们可以看到，相对原生语言文本而言，只有在新闻类语域下，英语翻译文本中代词的使用频率出现了下降的趋势，其他语域下英语翻译文本中代词的使用频率均呈现上升的趋势；而对汉语翻译文本而言，不论是在何种语域下，均呈现上升的趋势。以上提到的这些变化，均具有统计上的强显著性（$p < 0.001$）。

接下来看一看在新闻类英语原生文本和翻译文本中各类代词的具体表现，统计整理结果如图5.25所示。

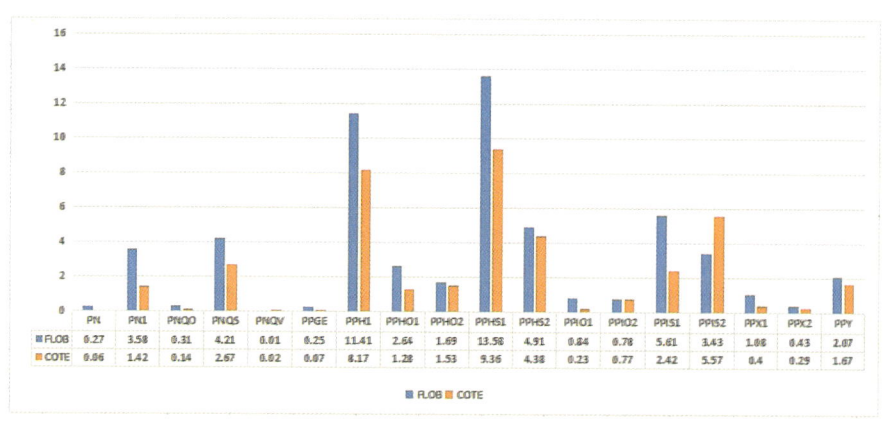

图 5.25　新闻类语域下FLOB/COTE中代词类的频率分布（‰）

从图5.25中我们可以看到，在这一语域下，英语原生/翻译文本中出现的所有代词里，只有主格人称代词第一人称复数形式（PPIS2）与众不同，在翻译文本中出现了增长的趋势。对这些代词的变化做进一步对数似然比测试如表5.38所示。

表 5.38　FLOB/COTE中代词类变化的对数似然值和显著性

代词	FLOB 中的频数	COTE 中的频数	LL 值	显著性
PN	35	8	5625.00	0.000*** +
PN1	471	182	124.07	0.000*** +
PNQO	41	18	8.54	0.003** +
PNQS	555	341	45.50	0.000*** +
PNQV	1	3	1.11	0.293 −
PPGE	33	9	13.88	0.000*** +
PPH1	1503	1045	69.83	0.000*** +

—115—

续表

代词	FLOB 中的频数	COTE 中的频数	LL 值	显著性
PPUO1	348	164	62.32	0.000*** +
PPHO2	223	195	1.14	0.285 +
PPHS1	1788	1197	101.02	0.000*** +
PPHS2	646	560	3.87	0.049* +
PPIO1	110	29	47.96	0.000*** +
PPIO2	102	99	0.00	0.998 +
PPIS1	739	310	168.28	0.000*** +
PPIS2	451	712	67.02	0.000*** +
PPX1	142	51	42.02	0.000*** +
PPX2	56	37	3.37	0.066 +
PPY	273	214	5.53	0.019* +

注：* 代表 $p<0.05$，** 代表 $p<0.01$，*** 代表 $p<0.001$。

从表5.38中我们可以看出，除了个别的几种代词，如WH代词强调形式（PNQV）（$p=0.293$）、第三人称复数宾格人称代词（PPHO2）（$p=0.285$）、第一人称复数宾格人称代词（PPIO2）（$p=0.998$）、复数反身人称代词（PPX2）（$p=0.066$）的下降趋势不显著之外，其他代词类的下降变化均具有统计上的显著性（$p<0.001$）。在翻译文本中，呈现增长趋势的主格人称代词第一人称复数形式（PPIS2）也具有强显著性的（$p<0.001$）。

这说明，不论是占据大多数的人称代词还是其他代词，在新闻类语域下的英语翻译文本中，都呈现明显下降的趋势，只有人称代词中的主格人称代词第一人称复数形式（PPIS2），也就是"we"这个词，在翻译文本中呈现明显增长的趋势。

以上结果中既有与前人的研究结果符合的，也有相悖的。这说明，就代词的使用方法而言，在不同的语域下，特征译语的区别是明显的，应该具体情况具体分析。

5.2 句子层面

以上章节考察了词汇这一重要的语言组成基本单位在英、汉两种原生/翻译语言中的特征表现,那么在词汇的基础上所组成的更大的语言单位——句子的层面上,两种翻译语言的特征表现又如何呢?句子可以反映一种语言中语法结构的特点以及意义表达单位的容量,下面我们主要从其长度入手来考察翻译英语与翻译汉语的特征。

5.2.1 句子长度与平均句子片段长度

在以往的研究中,由于其直观并便于测量的特征,句子长度被选取作为考察文本语言特征的重要参数之一,如Laviosa(1998:5)在研究中发现,相对于原创语言而言,翻译语言的平均句子长度会更长一些。Xiao & Yue(2009)的研究也发现,翻译汉语小说的平均句长要大于原生汉语小说的平均句长,这一结果与Laviosa(1998:5)的发现一致。Rodríguez-Castro(2011)研究却发现,西班牙语新闻类文本经翻译后平均句子长度要比原生语言的短。而王克非与秦洪武(2009;Wang & Qin, 2010)经研究则发现,尽管翻译汉语文本的平均句长高于原生汉语文本,但是,汉语是一种重意合的语言,翻译后变化明显的指标是句子结构容量,因而在考察翻译文本特征时句子片段长度更具有说服力。影响句子结构容量变化的重要因素之一就是修饰语,亦即定语的长度。除了王克非、秦洪武(2009)提到的"在……中""在……时""介词+NP+处所词"这样的封闭结构在翻译后容量均呈现大幅度扩张以外,短句片段的长度也会因为定语增多而增加。肖忠华(2012)的对语体进行分类后进行的进一步研究也验证,原生汉语和翻译汉语的平均句长差异"除了在小说类语体外几乎都可以忽略不计"(2012:77)。由此可见,平均句长作为检验翻译共性假设的特征之一并不具有普适性,它极有可能只与特定语言或语体相关。因此,考虑到英、汉两种语言各自不同的特征,以下研究在考察原生英语/翻译英语时将采用平均句子长度作为参数，而在考察原生汉语/翻译汉语时将采用平均句子片段长度作为参数，观察这两个参数在不同的语域下各自表现如何。

5.2.2 原生/翻译英语文本的句子长度与原生/翻译汉语文本的句子片段长度

在四类语域下原生英语及翻译英语的平均句子长度情况如图5.26所示。

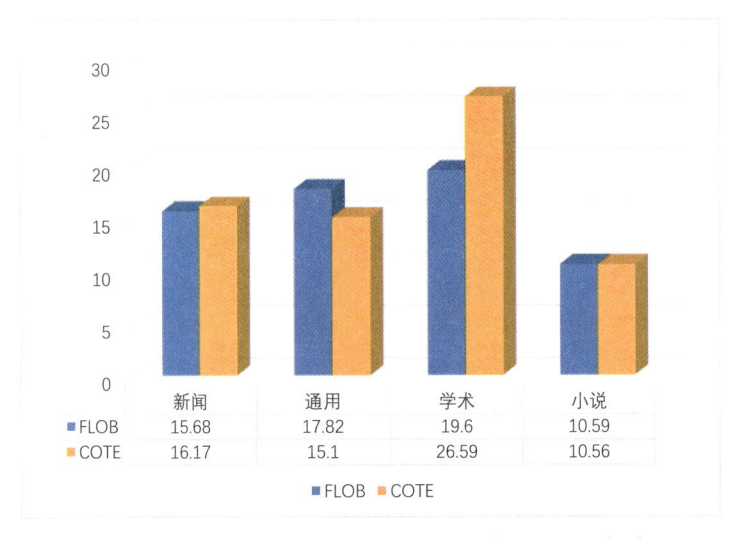

	新闻	通用	学术	小说
FLOB	15.68	17.82	19.6	10.59
COTE	16.17	15.1	26.59	10.56

图 5.26　四类语域下FLOB/COTE中的平均句子长度

从图5.26中我们可以看到，在通用类及小说类语域下翻译文本的平均句长出现不同程度的缩短，在新闻类和学术类语域下，翻译文本的平均句子长度都有程度不一的增加。句子长度增加，在一般情况下多意味着更加复杂的语法结构以及更加丰富的语义容量。这说明，从以句子为单位的层面来看，相对于原生英语文本而言，翻译英语文本在新闻类和学术类语域下有可能语法结构更加复杂，语义内容更加丰富，而在通用类和小说类语域下则可能出现语法结构相对简化、语义内容缩减的倾向。这一发现从语域划分的角度进一步修正完善了Olohan & Baker（2000）所做的结论。

5 总体语言特征

在四类语域下原生汉语及翻译汉语的平均句子片段长度情况如图5.27所示（汉语句子片段计算方法及部分数据参考肖忠华，2012的研究）。

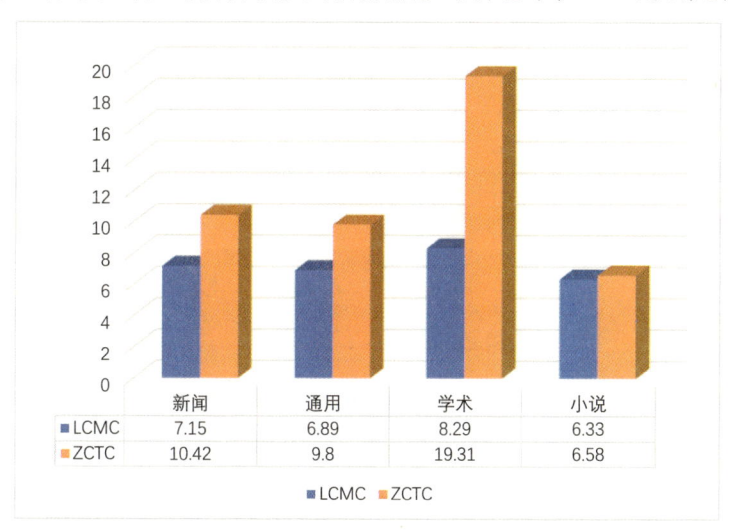

	新闻	通用	学术	小说
LCMC	7.15	6.89	8.29	6.33
ZCTC	10.42	9.8	19.31	6.58

图 5.27　四类语域下LCMC/ZCTC中的平均句子片段长度

从图5.27中我们可以看到，在这四类语域下，翻译汉语文本中平均句子片段的长度相对于原生汉语文本中的均有不同程度的增加，因而从翻译汉语整体来看，句子片段长度亦是明显增长的。这说明，在各个语域下，翻译汉语在句子层面上具有显化的特征，这一发现符合前人的研究（王克非、秦洪武，2009；肖忠华，2012）。

将这些变化趋势整合在同一个图中观察会更加直观，便于总结规律，见图5.28：

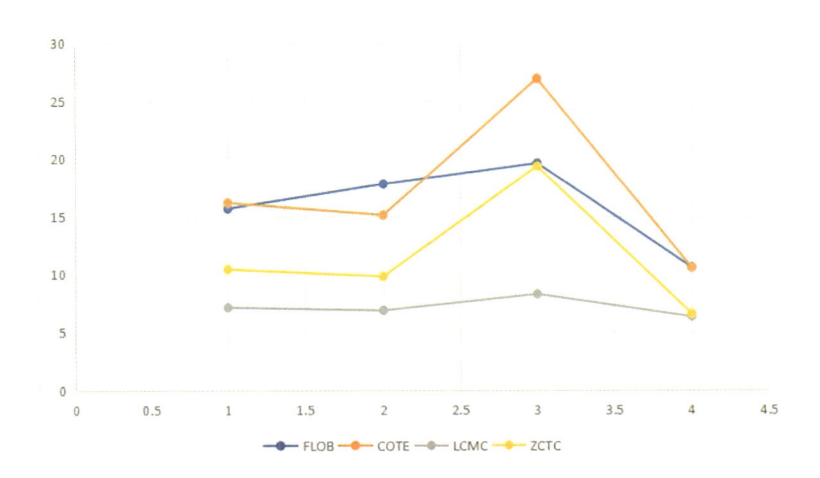

图 5.28 四类语域下FLOB/COTE中句子长度及LCMC/ZCTC中句段长度的变化趋势（位于横坐标轴上折线连接的四个点从左到右依次代表新闻类、通用类、学术类和小说类语域）

从图5.28中我们可以看出：①翻译英语文本、原生汉语文本及翻译汉语文本中平均句长及平均句子片段长度在四类语域下的分布趋势表现是一致的；②无论是英语中的平均句子长度，还是汉语中的平均句子片段长度，都是在学术类语域下最长，在小说类语域下最短，在新闻、学术类语域下翻译语言文本中的长度均大于原生语言文本中的。然而在通用类这个语域下，情况比较特殊，原生英语文本中的平均句长仅次于学术英语中的排在了第二位。如果参照Biber等人（1999）对书面语体正式程度的排序：学术＞通用＞新闻＞小说，原生英语文本中句长的排序为学术＞通用＞新闻＞小说，与之相符合；翻译英语文本中平均句长的排序为学术＞新闻＞通用＞小说，通用类翻译文本的平均句长产生了明显的下降；原生汉语文本中平均句子片段长度的排序为学术＞新闻＞通用＞小说，与英语翻译文本中平均句长的排序相同，翻译汉语文本中亦如此。③然而在各个语域下，翻译英语中的平均句长变化幅度的绝对值是按照原生英语中句长的排序，即"学术＞通用＞新闻＞小说"这个顺序逐次递减的，而翻译汉语中平均句子片段长度变化幅度的绝对值则是按照原生汉语文本中平均句段长度的排序，即"学术 > 新闻 > 通用 > 小说"这个顺序逐次递减的，见表5.39：

表 5.39　四类语域下FLOB/COTE中句子长度及LCMC/ZCTC中句段长度的变化幅度

语料库	学术	通用	新闻	小说
FLOB/COTE	7.29	−2.72	0.49	−0.03
LCMC/ZCTC	11.02	2.91	3.27	0.25

这说明，英语翻译文本在通用类和小说类语域下，在句子层面上产生了形式简化的倾向，而在新闻类和学术类语域下均出现显化倾向；汉语翻译文本在这四类语域下均有显化的倾向，且显化程度随语域的正式程度而产生递减；在最为正式的学术类语域中，无论是翻译英语还是翻译汉语，显化的程度都表现得最高。

5.3　语篇层面

下面我们从语言形式组成整体性更强的话语层面来对原生/翻译英语和原生/翻译汉语进行一番考察。在本研究中，选取标点符号作为代表性研究对象。

5.3.1　标点符号的语篇意义

标点符号是书面语言中不可缺少的一部分，它承担着帮助读者分清意义表达单位，辨明语气，准确理解语篇文本的作用。韩愈在《师说》中就曾说过"句读之不知，惑之不解"。近几十年来在语言研究的领域内，越来越多的学者对标点符号的语言功能展开了研究，如Meyer（1987）认为标点符号的主要句法功能在于避免意义模糊，强调概念，使文本的韵律节奏产生变化（Meyer，1987：11-13），Nunberg（1990）认为，无论是在词汇的层面还是在文本的层面，标点符号都有其语法功能，界定着语气语调的变化。在20世纪90年代之后，标点符号开始在自然语言处理研究中得到重视，从最初的将其作为词汇结构处理，到后来在计算语言学中将对标点符号的算法处理置于句法的层次之上（Rodríguez-Castro，2011：42），这反映出人们对标点符号所具有的语言功能的认识越来越深入，对其所具有的语义变化、语篇衔接连贯等较为抽象方面的认识及研究处理技术方面在不断进步。有学者认为，标点符号不仅起着局部衔接的作用，并且还使得语篇整体保持连贯（Kentaro et al.，2001）。

鉴于标点符号在语言研究中越来越凸显的重要性，翻译研究也开始将其纳入研究范围。早期如May（1994，1997），Malmkjær（1997）等人对翻译文学作品中标点符号的研究，大多着眼于对源语文本的"忠实性"（faithfulness）。Ghazala（2004）考察了英语-阿拉伯语翻译文本中标点符号的文体-语义功能。Bystrova-McIntyre（2007）考察了英语和俄语翻译中标点符号频率差别的显著性。Rodríguez-Castro（2011）考察了西班牙语新闻翻译文本中的标点符号因受英语源语影响而表现出来的"translationese"。可见标点符号也是在翻译文本语言特征研究中的一个重要参数。在本研究中，我们将标点符号分为句末标点和整体标点两类来分别进行考察。需要说明的是，在汉语语料中，是将句号、问号、感叹号以及分号全部标注为句末标点ew的，并未分开；在英语中，为了保证一个句子的完整独立性，所选取进行计算句长及整体考察的句末标点是句号、问号和感叹号，未将分号计在内。这一点和在章节5.2.2中计算句子长度时所采取的句末标点定义是相同的。

5.3.2　句末标点

句末标点首先直接与句子长度有关，因此其整体频率的变化应该是与文本句子长短的变化成反比的。我们先来看看句末标点整体在四类语域下的原生/翻译英语和原生/翻译汉语中的表现，统计如图5.29所示。

5　总体语言特征

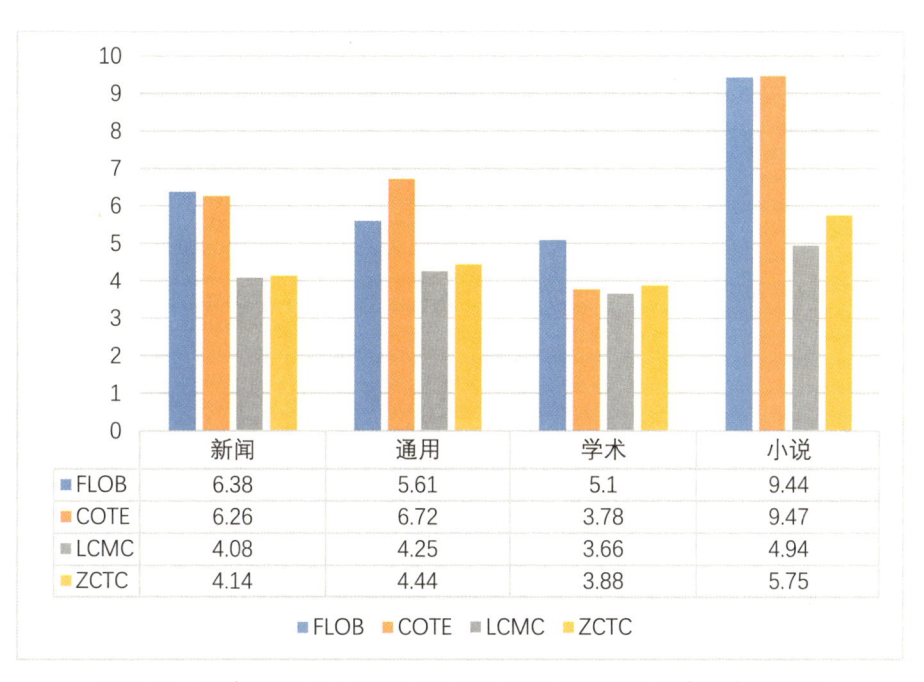

	新闻	通用	学术	小说
FLOB	6.38	5.61	5.1	9.44
COTE	6.26	6.72	3.78	9.47
LCMC	4.08	4.25	3.66	4.94
ZCTC	4.14	4.44	3.88	5.75

图 5.29　四类语域下FLOB/COTE及LCMC/ZCTC中句末标点的频率

从图5.29中我们可以看到，在原生及翻译英语文本中，句末标点的变化趋势与图5.26中所呈现的平均句子长度的变化趋势正好呈反向增长；而在原生及翻译汉语文本中，句末标点的变化趋势则与图5.27中所呈现出的平均句子片段长度的变化趋势一致，即翻译汉语文本中的句末标点在四类语域下均多于原生文本。这就意味着在这四类语域下，翻译汉语中的平均句子长度应该是低于原生汉语文本中的，这种变化趋势与前面统计出的翻译汉语平均句子片段长度高于原生汉语的变化趋势正好相反。因此，这体现出了汉语和英语的不同之处，从而也再一次证明了在汉语中，平均句子片段长度是比平均句子长度更加可靠的显化证据。

将以上英语和汉语的两组数据整合到图5.30中，其趋势特点会看得更清楚。英语句末标点在四类语域下的增减变化趋势与平均句长变化趋势正好相反，而汉语句末标点的增减变化趋势与平均句子长度变化趋势有一致的地方，即翻译文本中的句末标点在四类语域下的变化趋势与原生文本中的一致，且相比原生文本均出现了增长的趋势；但是亦有不同的地方。根据图5.28，原生/翻译汉语文本中的平均句子片段长度的排序为学术类＞新闻类＞通用类＞小说类，而根据图5.30，原生/翻译汉语文本中句末标点频率的排序为小说类＞通用类＞新闻类＞学术类，两者顺序正好相反，这说明，不论是原生汉语还是翻译汉语文本中，平均句子长度的排序也是学术类＞新闻类＞通用类＞小说类，与平均句子片段长度的排序相同，所不同的是在这四类语域下，汉语文本在翻译后平均句子片段长度增加了，而平均句子长度则降低了。

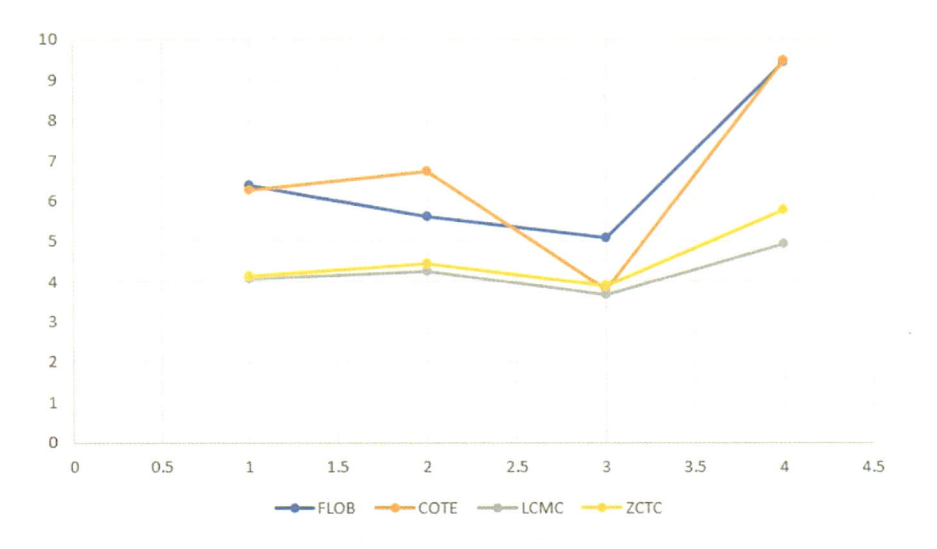

图5.30　四类语域下FLOB/COTE及LCMC/ZCTC中句末标点的变化趋势（位于横坐标轴上折线连接的四个点从左到右依次代表新闻类、通用类、学术类和小说类语域）

从语篇层面来说，句末标点分离出在句子层面相对完整的意义单位，而多个句子，也就是这些意义单位构成一个完整的语篇。句末标点符号少，句子长度长，句末标点符号多，句子长度短，这些变化都直接影响着语篇的整体韵律节奏。此外，问号、感叹号和分号等标点符号的使用数量，还影响着语气语调的变化，以及语篇中的衔接与连贯。

5.3.3　整体标点符号

下面我们先来观察一下整体标点符号在四类语域下、两种原生/翻译文本中的情况，需要说明的是，在这里考察的标点符号排除了一些在通常情况下并无语法、语义或语用功能，以及在翻译研究当中意义不大/不具有普遍意义的标点符号，如百分号、千分号、单位符号、特殊符号等。如图5.31所示。

	新闻	通用	学术	小说
FLOB	15.21	14.22	13.12	21.03
COTE	15.32	19.7	11.82	25.07
LCMC	14.36	15.42	14	15.24
ZCTC	11.87	12.86	11.21	13.66

图 5.31 四类语域下FLOB/COTE及LCMC/ZCTC中整体标点的频率

从图5.31我们可以看出，相对于原生英语文本而言，翻译英语文本中的整体标点符号使用频率只有在学术类语域下出现了下降的趋势，而在其他的三类新闻、通用、小说语域下均呈现上升的趋势；相对于原生汉语文本而言，翻译汉语文本中的整体标点符号的使用频率在新闻、通用、学术、小说这四类语域下均出现了下降的趋势。进一步对四类语域下英语文本及汉语文本中整体标点符号使用频率的变化做对数似然比测试，如表5.40、5.41所示。

表 5.40　四类语域下FLOB/COTE中整体标点符号变化的对数似然值及显著性

语域	FLOB	COTE	LL 值	显著性
新闻	20032	19564	0.34	0.562 −
通用	44469	58947	2730.40	0.000*** −
学术	16055	21046	99.22	0.000*** +
小说	44595	47589	712.53	0.000*** −

注：*** 代表 $p < 0.001$。

表 5.41　四类语域下LCMC/ZCTC中整体标点符号变化的对数似然值及显著性

语域	LCMC	ZCTC	LL 值	显著性
新闻	24622	20191	404.20	0.000*** +
通用	62790	51955	938.13	0.000*** +
学术	21774	17489	481.40	0.000*** +
小说	38844	34854	222.47	0.000*** +

注：*** 代表 $p < 0.001$。

从表5.40、5.41我们可以看出，英语原生与翻译两种文本的差异只有在新闻类语域下没有统计上的显著性，在其他三种语域下差异非常显著。汉语原生与翻译两种文本的差异在四类语域下都非常显著。也就是说，在新闻类语域下，翻译英语文本中整体标点符号使用的数量和原生英语文本差别不大；在通用类和小说类语域下，翻译英语文本中整体标点符号使用的数量明显多于原生英语文本；在学术类语域下，翻译英语文本中整体标点符号的使用数量明显要少于原生英语文本。在新闻、通用、学术和小说四类语域下，翻译汉语文本中整体标点符号使用的数量均明显低于原生汉语文本，因而翻译汉语文本中主要标点符号的总体使用数量比原生汉语文本明显有所降低。

5.3.4　问号、感叹号、分号

在以上考察的整体常用标点符号中，问号、感叹号和分号是最常见的可以给语篇衔接与连贯带来明显影响的标点符号,其他如逗号、句号、引号、括号、破折号等,或者其语篇功能不甚明显,需要结合具体语境才能辨别出来,或者使用数量不多,不便做统计比较。因此,以下我们只对问号、感叹号和分号这三种标点符号的分布规律做进一步观察。结果如图5.32、5.33所示。为便于比较,已将表中出现的频率数字做了十万词归一化处理。

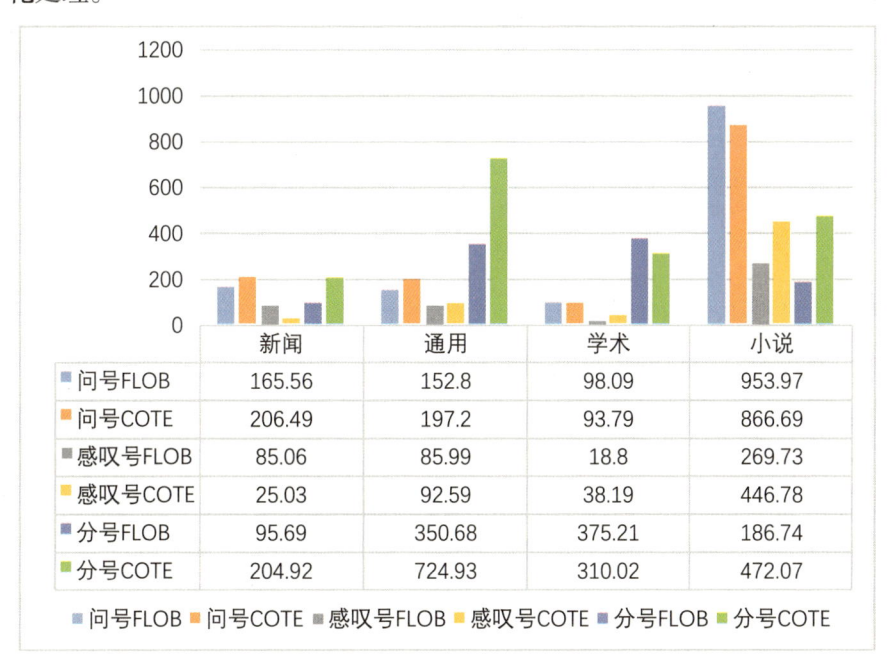

	新闻	通用	学术	小说
问号FLOB	165.56	152.8	98.09	953.97
问号COTE	206.49	197.2	93.79	866.69
感叹号FLOB	85.06	85.99	18.8	269.73
感叹号COTE	25.03	92.59	38.19	446.78
分号FLOB	95.69	350.68	375.21	186.74
分号COTE	204.92	724.93	310.02	472.07

图 5.32　四类语域下FLOB/COTE中问号、感叹号和分号的频率

从图5.32中我们可以看出,相对于原生英语文本而言,在新闻类和通用类语域下,翻译英语中的问号使用频率上升;在学术类和小说类语域下,翻译英语文本中的问号使用频率上升。在新闻类语域下,翻译英语文本中的感叹号使用频率下降;在通用类、学术类和小说类语域下,翻译英语文本中感叹号的使用频率均出现上升趋势。在新闻类、通用类和小说类语域下,翻译英语文本中分号的使用频率均出现上升;而在学术类语域下,翻译英语文本中分号的使用频率则呈下降趋势。

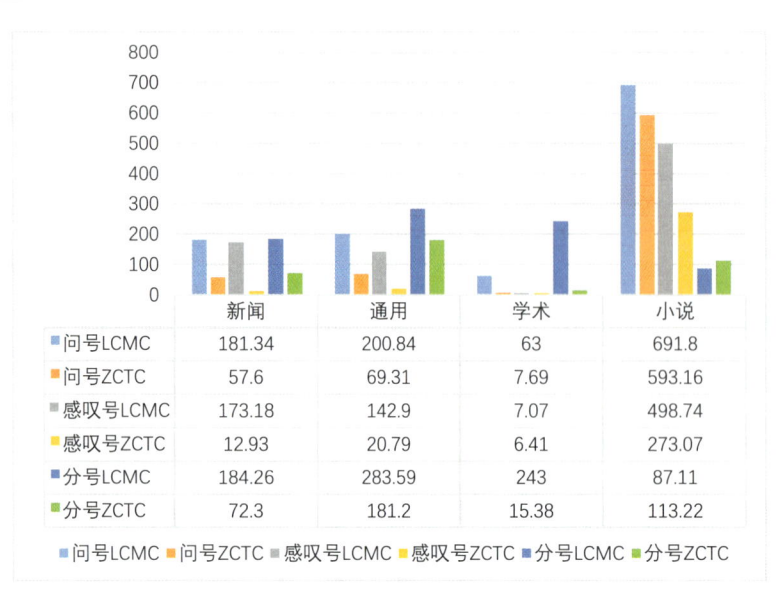

图 5.33 四类语域下LCMC/ZCTC中问号、感叹号和分号的频率

	新闻	通用	学术	小说
问号LCMC	181.34	200.84	63	691.8
问号ZCTC	57.6	69.31	7.69	593.16
感叹号LCMC	173.18	142.9	7.07	498.74
感叹号ZCTC	12.93	20.79	6.41	273.07
分号LCMC	184.26	283.59	243	87.11
分号ZCTC	72.3	181.2	15.38	113.22

从图5.33中我们可以看出,相对于原生汉语文本而言,在新闻、通用、学术和小说四类语域下的翻译汉语文本中问号和感叹号的使用频率均出现下降趋势;在新闻类、通用类和学术类语域下,翻译汉语文本中的分号使用频率下降,然而在小说类语域下,翻译汉语文本中分号的使用频率出现了上升的趋势。

再进一步分别对问号、感叹号和分号在四类语域下两种文本中的变化做对数似然比测试,得到表5.42–5.44。

表 5.42 问号在四类语域下原生/翻译文本中变化的对数似然比及显著性

语域	LL 值		显著性	
	FLOB/COTE	LCMC/ZCTC	FLOB/COTE	LCMC/ZCTC
新闻	5.86	114.89	0.016 * –	0.000 *** +
通用	17.29	270.95	0.000 *** –	0.000 *** +
学术	0.14	76.93	0.708 +	0.000 *** +
小说	8.38	19.33	0.004 ** +	0.000 *** +

注:* 代表 $p < 0.05$,** 代表 $p < 0.01$,*** 代表 $p < 0.001$。

表 5.43　感叹号在四类语域下原生/翻译文本中变化的对数似然比及显著性

语域	LL 值		显著性	
	FLOB/COTE	LCMC/ZCTC	FLOB/COTE	LCMC/ZCTC
新闻	44.75	279.93	0.000 *** +	0.000 *** +
通用	0.75	414.45	0.388 −	0.000 *** +
学术	9.56	0.05	0.002 ** −	0.822 +
小说	88.96	170.78	0.000 *** −	0.000 *** +

注：** 代表 $p < 0.01$，*** 代表 $p < 0.001$。

表 5.44　分号在四类语域下原生/翻译文本中变化的对数似然比及显著性

语域	LL 值		显著性	
	FLOB/COTE	LCMC/ZCTC	FLOB/COTE	LCMC/ZCTC
新闻	52.79	86.29	0.000 *** −	0.000 *** +
通用	407.88	92.21	0.000 *** −	0.000 *** +
学术	9.06	376.52	0.003 ** +	0.000 *** +
小说	258.06	8.70	0.000 *** −	0.003 ** −

注：** 代表 $p < 0.01$，*** 代表 $p < 0.001$。

通过以上三个表（5.42、5.43、5.44），我们可以看出，相对于原生语言文本而言，除了在学术类语域下英语翻译文本中问号的变化（$p=0.708$）、通用类语域下英语翻译文本中感叹号的变化（$p=0.388$），以及学术类语域下翻译汉语文本中感叹号的变化（$p=0.822$）不显著以外，其他标点符号在翻译文本中的变化均具有统计上的显著性。

以上观察到的种种现象说明，标点符号在翻译文本语言研究中的地位不可小觑。在英语及汉语的翻译文本中，除了个别书面化、规范化程度较高的文本类别之外，大多数语域下翻译文本中标点符号的整体使用分布，以及其所表达的语篇、语用功能均有范化的倾向，这一点部分支持May（1997）、Scott（1998）等人的研究结论。

5.4 本章小结

本章主要着眼于总体语言特征，分别从词汇、句子、语篇三个层面选取参数，对四类语域下的英、汉特征译语进行了考察与比较。在词汇层面选取的参数有词汇变化程度（STTR）、高频词及其词性分布、单次出现词及其词性分布、主要功能词（连词、代词）；在句子层面选取了平均句子长度和平均句子片段长度作为考察参数；在语篇层面对句末标点符号、整体标点符号以及最常见的给语篇衔接与连贯带来明显影响的问号、感叹号和分号进行了详细考察。结果发现，在不同语域下，英语特征译语和汉语特征译语在形式、语义和语用层面上的表现各有不同，对传统翻译共性假设如显化、简化、范化等的考察与解释应该依据不同的条件与参数设置进一步细化。

6　个别语言特征

在这一章里，研究所考察的英、汉语言中的一些个体语言特征，主要包括在各自语言中的一些相对独特的语言现象（unique items），或者虽然在两种语言中都存在，但是不完全对应，亦有各自鲜明特征的语言项目。同上一章一样，考察主要还是结合实际情况，从词汇、句子和话语/话语三个逐层递进的层面选取具有代表性的项目，分别进行对比观察。

6.1　词汇层面

6.1.1　汉语中的独特项

6.1.1.1　习语

研究中所使用的汉语中习语的概念参考前人的研究定义，即"习用语，又叫熟语，是人们常用的定型化了的固定短语，它包括成语、惯用语、格言和歇后语等"（参阅曾小兵等，2008；转引自肖忠华、戴光荣，2010：80）。"习语能为使用者提供便利的语言表达方式，这种表达方式可以让行文更加地道、更加流畅"（肖忠华、戴光荣，2010：80），其次，作为"人类智慧的结晶，语言的精华，有很强的表现力"（刘泽权、刘超朋、朱虹，2011：460）。从心理语言学的角度来说，习语承载着大量非字面意义。Baker（2007）认为，在翻译英语中，习语使用大多倾

译语的共性与个性
——基于语料库的英、汉特征译语比较研究

向于其字面意义，然而由于在英语语料库中检索分析困难等原因，并未对此展开比较全面大规模的考察，只是以少数几个习语为例做过分析。汉语中的习语，不论在形态上还是意义上都与英语习语有很大的区别，"往往带有古语用法，与字面意思差异较大"（肖忠华、戴光荣，2010：81）。那么在翻译汉语中，习语又会具有什么区别于原生语言中的特点呢？

研究中涉及的习语又进一步分别细分为名词性习语（nl）、动词性习语（vl）、形容词性习语（al）和区别词性习语（bl）。为便于观察比较，图表中出现的频率数字均作了十万词归一化处理。先对整体习语类在四类语域、两种原生/翻译语言文本中的分布状况进行观察比较，结果如图6.1所示。

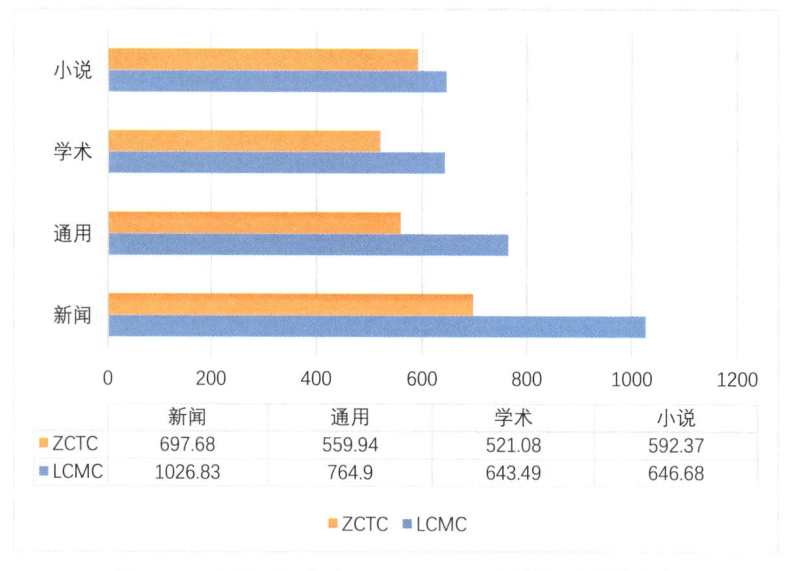

	新闻	通用	学术	小说
ZCTC	697.68	559.94	521.08	592.37
LCMC	1026.83	764.9	643.49	646.68

图6.1 四类语域下汉语LCMC/ZCTC中整体习语的分布

从图6.1中我们可以看到：①整体来看，习语在新闻类语域下使用的频率最高，不论是原生语言文本还是翻译语言文本中均是如此。在原生语言文本中，习语的使用频率变化按语域排序依次是新闻＞通用＞小说＞学术，而在翻译语言文本中的排序则是新闻＞小说＞通用＞学术。②在四类语域下，相对于原生汉语文本而言，翻译汉语文本中的习语使用频率均出现了下降。下面接着对这些变化做对数似然比检验，结果如表6.1所示。

6 个别语言特征

表6.1 四类语域下汉语LCMC/ZCTC中整体习语变化的对数似然值及显著性

语域	LCMC	ZCTC	LL 值	显著性
新闻	1761	1187	107.95	0.000*** +
通用	3042	2262	108.85	0.000*** +
学术	1001	813	20.08	0.000*** +
小说	1648	1512	6.07	0.014* +

注：* 代表 $p < 0.05$，*** 代表 $p < 0.001$。

从表6.1中我们可以看到，这些变化全部具有统计上的显著性，并且在新闻类、通用类及学术类语域下变化极为显著，在小说类语域下变化较为显著，因此习语整体上可以作为区别原生语言文本和翻译语言文本的要素之一。在汉语翻译语言中习语出现的整体频率要低于汉语母语中的，这一点符合前人的研究（肖忠华、戴光荣，2010）。但是，我们一般所说的习语按照词性及语义的不同又可划分为名词性习语（nl）、动词性习语（vl）、形容词性习语（al）和区别词性习语（bl），这些不同类型的习语在不同语域下是否也会有一致的表现呢？对这四种习语在四类语域、两种原生/翻译语言文本中各自的分布表现分别进行考察，结果整理如图6.2所示。

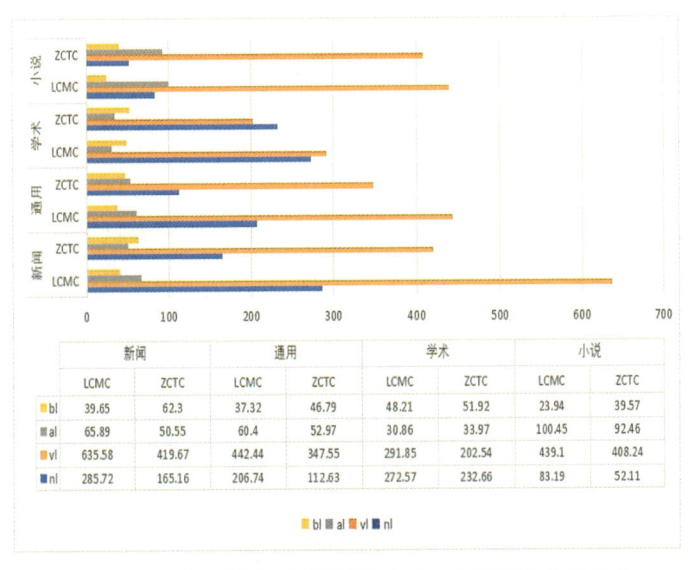

	新闻		通用		学术		小说	
	LCMC	ZCTC	LCMC	ZCTC	LCMC	ZCTC	LCMC	ZCTC
bl	39.65	62.3	37.32	46.79	48.21	51.92	23.94	39.57
al	65.89	50.55	60.4	52.97	30.86	33.97	100.45	92.46
vl	635.58	419.67	442.44	347.55	291.85	202.54	439.1	408.24
nl	285.72	165.16	206.74	112.63	272.57	232.66	83.19	52.11

图 6.2 四种习语在四类语域下LCMC/ZCTC中的分布

从图6.2中可以看出，总体来看，动词性习语（vl）在汉语原生语言文本中的使用频率最高，四类语域下均是如此；而在翻译语言中，情况略有不同，只有在学术类语域下，名词性习语（nl）的使用频率超过了动词性习语，在其他三类语域下，动词性习语的使用频率仍保持在第一位。下面分别将这四种习语在汉语原生语言和翻译语言中的使用频率按照不同语域从高到低（1＞2＞3＞4）进行排序，整理结果如表6.2所示。

表6.2 不同语域下四种习语在LCMC/ZCTC中的使用频率排序

	1	2	3	4
vl				
LCMC	新闻	小说	通用	学术
ZCTC	新闻	小说	通用	学术
nl				
LCMC	新闻	学术	通用	小说
ZCTC	学术	新闻	通用	小说
al				
LCMC	小说	新闻	通用	学术
ZCTC	小说	通用	新闻	学术
bl				
LCMC	学术	新闻	通用	小说
ZCTC	新闻	学术	通用	小说

从表6.2中可以看出，相对于原生汉语文本而言，动词性习语（vl）在翻译汉语文本中的分布最为稳定，与原生文本中的分布特点保持一致，在不同语域间的分布变化并不大。这说明，在汉语翻译语言中，使用频率最高的习语类别的使用特点最接近原生语言中的。从图6.2看出，在小说类语域下，翻译汉语文本中的名词性、形容词性和区别词性习语的频率分布趋势均保持了与原生汉语文本的一致性（vl＞al＞nl＞bl），而在其他语域间均有不同程度的变化。这说明，正式（书面化）程度最低的语域中的习语使用特点最接近原生语言中的。

再分别对这四种习语在四类语域下原生/翻译汉语文本中的变化做对数似然比测试，结果如表6.3–6.6所示。

表 6.3　LCMC/ZCTC中的名词性习语

语域	LCMC	ZCTC	LL 值	显著性
新闻	490	281	55.71	0.000*** +
通用	842	455	114.11	0.000*** +
学术	424	363	4.92	0.027* +
小说	212	133	18.38	0.000*** +

注：* 代表 $p < 0.05$，*** 代表 $p < 0.001$。

表 6.4　LCMC/ZCTC中的动词性习语

语域	LCMC	ZCTC	LL 值	显著性
新闻	1090	714	75.97	0.000*** +
通用	1802	1404	46.34	0.000*** +
学术	454	316	25.28	0.000*** +
小说	119	1042	840.52	0.000*** −

注：*** 代表 $p < 0.001$。

表 6.5　LCMC/ZCTC中的形容词性习语

语域	LCMC	ZCTC	LL 值	显著性
新闻	113	86	3.46	0.063　+
通用	246	214	1.97	0.160　+
学术	48	53	0.23	0.629　−
小说	256	236	0.85	0.358　+

表 6.6　LCMC/ZCTC中的区别词性习语

语域	LCMC	ZCTC	LL 值	显著性
新闻	68	106	8.67	0.003** −
通用	152	189	4.33	0.037* −
学术	75	81	0.21	0.644　−
小说	61	101	9.92	0.002** −

注：* 代表 $p < 0.05$，** 代表 $p < 0.01$。

从表6.3–6.6中进一步发现，相对于汉语原生语言而言，汉语翻译语言中的动词性习语和名词性习语在各个语域下的变化都具有统计学上的显著性；形容词性习语在各个语域下的变化均无统计学上的显著性；区别词性习语在新闻、通用和小说类语域下的变化具有统计学上的显著性，在学术类语域下的变化在统计学上不显著。这说明，在翻译文本各个语域下产生明显变化的主要是动词性习语和名词性习语，均出现明显降低的趋势；译者一般对形容词性习语并无特殊偏好，导致其在翻译文本各个语域下并无明显的区别性表现；区别词性习语仅在学术类语域下的翻译文本中无明显区别，在新闻类、通用类和小说类语域下均出现明显上升的趋势。结合表6.2，发现此类习语在原生语言的学术类语域中出现的频率最高，因此在翻译语言的学术类语域中也未受明显影响。

综合以上几个图表中观察到的结果，我们可以看出：①动词性习语在各个语域中的整体分布频率最高，区别词性习语在学术类语域中的分布频率最高，因此它们在翻译文本中相同语域下的分布都与原生语言文本中的区别不大。这说明在原生语言中使用频率最高的习语，在翻译语言中的使用规律也会保持一致。②区别词性习语不同于其他词性的习语，在各个语域的翻译文本中均出现了上升的趋势，而其在学术类翻译文本中上升趋势不显著，这可能与形容词性习语在这一语域下也出现上升趋势有一定关系（虽然这两类词的变化亦不具备统计上的显著性，但造成这种不显著的另一个原因也可能在于这种相同方向的变化总量被分散在两种词性上了，因此影响到了其各自在统计学上的显著性表现）。区别词与形容词有相近的语言功能，它们均可以做定语，然而亦有区别之处——区别词不能单独充当谓语成分。因此，这种变化趋势有可能一方面意味着，相对于原生语言文本而言，在翻译语言文本中会出现更多、更长的定语，另一方面则意味着在翻译文本中可能会有更多在传统意义上语法功能不完整的句子片段出现。

6.1.1.2　语气词

在现代汉语中，语气词属于封闭功能词类，虽然种类数量不多，但是使用相当广泛，一般多放在句末，能够表达丰富的意义，具有重要的语义及语用承载功能。语气根据话语所承载的普遍交际功能的不同，其类别一般可划分为陈述（代表语气词如"呢""的""了"）、疑问（代表语气词如"吗""呢"）、祈使（代表语气词如"吧"）和感叹（代表语气词如"了""啊"）。现代汉语中的语气在口语中亦可以用语调来传递，在书面语中则主要靠具体的语气词来实现（肖忠华，2012）。下面先对四类语域下原生汉语和翻译汉语文本中总体语气词出现的频率做一统计比较，结果整理如图6.3所示。图表中出现的频率数字均作了十万词归一化处理。

	新闻	通用	学术	小说
ZCTC	202.19	431.96	146.13	1214.52
LCMC	408.75	509.96	123.43	1342.01

图 6.3　四类语域下LCMC/ZCTC中总体语气词的分布

从图6.3中可以看出，总体语气词在四类语域下的使用频率排序如下：小说 > 通用 > 新闻 > 学术，在原生汉语及翻译汉语中均是如此。相对于原生语言文本，翻译语言文本中语气词的使用频率在小说、通用和新闻类语域下均出现下降的趋势，而在学术类语域下则出现了上升的趋势。

进一步对这些语气词在四类语域下原生汉语和翻译汉语文本中的变化做对数似然比检测，结果如表6.7所示。

表 6.7　四类语域下LCMC/ZCTC中总体语气词变化的对数似然值和显著性

语域	LCMC	ZCTC	LL 值	显著性
新闻	701	344	126.62	0.000 *** +
通用	2077	1745	26.23	0.000 *** +
学术	192	228	2.98	0.084 –
小说	3420	3100	16.22	0.000 *** +

注：*** 代表 $p < 0.001$。

从表6.7中我们看到，在新闻类、通用类和小说类语域下，相对于原生汉语文本而言，翻译汉语文本中总体语气词的变化都具有统计上的极强显著性。也就是说，语气词的使用频率在新闻类、通用类和小说类汉语翻译文本中呈明显下降的趋势；在学术类语域下，翻译汉语文本中语气词的变化并没有呈现统计上的显著性，也就是说，在这一语域下，语气词的上升趋势并不明显。尽管如此，学术类语域下语气词的翻译情况还是呈现出其独特性。以往也有一些对原生汉语文本和翻译汉语文本中语气词的考察（如肖忠华，2012；杨晓琳，2013），然而都是将原生汉语和翻译汉语看做一个整体部分来进行考察，或者只是简单分为文学类和非文学类两部分进行对比考察，因此只发现语气词整体产生明显下降，却忽视了学术类这一语域下语气词的特殊表现，即不但没有明显下降，反而有上升的趋势，尽管在本研究中这一上升趋势并不显著，这一点有待于进一步考察。

将在原生汉语文本和翻译汉语文本中检索到的语气词按照语域分类排序，得到表6.8：

表 6.8　四类语域下LCMC/ZCTC中出现的语气词排序

	新闻		通用		学术		小说	
	LCMC	ZCTC	LCMC	ZCTC	LCMC	ZCTC	LCMC	ZCTC
1	了	了	了	了	了	了	了	了
2	呢	呢	呢	呢	呢	呢	呢	吗
3	吗	吗	吗	吗	吗	吗	吗	吧
4	吧	吧	吧	吧		尔	吧	呢

续表

	新闻		通用		学术		小说	
	LCMC	ZCTC	LCMC	ZCTC	LCMC	ZCTC	LCMC	ZCTC
5	啊	啊	啊	啊			呀	啊
6	啦	呀	呀				啊	啦
7	呀	嘛	啦				啦	呀
8	哩	而已	而已				么	嘛
9	嘛	啦	尔				嘛	而已
10		么	嘛				哩	哩
11		哩	罢了				罢	哪
12		罢了	哩				呐	罢了
13		也好	兮				呗	呃
14			也				而已	么
15			极了				罢了	极了
16							哪	喽
17							喽	也罢
18							哉	呐
19							唔	尔
20							也好	也好
21							呃	唔
22							呵	

从表6.8中我们可以看出，相对于原生汉语文本，在新闻、通用和小说类语域下，翻译汉语文本中语气词的种类都有所减少，而学术类语域下翻译汉语文本中语气词的种类却有增加。对学术类语域下原生/翻译汉语文本中出现的语气词"了""呢""吗"的变化做对数似然比检测，结果如表6.9所示。

表 6.9 学术类语域下LCMC/ZCTC中语气词"了""呢""吗"的变化情况

	LCMC 中的频数	ZCTC 中的频数	LL 值	显著性
"了"	131	144	0.58	0.448 -
"呢"	30	51	5.44	0.020 *
"吗"	14	19	0.75	0.388 -

注：* 代表 $p < 0.05$。

从表6.9中我们可以看出，相对于原生汉语文本，在学术类语域下翻译汉语文本里出现增长趋势的语气词中，只有"呢"的变化具有统计上的显著性，也就是说，只有"呢"出现了明显的增长趋势。语气词"呢"一般表示两种意义，一为表陈述意义，二为表一位意义。进一步在LCMC与ZCTC中进行检索对比，发现在学术类语域下出现增长的主要是表疑问意义的"呢"（LCMC中出现30次，ZCTC中出现48次，$p=0.042$，陈述意义的"呢"虽然也有增加，但是只有3次）。

再仔细观察表6.8（排序表），发现在新闻类、通用类、学术类语域下的原生汉语及翻译汉语文本，以及小说类语域下的原生汉语文本中，使用频率最高的前三位语气词依次都是"了""呢""吗"，"呢"排在第二位。而在小说类语域下的翻译汉语文本中，"呢"位于"吗"和"吧"的后面，排到了第四位。

"呢""吗""吧"这三个语气词都可表示疑问语气，但是语气强烈的程度不同。"吗"的语气功能单一，在一般情况下只具有疑问语气的功能，包括询问、反诘的意思，其疑问语气也最强；"呢"兼具疑问和陈述的功能，疑问语气功能要比"吗"弱化一些；"吧"主要具有表达祈使语气的功能，疑问语气功能最弱。"呢"在学术类语域下的翻译汉语文本中出现显著增长（$p=0.02$），说明在这一语域下，翻译时可能会更倾向于陈述和较弱疑问的语气。此外，在学术语域下并未出现在其他语域下均会出现的高频语气词"吧"，也说明了这一语域下的语言特点，祈使语气极少见。相对于原生汉语文本，翻译汉语文本中增加的一个语气词"尔"是相对古雅书面的用法，也是表示一种陈述的语气，这进一步说明在学术类语域下，翻译汉语文本中对语气的处理是更偏向于陈述的，表现形式也更加书面化。

在小说类语域下，相对于原生汉语文本，"呢"在翻译汉语文本中的排序靠后，说明在这一语域下，翻译时可能会更加倾向于加强原有的语气情感，语用方面呈现显化的倾向，因而表示陈述的比较显中性平淡的语气标记使用频率出现下降。

此外，语气词"了"还兼有语法性时体标记的作用，表示完成的状态。在学术类语域下，翻译文本中的"了"不降反升，虽然变化并不显著，但相对于其他语域中"了"的显著减少，也是具有明显特征的，这应该与学术类文本中多使用完成体有关，翻译文本中对此可能亦有显化的表现。这一点将在后面的章节6.3.2中结合对时体标记的考察进一步进行讨论。

6.1.1.3 量词

量词系统是汉藏语系语言的独有特点之一。现代汉语中存在着丰富而完整的量词体系，量词被大量使用以表示事物和动作行为的度量。Xiao & McEnery（2010）按照语义将量词分为八类：个体量词、集体量词、度量词、容器量词、成形量词、种类量词、时量词和动量词，其中前六种统称为名量词。在LCMC与ZCTC中，所有量词标注为这三大类：名量词（q）、动量词（qv）和时量词（qt）（见肖忠华，2012：153）。对总体量词类在四类语域下、原生/翻译两种汉语语言文本中的分布做一考察，结果如图6.4所示。

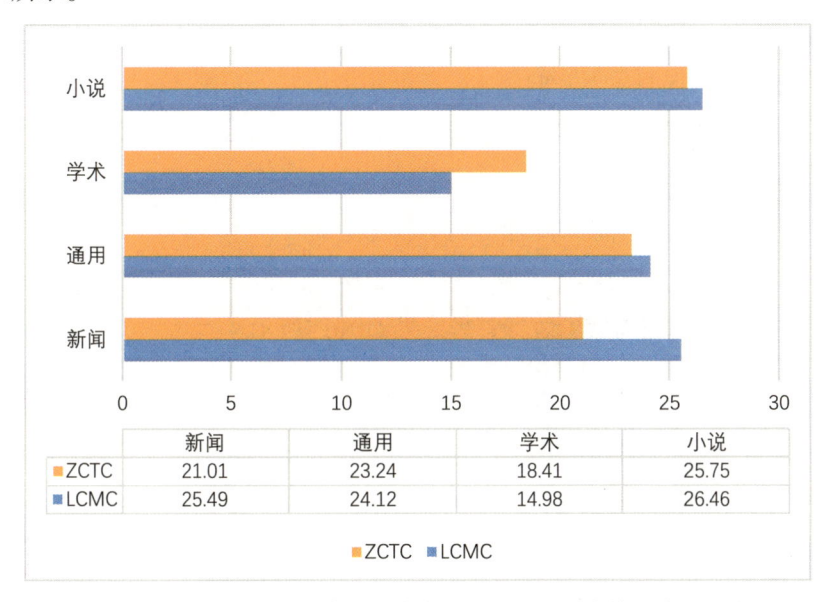

	新闻	通用	学术	小说
ZCTC	21.01	23.24	18.41	25.75
LCMC	25.49	24.12	14.98	26.46

图 6.4 四类语域下总体量词类在LCMC/ZCTC中的分布（‰）

从图6.4中我们可以看出，相对于原生汉语文本而言，在新闻类、通用类和小说类语域下，翻译汉语文本中的总体量词类使用频率出现了下降的趋势；在学术类语域下，翻译汉语文本中的总体量词类使用频率出现上升的趋势。总体来看，在学术类语域下总体量词类的使用频率最低，然而也正是在这一语域下，翻译文本中出现了与其他三类语域下不同的趋向。对这些变化进一步做对数似然比检测，结果如表6.10所示。

表 6.10　四类语域下LCMC/ZCTC中总体量词类频率变化的对数似然值和显著性

语域	LCMC	ZCTC	LL 值	显著性
新闻	4372	3575	73.83	0.000*** −
通用	9825	9387	6.73	0.009** +
学术	2330	2873	55.17	0.000*** −
小说	6742	6573	2.42	0.120 +

注：** 代表 $p < 0.01$，*** 代表 $p < 0.001$。

从表6.10中我们可以看到，除了小说类语域之外，相对于原生汉语文本而言，翻译汉语文本中量词总体使用量在其他三类语域下的变化都具有统计上的显著性。也就是说，在新闻类语域下，翻译汉语文本中量词总体的使用频率出现明显下降的倾向；在通用类语域下，翻译汉语文本中量词总体的使用频率出现明显下降的倾向；在学术类语域下，翻译汉语文本中量词总体的使用频率出现明显上升的倾向；在小说类语域下，翻译汉语文本中量词总体的使用频率降低变化不显著。

再对三种量词在四类语域下原生/翻译英语和原生/翻译汉语文本中的分布情况分类进行考察，统计整理结果如图6.5所示。

6 个别语言特征

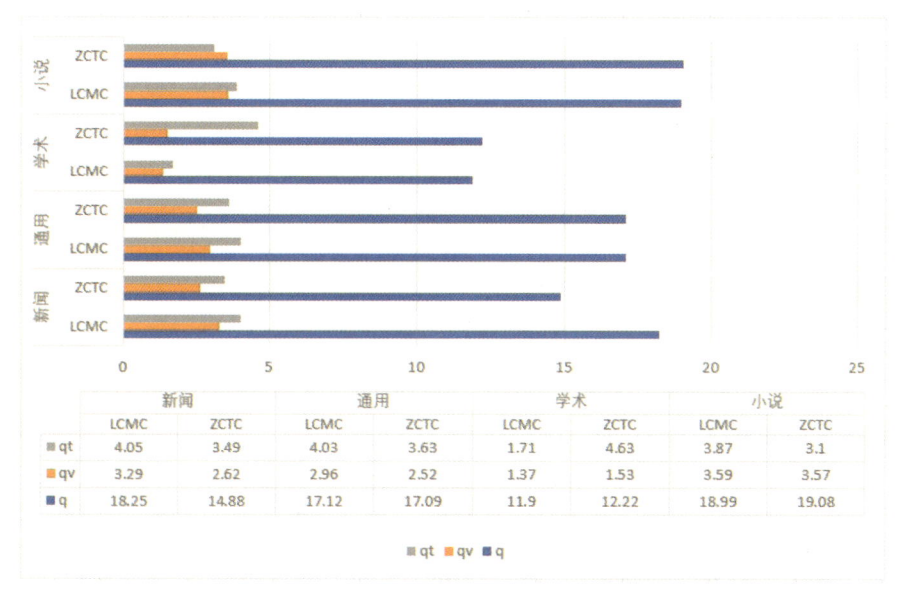

	新闻		通用		学术		小说	
	LCMC	ZCTC	LCMC	ZCTC	LCMC	ZCTC	LCMC	ZCTC
qt	4.05	3.49	4.03	3.63	1.71	4.63	3.87	3.1
qv	3.29	2.62	2.96	2.52	1.37	1.53	3.59	3.57
q	18.25	14.88	17.12	17.09	11.9	12.22	18.99	19.08

图 6.5　四类语域下LCMC/ZCTC中总体量词的频率分布情况（‰）

从图6.5中我们可以看到，在新闻类语域下，名量词、动量词和时量词在翻译汉语文本中的使用频率均产生了下降；在通用类语域下，这三类量词在翻译汉语文本中的使用频率也有下降的趋势；在学术类语域下，这三类量词在翻译汉语文本中均有上升的趋势；在小说类语域下的翻译汉语文本中，名量词的使用频率略有上升，动量词和时量词的使用频率都有所下降。

分别对四类语域下这三类量词在原生/翻译文本中的变化做对数似然比检测，结果如表6.11–6.13所示。

表 6.11　四类语域下LCMC/ZCTC中名量词频率变化的对数似然值和显著性

语域	LCMC	ZCTC	LL 值	显著性
新闻	3113	2531	55.57	0.000*** +
通用	6973	6903	0.01	0.910 +
学术	1851	1906	0.65	0.420 −
小说	4839	4870	0.06	0.813 −

注：*** 代表 $p < 0.001$。

−143−

表 6.12　四类语域下LCMC/ZCTC中动量词频率变化的对数似然值和显著性

语域	LCMC	ZCTC	LL 值	显著性
新闻	564	447	12.65	0.000*** +
通用	1207	1018	14.57	0.000*** +
学术	213	239	1.42	0.233 −
小说	916	912	0.02	0.899 +

注：*** 代表 $p < 0.001$。

表 6.13　四类语域下LCMC/ZCTC中时量词频率变化的对数似然值和显著性

语域	LCMC	ZCTC	LL 值	显著性
新闻	695	593	7.29	0.007** +
通用	1642	1465	8.70	0.003** +
学术	266	722	217.3	0.000*** −
小说	987	791	21.96	0.000*** +

注：** 代表 $p < 0.01$，*** 代表 $p < 0.001$。

结合图6.5与表6.11–6.13，我们可以看出，相对于原生汉语文本而言，翻译汉语文本中的名量词在新闻类语域下产生了显著的下降，在通用类、学术类和小说类语域中的变化不显著；动量词在新闻类和通用类语域下产生了显著下降的趋势，在学术类和小说类语域下的变化不显著；时量词在四类语域下都产生了显著的变化，在新闻类、通用类和小说类语域下都产生了明显的下降趋势，而在学术类语域下则出现明显上升的趋势。

相对于原生汉语文本，名量词在新闻类语域下明显下降，动量词在新闻类和通用类语域下明显下降，这应该与翻译汉语文本在这两个语域下名词与动词的变化有关。经检索统计，LCMC和ZCTC新闻类及通用类文本中名词与动词的变化如表6.14–6.16所示。

表 6.14　LCMC/ZCTC中新闻类语域下名词的频率分布及变化的对数似然值和显著性

语料库	频率（%）	频数	LL 值	显著性
LCMC	23.46	40226	40.32	0.000*** +
ZCTC	22.42	38136		

注：*** 代表 $p < 0.001$。

表 6.15　LCMC/ZCTC中新闻类语域下动词的分布及变化的对数似然值和显著性

语料库	频率（%）	频数	LL 值	显著性
LCMC	18.70	32078	7.24	0.007** +
ZCTC	18.31	31149		

注：** 代表 $p < 0.01$。

表 6.16　LCMC/ZCTC中通用类语域下动词的分布及变化的对数似然值和显著性

语料库	频率（%）	频数	LL 值	显著性
LCMC	18.96	77237	46.06	0.000*** +
ZCTC	18.31	73981		

注：*** 代表 $p < 0.001$。

上表中的结果显示，相对于原生汉语文本而言，新闻类语域下的名词（表6.14）和动词（表6.15），以及通用类语域下的动词（表6.16）的使用频率在翻译汉语文本中都出现了显著下降的趋势，这也直接影响了名量词和动量词在这些语域下的变化，证实了前面的推测。

然而，时量词变化的特殊性又该如何解释呢？研究将在后文章节中结合对时体标记的考察，对此进行进一步深入、详细的讨论。

6.1.1.4　词缀

词缀，作为词的附加成分，附加于词干而构成新的词汇。在现代汉语中，这一语言单位虽小，但是对其讨论与争议颇多。亦有学者讨论过词缀在现代汉语欧化现象中的地位、作用与表现（王力，1958；Kubler，1985；谢耀基，1990）。在本章节中，我们无意对其展开过多的讨论，而是仅着眼于现代汉语中受外来语言影响明显而多在实际使用中出现的词缀，对其在原生语言文本与翻译语言文本中的表现进行考察对比。

6.1.1.4.1 对前缀、后缀及词缀总体的抽样考察

在实际使用中，词缀既包括前缀，也包括后缀。本研究中词缀的选取参考前人的研究（王力，1958；Kubler，1985；魏志成，2010：173–188）中所列出的受外来语影响的词缀，并结合LCMC、ZCTC的实际情况，选出在本研究语料库中使用频率最高、范围最广，最具有普遍代表性的两个前缀"超/超级"（检索形式为：超*_n）、"微"（检索形式为：微*_n）和两个后缀"们"（检索形式为：们_k）、"率"（检索形式为：率_k）来进行考察。需要说明的是，由于"超"和"微"在语料库中是直接与其后的名词成分一并标注为一个完整的名词的，并未作为前缀分开单独标注，所以导致在检索结果中也包括一些不是作为前缀成分的结果，如"超前性""颇多微词""微风起处"等，笔者对这样的结果均进行了人工检查并排除，以保证研究结果的准确性。整理检索结果如表6.17所示。

表6.17 词缀"超/超级""微""们""率"在四类语域下LCMC/ZCTC中的频次

语料库	语域	超/超级–	微–	–们	–率	前缀总数	后缀总数	词缀总数
LCMC	新闻	10	9	153	5	19	158	177
	通用	9	7	275	11	16	286	302
	学术	3	76	54	14	79	68	147
	小说	3	0	159	0	3	159	162
ZCTC	新闻	30	20	160	4	50	164	214
	通用	5	12	368	10	17	378	395
	学术	3	32	95	9	35	104	139
	小说	0	5	179	0	5	179	184

对LCMC与ZCTC中出现的以上所考察的两个前缀、两个后缀及四个词缀总数在四类语域下的分布如图6.6所示。为便于比较，图表中出现的频率数字均作了十万词归一化处理。

6　个别语言特征

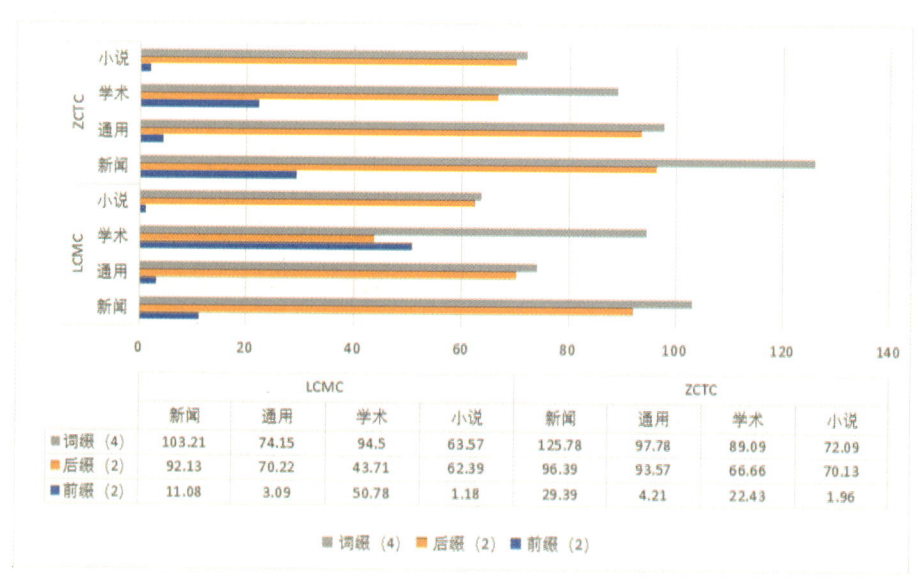

		LCMC				ZCTC			
		新闻	通用	学术	小说	新闻	通用	学术	小说
■	词缀（4）	103.21	74.15	94.5	63.57	125.78	97.78	89.09	72.09
■	后缀（2）	92.13	70.22	43.71	62.39	96.39	93.57	66.66	70.13
■	前缀（2）	11.08	3.09	50.78	1.18	29.39	4.21	22.43	1.96

图 6.6　前缀（2个）、后缀（2个）及词缀总体（4个）在四类语域下 LCMC/ZCTC中的频率分布比较

从图6.6中可以看出，相对于原生汉语文本而言，在新闻类语域下，翻译汉语文本中的前缀、后缀和词缀总数均出现了增长的趋势；在通用类语域下，翻译汉语文本中的前缀、后缀和词缀总数亦均出现增长趋势；在学术类语域下，翻译汉语文本中的前缀使用频率下降，后缀使用频率上升，词缀总使用频率呈现下降趋势；在小说类语域下，翻译汉语文本中的前缀、后缀和词缀总使用频率均上升。

再按照四类不同的语域，分别对以上考察的前缀、后缀及词缀总数在原生汉语文本和翻译汉语文本中的变化做对数似然比检测，得到表6.18–6.21。

-147-

表6.18 新闻类语域下LCMC/ZCTC中前缀（2个）、后缀（2个）及词缀总体（4个）变化的对数似然值和显著性

	LCMC	ZCTC	LL 值	显著性
前缀	19	50	14.69	0.000*** −
后缀	158	164	0.16	0.685 −
前缀 + 后缀	177	214	3.81	0.051 −

注：*** 代表 $p < 0.001$。

表6.19 通用类语域下LCMC/ZCTC中前缀（2个）、后缀（2个）及词缀总体（4个）变化的对数似然值和显著性

	LCMC	ZCTC	LL 值	显著性
前缀	16	17	0.04	0.843 −
后缀	286	378	13.55	0.000*** −
前缀 + 后缀	302	395	13.22	0.000*** −

注：*** 代表 $p < 0.001$。

表6.20 学术类语域下LCMC/ZCTC中前缀（2个）、后缀（2个）及词缀总体（4个）变化的对数似然值和显著性

	LCMC	ZCTC	LL 值	显著性
前缀	79	35	17.56	0.000*** −
后缀	68	104	7.48	0.006** −
前缀 + 后缀	147	139	0.25	0.618 +

注：** 代表 $p < 0.01$，*** 代表 $p < 0.001$。

表6.21 小说类语域下LCMC/ZCTC中前缀（2个）、后缀（2个）及词缀总体（4个）变化的对数似然值和显著性

	LCMC	ZCTC	LL 值	显著性
前缀	3	5	0.50	0.479 −
后缀	159	179	1.15	0.283 −
前缀 + 后缀	162	184	1.37	0.243 −

结合图6.6及表6.18-6.21中的结果可以看出，相对于原生汉语文本，在新闻类语域下的翻译汉语文本中，前缀"超""微"出现了显著的增长，而后缀"们"和"率"上升变化不明显，因此四种词缀总体上升趋势接近统计学上的显著性临界（$p=0.051$），再做贝叶斯因子测试，得值为-8.93，因此确证其总体上升变化无显著性；在通用类语域下，前缀"超""微"的上升变化不显著，后缀"们"和"率"的使用频率发生了显著的上升，总体词缀的使用频率亦有显著的上升趋势；在学术类语域下，前缀"超""微"的使用频率出现显著下降的趋势，而后缀"们""率"则出现显著的上升，因此词缀的使用频率总体下降变化并不显著；在小说类语域下，前缀"超""微"和后缀"们""率"以及词缀总体的使用频率都无显著的上升变化。

这些词缀原本就是因为受到外来语影响而在现代汉语中开始普遍使用的，因此在翻译汉语文本中的使用频率从理论上推测，可能会高于原生汉语文本，然而我们在不同语域下分别进行考察之后发现，它们实际上在不同语域下有各自的特征表现，不可一概而论。在新闻类语域下，前缀"超""微"的使用频率上升明显；在通用类语域下，后缀"们""率"的使用频率上升明显；在学术类语域下，前缀"超""微"的使用频率下降明显，而后缀"们""率"的使用频率上升明显；在小说类语域下，这四个前缀与后缀的上升都不明显。

"超""微"等作为前缀时一般放在名词词干之前，多起到形容、修饰的作用，如"微电子""微生物""超声波""超级市场"（以上例子均来自LCMC、ZCTC语料库）等，构成偏正结构。"们"一般置于名词词干之后，"率"置于名词、动词和形容词词干之后，多起到补充说明的作用，如"孩子们""委员们""学生们""资本率""开通率""充足率"等（以上例子均来自LCMC和ZCTC语料库），构成补充结构。翻译文本在不同语域下对构词法是否有偏好？目前由于样本规模所限还无法进行进一步的确证，但是有一点很清楚，那就是目前还不能简单地下结论说汉语翻译文本中就一定偏向多使用受外来语影响的词缀。

6.1.1.4.2 对后缀"们"的考察

从以上的考察以及以往的研究中我们可以看到,"们"是一个比较成熟、使用最多的代表性后缀,我们希望可以通过对其形态及语义搭配方面的考察,达到窥斑知豹的效果。下面先对原生汉语文本和翻译汉语文本中的"们"在四类语域下的分布做一考察,如图6.7所示。

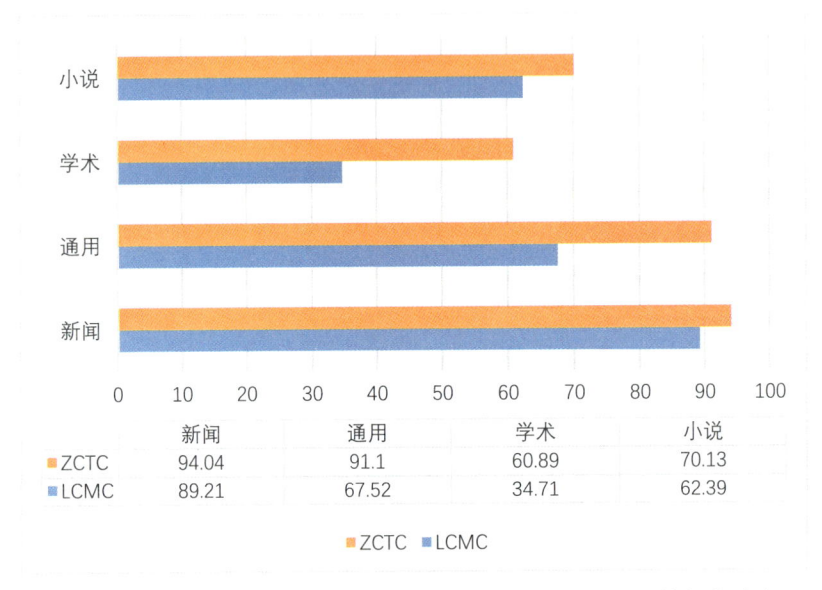

	新闻	通用	学术	小说
ZCTC	94.04	91.1	60.89	70.13
LCMC	89.21	67.52	34.71	62.39

图6.7 原生/翻译汉语文本中的后缀"们"在四类语域下的频率分布

从图中我们可以看出,"们"在四种语域下的翻译汉语文本中均出现了不同程度的增长,接着对这些增长变化做进一步对数似然比检测,发现结果如表6.22所示。

表 6.22 四类语域下LCMC/ZCTC中后缀"们"变化的对数似然值和显著性

语域	LCMC 中的频数	ZCTC 中的频数	LL 值	显著性
新闻	153	160	0.22	0.641 –
通用	275	368	14.27	0.000*** –
学术	54	95	11.31	0.001*** –
小说	159	179	1.15	0.283 –

注:*** 代表 $p < 0.001$。

从表6.22中可以看出，相对于原生汉语文本，翻译汉语文本中的"们"只在通用类和学术类语域下的频率增长具有统计上的显著性（$p < 0.001$，$p=0.001$）。也就是说，后缀"们"只在通用、学术这两个语域下具有形式上显著增长的趋势。这说明，汉语翻译文本中，源语干扰的影响在各类语域下都存在，并且在书面化程度较强的语域下表现更加显著。那么，在语义上究竟有没有变化？在四类不同的语域下又会有什么样的表现呢？研究将从"们"的搭配词着手进行考察研究，来回答这两个问题。

下面先来考察一下在这四类语域下，原生/翻译汉语八个子库中与"们"搭配的词汇分布情况。设置搭配词出现的最低频率为5，长度为1，跨距为+2，主要观察位置在L1–L2。也就是说，为保证研究的客观性，尽量减少随机因素的干扰，只选取出现频率较高且稳定的搭配项，即出现5次及以上的单个搭配项，并且将与"们"搭配的词汇的词性（POS标注符号，此次检索中出现在节点词"们"L1的位置，词汇则出现在L2的位置）也一并作为考察对象进行观察。检索后排除个别错误标注等干扰项，整理结果如表6.23所示。

表6.23　四类语域下LCMC/ZCTC中"们"的搭配项（出现5次以上）

语域	语料库	搭配项	POS
新闻	LCMC	职工 矿工 工人 同志 乡亲 战士 运动员 姑娘 孩子	N
	ZCTC	科学家 学生 议员 专家 记者 孩子 经理	N
通用	LCMC	孩子 同志 同学 战士 学生 大学生 朋友 父母 家长 伙伴 明星	N
	ZCTC	孩子 学生 学者 经理 朋友 者 科学家 官员 股东 企业家 教师	N, K
学术	LCMC	孩子	N
	ZCTC	孩子 科学家 经济学家 牧民	N
小说	LCMC	朋友 姑娘 鸡 读者 仙女 同志 孩子	N
	ZCTC	孩子 先生 朋友 姐姐	N

从表6.23中可以看到，在新闻类语域下，原生汉语文本中出现5次以上的高频搭配词汇种类有9种，翻译汉语文本中减少到7种，搭配词性均为名词，搭配能力有所下降。

在通用类语域下，原生汉语文本中的高频搭配词汇有11种，翻译汉

—151—

语文本中虽然也表现为11种，但是搭配词性中多了一种后缀，词形表现为“者”，而与后缀“者”搭配的词汇又有很多种，进而进行检索后结果如图6.8所示。

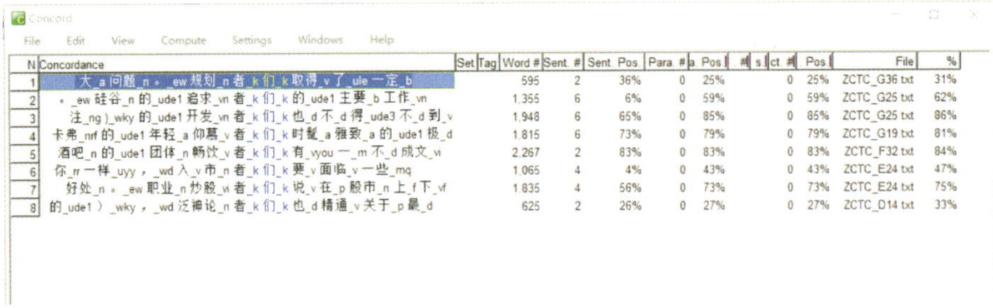

N	Concordance	Set	Tag	Word #	Sent. #	Sent. Pos.	Para. #	a. Pos.	#	s.	ct. #	Pos.	File	%
1	大_a 问题_n 。_ew 规划_n 者_k 们_k 取得_v 了_ule 一定_b			595	2	36%	0	25%			0	25%	ZCTC_G36.txt	31%
2	。_ew 硅谷_n 的_ude1 追求_vn 者_k 们_k 的_ude1 主要_b 工作_vn			1,355	6	6%	0	59%			0	59%	ZCTC_G25.txt	62%
3	注_ng)_wky 的_ude1 开发_vn 者_k 们_k 也_d 不_d 得_ude3 不_d 到_v			1,948	6	65%	0	85%			0	85%	ZCTC_G25.txt	86%
4	卡弗_nrf 的_ude1 年轻_a 仰慕_v 者_k 们_k 时髦_a 雅致_a 的_ude1 极_d			1,815	6	73%	0	79%			0	79%	ZCTC_G19.txt	81%
5	酒吧_n 的_ude1 团体_n 畅饮_v 者_k 们_k 有_vyou 一_m 不_d 成文_vi			2,267	2	83%	0	83%			0	83%	ZCTC_F32.txt	84%
6	你_rr 一样_uyy ，_wd 入_v 市_n 者_k 们_k 要_v 面临_v 一些_mq			1,065	4	4%	0	43%			0	43%	ZCTC_E24.txt	47%
7	好处_n 。_ew 职业_n 炒股_vi 者_k 们_k 说_v 在_p 股市_n 上_f 下_vf			1,835	4	56%	0	73%			0	73%	ZCTC_E24.txt	75%
8	的_ude1 ）_wky ，_wd 泛神论_n 者_k 们_k 也_d 精通_v 关于_p 最_d			625	2	26%	0	27%			0	27%	ZCTC_D14.txt	33%

图 6.8　后缀“者”+后缀“们”的检索结果截图

从图6.8中可以看到，不同于直接与后缀“们”搭配的词汇多为像“朋友”“同志”“乡亲”这样纯粹的名词，与后缀“者”附着后又与后缀“们”搭配的多为具有多种词性意义的词，如“规划”“追求”“开发”，虽然在语料库中分别标注为名词、名动词，但在实际应用中是既可以做名词，又可以做动词的；还有如“仰慕”“畅饮”“炒股”这样的动词，“泛神论”这样的名词以及动词“入”+名词“市”这样的组合，因此“们”的搭配能力实际上是出现了更加明显上升的趋势。

在学术类语域下，原生汉语文本中的高频搭配词汇有一种，而在翻译汉语文本中则增加为4种，词性均为名词，搭配能力也出现了上升的趋势。

在小说类语域下，原生汉语文本中的高频搭配词为7种，在翻译汉语文本中则减少到了4种，词性均为名词，搭配能力出现了下降的趋势。

以上结果从形式上来看再一次印证了前文中对其频率考察得到的结果（图6.7），而从语义范围来看，翻译文本亦各自有其特征。通过比较发现，在新闻类、通用类和学术类语域下，原生汉语文本中出现的与后缀“们”搭配的多为“同志”“乡亲”“父母”“伙伴”“同学”“孩子”“姑娘”这样表示关系及属性的名词，而在翻译汉语文本中出现的搭配，像“科学家”“记者”“经理”“官员”“教师”“企业家”“经济学家""牧民"这样与职业和社会地位有关系的词增多了;在小说类语域下暂时看不出类似的倾向,原生和翻译文本中的差别不明显。

此外,使用兰卡斯特大学开发的USAS在线汉语语义标注系统(http://phlox.lancs.ac.uk/ucrel/semtagger/chinese)对表6.23的搭配词项进行语义标注后再观察,发现翻译汉语文本中则一般多出现语义域标注为"S2mf"(表示"人们:男性或女性"),即语义色彩为中性,无明显性别偏向的词。而语义域标注为"S2.2m"(表示"人们:男性"),"S4m"(表示"亲属:男性"),"S2.1"(表示"人们:女性")的词项,即语义偏向性别指向的词汇,在新闻类和通用类语域下原生汉语文本中出现的频率要大于翻译汉语文本,在学术类和小说类语域下基本无差别。具体表现如表6.24所示(注:为提高观察结果的准确性,排除偶然项的干扰,表中出现的数字是指出现频率≥5的词类的数量,而非单个词出现的频率)。

表6.24 四类语域下LCMC/ZCTC中与"们"搭配具有性别指向色彩的词类
(共现频率≥5)

S2.2m/S4m/S2.1	新闻	通用	学术	小说
LCMC	2	1	0	2
ZCTC	0	0	0	2

这应该与前面观察到的原生汉语文本中多出现表示关系及属性的词汇,而翻译汉语文本中多出现表示职业与社会地位的词有关,受到了这种倾向的影响。同时也说明,在新闻类和通用类语域下,相对于原生汉语文本而言,在翻译汉语文本中,性别界限会更加模糊不清,多使用中性词语。而在学术类语域下,这类词汇本身出现的概率要比其他语域下的低一些,因此本研究中未观察到明显差别。在小说类语域下,由于故事情节、突出性格描写等因素的存在,再加上这一语体的正式程度、敏感程度都不及新闻类和通用类语体,因此原生语言文本和翻译语言文本中对性别语义色彩的区分在一般情况下可能会无明显差别与偏好,或者说不如在新闻类、通用类两个语域下敏感。

6.1.2 英语中的个别语言项——冠词类

一般认为，冠词有两个基本的语义特征参数：限定性（definite）和特指性（specificity），英语中是根据限定性特征参数来设置冠词选择模式的（Ionin et al., 2004），即限定性（the）和非限定性（a/an）。作为一种自由词素，冠词在翻译语言以及第二语言习得当中的表现相对于原生语言来说，更容易产生变化，也是一种相对易于提取观察的语言项目。作为随普通名词出现，置于其前起修饰或限制作用的词汇，它反映了话语发出者对语境假设及受话人于所指事物心理预期的看法。

6.1.2.1 冠词的形式变化特征

下面先来看一看在四类语域下原生英语文本和翻译英语文本中冠词类总体的分布状况，统计整理结果如图6.9所示。

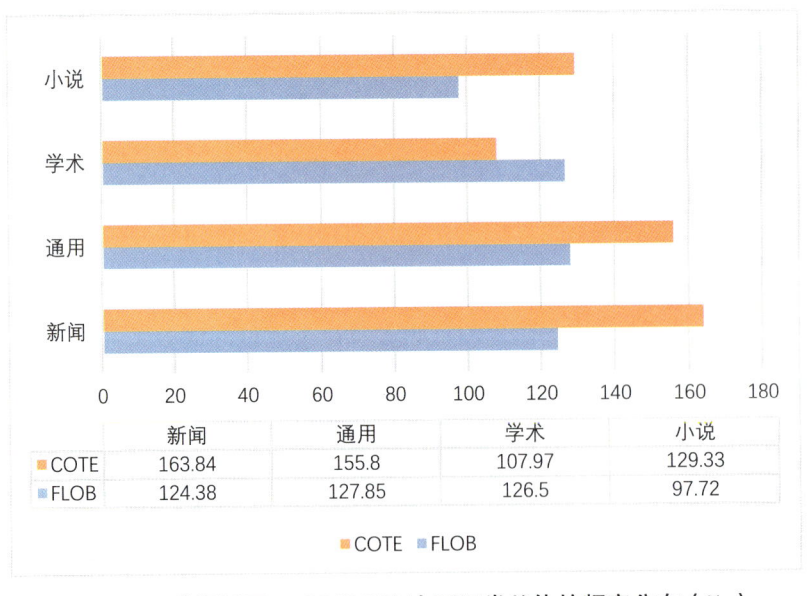

	新闻	通用	学术	小说
COTE	163.84	155.8	107.97	129.33
FLOB	124.38	127.85	126.5	97.72

图 6.9 四类语域下FLOB/COTE中冠词类总体的频率分布（‰）

从图6.9中可以看出，相对于原生英语文本而言，在新闻类、通用类和小说类语域下，翻译英语文本中冠词总体的使用频率上升；而在学术类语域下，翻译英语文本中冠词总体的使用频率出现了下降。对这些变化进一步做对住似然比检测，结果如表6.25所示。

表 6.25　四类语域下FLOB/COTE中冠词类总体变化的对数似然值和显著性

语域	FLOB 中的频数	COTE 中的频数	LL 值	显著性
新闻	16378	20948	703.68	0.000 *** −
通用	39993	46614	844.87	0.000 *** −
学术	15475	19224	213.68	0.000 *** +
小说	20722	24547	886.84	0.000 *** −

注：*** 代表 $p < 0.001$。

从表6.25中我们可以看到，这些变化都有统计上的强显著性。也就是说，相对于原生英语文本而言，冠词总体的使用频率在新闻、通用和小说类语域下的上升趋势非常明显，而在学术类语域下，则出现了明显的下降趋势。下面再对定冠词和不定冠词分别进行考察。

定冠词

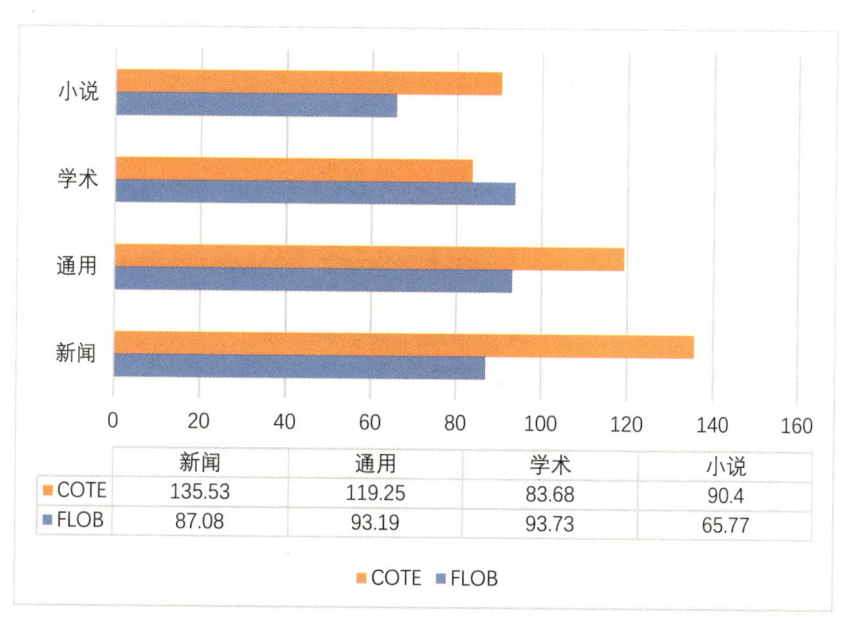

	新闻	通用	学术	小说
COTE	135.53	119.25	83.68	90.4
FLOB	87.08	93.19	93.73	65.77

图 6.10　四类语域下FLOB/COTE中定冠词"the"的频率分布（‰）

从图6.10中可以看到，相对于原生英语文本而言，在新闻类、通用类和小说类语域下，翻译英语文本中的定冠词"the"使用频率上升；而在学术类语域下，翻译英语文本中定冠词"the"的使用频率出现了下降。这与前面观察到的冠词总体的变化趋势是一致的。下面再对这些变化做对数似然比测试，结果如表6.26所示。

表 6.26　四类语域下FLOB/COTE中定冠词"the"频率变化的对数似然值和显著性

语域	FLOB 中的频数	COTE 中的频数	LL 值	显著性
新闻	11466	17328	1380.76	0.000 *** −
通用	29150	35677	981.47	0.000 *** −
学术	11466	14900	82.82	0.000 *** +
小说	13948	17158	783.39	0.000 *** −

注：*** 代表 $p < 0.001$。

从表6.26中可以看出，这些变化都有统计上的强显著性。也就是说，相对于原生英语文本而言，定冠词"the"的使用频率在新闻类、通用类和小说类语域下的上升趋势非常明显，而在学术类语域下，则出现了明显的下降趋势。

不定冠词

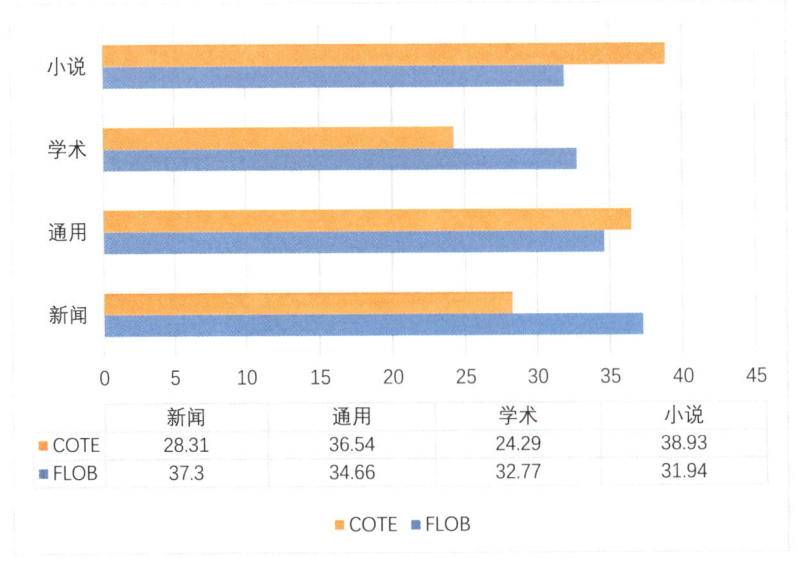

	新闻	通用	学术	小说
COTE	28.31	36.54	24.29	38.93
FLOB	37.3	34.66	32.77	31.94

图 6.11　四类语域下FLOB/COTE中不定冠词的频率分布（‰）

从图6.11中可以看出，相对于原生英语文本而言，新闻和学术类语域下翻译英语文本中不定冠词的使用频率下降了；而在通用和小说类语域下，不定冠词的使用频率则出现了上升的趋势。对这些变化做对数似然比测试，结果如表6.27所示。

表 6.27　四类语域下FLOB/COTE中不定冠词频率变化的对数似然值和显著性

语域	FLOB 中的频数	COTE 中的频数	LL 值	显著性
新闻	4912	3620	160.19	0.000 *** +
通用	10843	10937	15.42	0.000 *** −
学术	4009	4324	185.46	0.000 *** +
小说	6774	7389	138.43	0.000 *** −

注：*** 代表 $p < 0.001$。

从表6.27中我们可以看出，这些变化都具有统计学上的强显著性。也就是说，与原生英语文本相比，在新闻类和学术类语域下，翻译英语文本中不定冠词的下降趋势非常明显；而在通用类和小说类语域下，翻译英语文本中不定冠词则出现了显著上升的趋势。

以上考察了四类语域下原生/翻译英语文本中冠词在形式上的变化，那么，其在语义层面上又会呈现什么样的变化呢？我们将从定冠词与不定冠词的搭配入手来分别进行考察。

6.1.2.2　冠词的搭配及语义变化特征

定冠词

先来看定冠词"the"在四类语域下、两种文本中的表现。具体考察方法如下：以新闻类语域为例，先在FLOB和COTE语料库的新闻类部分检索"the_AT"，跨距设定为+5，对"patterns"中进行统计的词汇出现频率设定为50。在WordSmith 5.0中的检索结果如图6.12、6.13（部分截图）所示。

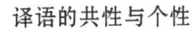

译语的共性与个性
——基于语料库的英、汉特征译语比较研究

N	L5	L4	L3	L2	L1	Centre	R1	R2	R3	R4	R5
1	NN1	NN1	OF	II	THE	AT	FIRST	NN1	OF	NN1	THE
2	TO	NN2	IN	IO	NO		GOVERNMENT	JJ	YSTP	IO	OF
3	JJ	VVN	NN1	YSTP			WORLD	NN2	YCOM	NN2	YCOM
4	NP1	YCOM	TO	YCOM			NEW	NP1	AND	II	YSTP
5	NN2	NP1	FOR	VVI			LAST	MD	S	JJ	A
6	AT	YSTP	ON	VVD			SAME	NNT1	TO	CC	AT
7	AND	TO	AND	IF			MOST	JJT	IS	GE	NN1
8	II	RR	AT	CC			END	MC	IN	NP1	TO
9	HE	JJ	BY	VVG			NEXT	DA	THAT	VVD	AND
10	ONE	VVI	WITH	IW			TWO	NN	JJ	VBZ	IN
11	IS	VVD	THAT	CST			OTHER	RGT	WAS	TO	NP1
12	IT	VVG	NP1	CS				FOR		VM	IS

图 6.12　FLOB 中 "the" 的搭配检索结果

N	L5	L4	L3	L2	L1	Centre	R1	R2	R3	R4	R5
1	TO	NN1	OF	II	THE	AT	TWO	NN1	OF	NN1	THE
2	AND	NN2	IN	IO	NO		ISLAMIC	JJ	AND	IO	OF
3	THE	NP1	TO	NN1			CHINESE	NN2	IN	NN2	AND
4	IN	VVN	AND	VVD			REGION	NP1	TO	JJ	TO
5	OF	JJ	THAT	VVI			COUNTRY	MC	S	II	TO
6	HE	TO	ON	CC			GOVERNMENT	MD	THE	CC	NN1
7	THAT	VVD	BY	CST			UNITED	NN	JJ	NP1	A
8	SAID	II	FOR	VVG			PEOPLE	DA	COUNTRIES	VVD	THAT
9	IS	RR	WITH	NP1			SOVIET	NNT1	THAT	AT	YSTP
10	ALSO	CC	AT	NN2			RUSSIAN	JJT	MINISTER	GE	FOR
11	IT	VVI	BETWEEN	IF			NATIONAL	JJR	FOR	CST	MINISTER
12	COOPERATION		AT	FROM	IW		PRIME	ND1	IS	TO	S

图 6.13　COTE 中 "the" 的搭配检索结果

在以上图例 6.12、6.13 所示的检索结果中，我们先观察 R1、R2 中出现的词形（type，共现频次 ≥ 50）与词性（POS，共现频次 ≥ 50），对 FLOB 和 COTE 中的结果进行整理比较，再选取出现在 R1 这一列中的词汇，使用 Wmatrix 3 分别进行语义域赋码及整理，然后再进行比较。

在 R1 位置出现的是与 "the" 搭配的第一个词，R2 位置出现的是第一个搭配词的词性，按照数量从高到低排序。经过观察整理，得到四类语域下原生/翻译英语文本中 "the" 的搭配能力（共现频次 ≥ 50 的词形及词性的种类数量）表现如下表所示。因为各个两两匹配子库的规模基本均衡，而且选取的词形与词性出现频率均在 50 次以上，排除了偶然项的干扰，所以可以对结果直接进行比较。考察结果如表 6.28 所示。

-158-

表 6.28　四类语域下FLOB/COTE中"the"的搭配能力

（共现频次≥50的词形及词性的种类数量）

"the"	新闻		通用		学术		小说	
	FLOB	COTE	FLOB	COTE	FLOB	COTE	FLOB	COTE
R1	10	48	58	82	6	11	19	30
R2	11	13	18	18	13	13	10	12

对R1，R2所代表的两个变量做相关性测试，结果如表6.29（SPSS计算结果截图）所示。

表 6.29　R1、R2的相关性测试结果

		LCMC	ZCTC
R1	皮尔森（Pearson）相关	1	0.812*
	显著性（双尾）		0.014
	N	8	8
R2	皮尔森（Pearson）相关	0.812*	1
	显著性（双尾）	0.014	
	N	8	8

注：* 相关性在 0.05 层上显著（双尾）。

表6.29显示，Pearson相关系数为0.812，$p=0.014$（双尾），$df=8-1$，在共现频次≥50的取值层次上，搭配词形和词性具有显著的相关性，可以通过观察其形式上的联系变化来确定"the"的搭配能力变化的特点。从词形数量上看，相对原生英语文本而言，翻译英语文本中"the"的搭配能力在各个语域下均有所上升；搭配词的词性种类在通用类和学术类语域下持平，在新闻类和小说类语域下亦有所增长。结合前面观察到的结果（定冠词"the"的使用频率在新闻、通用和小说类语域下上升，在学术类语域下下降），我们可以作出如下推断：①相对于原生英语文本而言，在新闻类和小说类语域下，定冠词"the"在翻译英语文本中的使用频率、高频共现词形和词性出现上升趋势，说明其搭配能力和搭配范围在语义和语法形式上均出现了扩张。②相对于原生英语文本而言，在通用类语域下，定冠词

"the"在翻译英语文本中的使用频率和高频共现词形出现上升趋势，而高频共现词性变化持平，说明其搭配能力和搭配范围的扩张多集中于语义范围内，语法形式上的变化比较保守。③相对于原生英语文本而言，在学术类语域下，定冠词"the"在翻译英语中的使用频率出现下降，高频共现词形使用上升，高频共现词性的变化持平，说明其在这一语域下语义范围缩减，在使用形式上有规范化的倾向，语法形式上的变化比较保守。

接下来再对"the"的高频共现词形的语义域在四类语域、两种文本中的具体表现进行考察。为提高观察结果的准确性，排除偶然项的干扰，观察项的选取标准为出现频次≥2的语义域标注，观察整理结果如表6.30所示，其中在FLOB和COTE中均出现过的语义标为红色。

表6.30 "the"的高频共现词形的语义域在四类语域下FLOB/COTE中的表现

语域	语料库	语义域（按频率高低排序）	总频次
新闻	FLOB	N4	1
	COTE	Z2, G1.1, M7, Z3, N4, T2-	6
通用	FLOB	Z3, N4, M6, G1.1, H4, M7, S2	7
	COTE	N4, Z3, G1.1, M6, S2, S9, S7.1+, B1, N1, X4.1, Q2.2, A5.3+, A4.1, A2.1, Z2, N5.1+, M7	17
学术	FLOB		0
	COTE	N4	1
小说	FLOB	H2, N4, Z3	3
	COTE	N4, S2.2, H2, N1, S2.1, Z3	6

从表6.30中可以看出原生文本和翻译文本中相对高频使用的词汇的语义域变化。从总体来看，在四种语域下：①在原生文本中常出现的绝大部分语义域亦会在翻译文本中出现；②不论是原生文本还是翻译文本中都比较常用表示线性顺序的词（N4）（FLOB学术类文本中也有，但只检索到1次，因此表中未列出）；③翻译文本中的语义域种类更加丰富多变，且更加具体化。也就是说，原生英语文本中"the"后多用一些表抽象的或有普遍认知基础的语义的词（如M6：Location and direction，Z3：Other

proper names，等等），而在翻译英语文本中，"the"后表示具体概念、判断、过程或所指的词普遍增多了（如S9：Religion and the supernatural，S7.1：Power，organizing，X4.1：Mental object：- Conceptual object，Q2.2：Speech acts，A5.3：Evaluation：-accuracy，A4.1：Generally kinds，groups，examples，等等）。这表现出一种语义显化的趋势。

从不同语域的特征来看，相对于原生英语文本而言：①在学术类语域下，翻译英语文本中的语义域扩展范围最小；②在通用类语域下，翻译英语文本中的语义域扩展范围最大；③在小说类语域下，像S2.2（People：male），S2.1：（People：female）这样具有明显性别特征或倾向语义的使用频率上升，这是否也意味着在这一类翻译文本中，往往会通过对性别色彩的强调以加强情节感与故事性？

不定冠词

下面再来看看不定冠词"a"和"an"在四类语域下、汉语原生/翻译两种文本中的表现。考察方法及步骤同上。为提高观察结果的准确性，排除偶然项的干扰，且由于"a"在文本中出现的频率要比"the"低很多，"an"更低，所以将"搭配类型"中进行统计的词汇出现频率设定为5。经过观察整理，分别得到四类语域下原生/翻译英语文本中"a"的搭配能力（共现频次≥5的词形及词性的种类数量）和"an"的搭配能力（共现频次≥5的词形及词性的种类数量）表现，如表6.31、6.32所示。

表 6.31　四类语域下FLOB/COTE中"a"的搭配能力

（共现频次≥5的词形及词性的种类数量）

"a"	新闻		通用		学术		小说	
	FLOB	COTE	FLOB	COTE	FLOB	COTE	FLOB	COTE
R1	153	136	383	382	138	135	239	245
R2	120	16	22	19	14	13	18	18

表 6.32　四类语域下FLOB/COTE中"an"的搭配能力

（共现频次≥5的词形及词性的种类数量）

"an"	新闻		通用		学术		小说	
	FLOB	COTE	FLOB	COTE	FLOB	COTE	FLOB	COTE
R1	21	28	68	79	26	19	13	28
R2	5	4	7	6	6	5	5	4

从以上两个表中可以看出，四类语域下原生/翻译英语文本中"a""an"的搭配词形及词性在共现频次≥5这个取值层次上的总体变化并不很大，或者说没有"the"在共现频次≥50这个取值上的变化那么明显。此外对R1、R2所代表的两个变量做相关性测试，结果发现，Pearson相关系数分别为0.600和0.650，显著性分别为0.116（双尾，$df=8-1$）和0.081（双尾，$df=8-1$），这说明不能只通过观察与"a"和"an"直接搭配共现的词汇形式与词性的联系变化来解释它们搭配能力的变化。其搭配变化可能会更多地表现在语义域偏好，以及一些高频使用的固定类连接用法的变化上，如"a few""a lot/a lot of"，"a bit/a bit of"，"a little"等。

先来分别考察"a""an"的高频共现词形的语义域在四类语域、两种文本中的具体表现。观察项的选取标准为出现频次≥2，观察整理结果如表6.33、6.34所示。其中在FLOB和COTE中均出现的语义标为红色，总体语义概念属于同一类，但程度方向相反或强弱有差异的，如A5.1+（Evaluation：good），A5.1-（Evaluation：bad）；N5（Quantities），N5（Quantities：many），N5-（Quantities：little）这样的语义标为绿色。

表 6.33 不定冠词"a"的高频共现词形的语义域在四类语域、两种文本中的表现

语域	语料库	语义域（按频率高低排序）	总频次
新闻	FLOB	T1.3, N5, N1, Q2.1, S5+, Z2, T3–, A5.1+, A4.2+, N3.7+, N3.2+, N4, A11.1+, Z1, G1.2, G2.1, N5–, N5---, Z3, N5.1+, Q4.1, Q1.2, A5.1+++, A12, P1, F2, A6.1–, S3.1, G1.1, I3.1, A5.1–, Q2.2, M1, N3.8+	34
新闻	COTE	Z3, S5+, Q2.2, A4.2+, A11.1+, N1, Q2.1, N5, A5.1+, X4.2, S1.1.1, Z2, T1.3, N4, M7, N3.2+, G1.2, E3+, G3, N3.7+, T1.3–, G1.1, X7+, G2.1, S1.2.1+, Q1.2, A2.1+, N5.1+, M6, I3.1, X6+	31
通用	FLOB	T1.3, N1, Z1, N5, Z3, A4.2+, N3.2+, A5.1+, Q2.1, S5+, S7.1+, Q2.2, Q1.2, A6.2+, A11.1+, S2, N5+, A6.1–, S4, Z2, S9, O4.2+, N3.7+, X4.2, M6, A4.1, G1.1, P1, I3.1, S6+, X7+, L2, G2.1, T3–, N5–, S2.2, A6.3+, M7, N5.1+, A5.1++, N5.1–, T2+, N3.7++, S1.1.1, Q3, N3.2–, N5---, A2.2, N3.3, T1.3–, N4, S3.1, A3+, K1, A6.2–, Q1.1, O4.4, B1, S5–, A7+, X9.2+, H1, A13.3, H4, X4.1, A1.2+, O1.1, M1, A13.5, X5.2+, F4, O4.5, G2.2+, B3, K4, O2, A13.6, I1.3, T1.1.1, N3.7	80
通用	COTE	Q2.2, Z3, G1.1, Z2, A4.2+, T1.3, Q1.2, Z1, S9, O2, Q2.1, S5+, S4, G2.1, S2, A2.2, N4, A4.1, X4.1, A6.2+, B1, A5.1+, N3.2+, M7, M6, N1, S1.1.1, I3.1, G1.2, N5+, L2, O4.2+, W3, S2.2, N3.2–, N5.1+, N5, A6.1–, Q1.1, X7+, A3+, A11.1+, O4.3, H4, S5–, O1.1, A1.7+, Y2, A5.1+++, M1, T3–, X4.2, X6+, T1.3–, N5.1–, P1, A6.3+, A1.1.1, I4, Z5, A10–, G3, N3.7+, I1.1, N5+++, S7.1+, N3.7++, A5.1++, H5, N3.7–, S3.1, L7–, Q4.1, T2++, S7.4+, A5.2+, A9–, A11.1–, G2.2+, A13.2, K4	81
学术	FLOB	Z99, A4.2+, Z3, N4, N5.1+, S5+, A4.1, A5.1+, S2, A6.2+, N5---, A11.1+, A2.2, N5+, O4.4, M6, N5, N3.2+, A6.3+, N3.7+, N5–, X4.1, N3.2–, T1.3, X4.2, A6.1–, A5.1++, A12–, Q1.1, K5.1	30
学术	COTE	A4.2+, N4, Q1.2, A4.1, A6.1–, Q2.1, A11.1+, N5, Z3, A5.1+, T1.3, O2, S5+, A6.1+, G2.1, Q2.2, N5–, T3–, X4.1, X4.2, T1.3–, S2, X2.1, N5+, N1, A11.1–, A5.2+, A2.1+, T2++, M7	30
小说	FLOB	N1, T1.3, N3.7+, N5, B1, A4.1, Z3, Z2, N3.2–, S2.2, N5+, N4, O4.2+, E4.1+, N3.8+, Q1.2, N5–, A5.1+, T3–, N3.2+, X4.1, S2, O4.3, O2, H5, Q2.2, M3, S5+, Q2.1, O1.1, A6.2+, L2, T1.2, S2.1, N5.1–, N5.1+, A13.5, T1.3–, A4.2+, K1, A6.1–, A5.1–, K5.1, Z4, G3, A11.1+, O4.2–, Z1, O4.4, F1, N3.7–	51
小说	COTE	T1.3, Q2.2, N5, Z3, O4.2+, Z1, E4.1+, A5.1+, A4.1, O2, L2, Z2, S5+, N5–, A13.3, A4.2+, N3.7+, B1, L3, Q2.1, M3, S4, S9, O1.1, S7.1+, M1, S2.2, N3.2–, S2.1, T3–, Q3, N3.2+, S2, N5+, A6.2–, O4.3, N5.1–, N1, G1.1, X4.1, B3, H4, N3.8+, Q1.2, O4.5, N4, A5.1–, X2.1, S1.1.1, X3.2–, A5.2+, F4, O4.6+, G3, M7, W3, X3.4, L1–, A5.1++	59

—163—

从表6.33中可以看出：①从总体来看，在四类语域下，原生英语文本中和翻译英语文本中出现的语义域种类基本差不多，比"the"的搭配词的语义域变化要小得多。②在新闻类和通用类语域下，原生英语文本中出现频率较高，最靠前的两个语义域——T1.3（Time：period）和N5（Quantities），在翻译英语文本中出现的频率都相对有所下降，排序后移；而在学术类及小说类语域下，则表现正好相反。语义表现为N5的词形最多的为"lot"，其他还有"set""handful""pair""single""number"等这样的词，这些词一般与"a"搭配出现作为类连接使用，这也从一个方面反映出与"a"搭配的类连接使用在不同语域下翻译文本中的变化特点，即在新闻类和通用类语域下的翻译汉语文本中，与"a"搭配的类连接使用下降，而在学术类语域下的翻译汉语文本中，与"a"搭配的类连接使用上升。对这一点随后将有所讨论涉及。而语义表现为T1.3的词形多为"year""week""day""decade""century""month""Saturday""November"这样表示时间的词，这是否亦反映出在不同语域下翻译文本中对时间认知的差异？即在新闻类和通用类语域下，在翻译汉语文本中对时间阶段概念的限定性所指或使用下降，而在学术类语域下，却有所加强。这一点也会在后续章节中有所涉及并进一步展开讨论。③相对于原生英语文本而言，四类语域下翻译英语文本中区分程度强弱差异的语义均有所下降。

表 6.34　不定冠词"an"的高频共现词形的语义域在四类语域、两种文本中的表现

语域	语料库	语义域（按频率高低排序）	总频次
新闻	FLOB	T1.3	1
	COTE	T1.3, A11.1+, Q2.2, Z3	4
通用	FLOB	A11.1+, M7, N5+, A5.1+++, X5.2+, A1.1.1, N5++, C1, Z3, Z2, G1.1, O4.2	12
	COTE	Z3, Q2.2, A5.1+++, A1.1.1, P1, M7, X8+, G1.1, S5+, N5++, X5.2+, M6, A10, S6+	14
学术	FLOB		0
	COTE	A10+	1
小说	FLOB	T1.3	1
	COTE	Q2.2	1

"an"由于受到语法的限制，虽然性质与作用与"a"一样，但是使用范围却小得多，因而在同一取值层次上的可考察项要比"a"少得多。即便如此，仍能从表6.34中看出一些特征来，具体如：①在新闻类和通用类语域下，Z3（Other proper names）的频率均有所上升。②在小说类语域下，T1.3（Time：period）在这里只表现为"hour"，虽然趋势与前面"a"的考察结果表现不一致，但是由于其情况特殊，样本数量太少，偶然性较大，在这里不具讨论意义。而Q2.2（Speech acts）在翻译英语文本中表现得比在原生英语文本中显著，这一趋势与前文中观察到的与"a"搭配共现的语义域的变化趋势是一致的，言语活动在翻译英语文本中更加显著，这是否说明在这一语域下，翻译文本中的情节性、故事性会更加强化？

那么以"a""an"等开头的那些类连接的使用情况如何呢？以出现频率最高的两种类连接"a few"和"a lot（of）"为例，统计结果做了十万词归一化处理后整理比较，结果如图6.14、6.15所示。

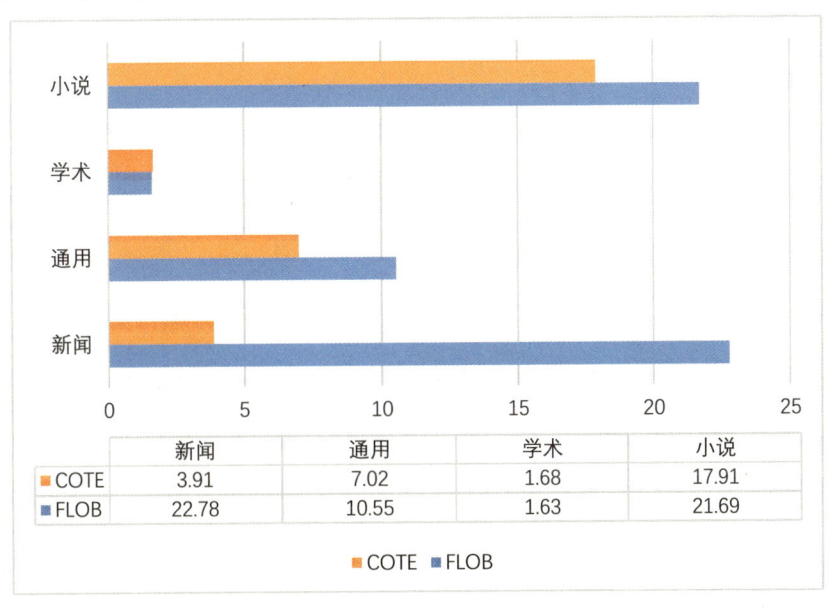

	新闻	通用	学术	小说
COTE	3.91	7.02	1.68	17.91
FLOB	22.78	10.55	1.63	21.69

图6.14 类连接"a few"在四类语域下FLOB/COTE中的频率分布

从图6.14中可以看到"a few"在四类语域下的原生/翻译英语文本中的分布及变化特点。进一步对这些变化做对数似然比检验，结果如表6.35所示。

表6.35 类连接"a few"在四类语域下FLOB/COTE中频率变化的对数似然值和显著性

语域	FLOB中的频数	COTE中的频数	LL值	显著性
新闻	30	5	19.8	0.000*** +
通用	33	21	2.18	0.140 +
学术	2	3	0.00	0.974 −
小说	46	34	0.72	0.396 +

注：*** 代表 $p < 0.001$。

从表6.35的考察结果中可以看出，相对于原生英语文本而言，与"a"搭配共现的类连接形式"a few"在四类语域下的翻译英语文本中各有变化：在新闻类、通用类和小说类语域下使用频率有所下降，在学术类语域下使用频率略有上升，但是只有在新闻类语域下出现了非常明显的下降趋势，具有统计学上的显著性。

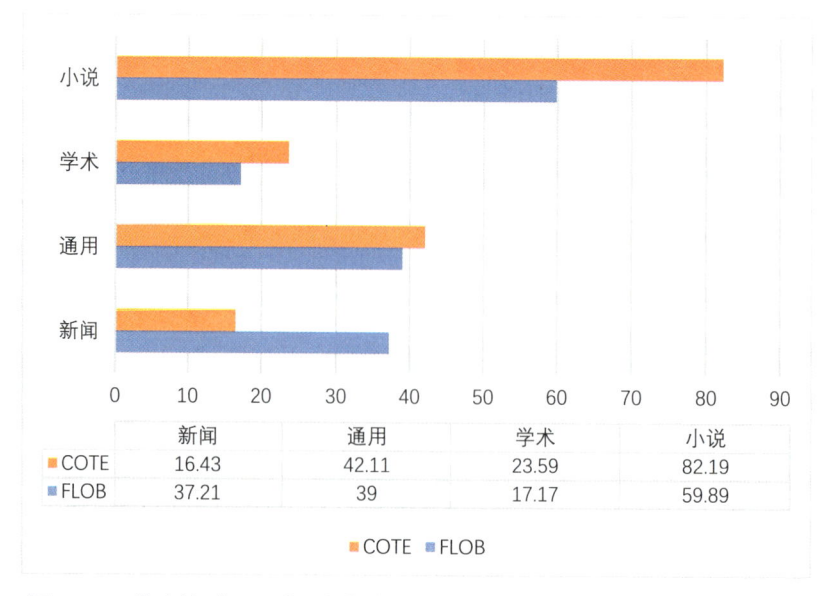

	新闻	通用	学术	小说
COTE	16.43	42.11	23.59	82.19
FLOB	37.21	39	17.17	59.89

图6.15 类连接"a lot（of）"在四类语域下FLOB/COTE中的频率分布

从上图6.15中我们可以看到"a lot（of）"在四类语域下原生/翻译英语文本中的分布及变化特点。进一步对这些变化做对数似然比检测，结果如表6.36所示。

表 6.36　类连接"a lot（of）"在四类语域下FLOB/COTE中频率变化的对数似然值和显著性

语域	FLOB 中的频数	COTE 中的频数	LL 值	显著性
新闻	49	21	10.71	0.001 ** +
通用	122	126	0.37	0.545 −
学术	21	42	1.46	0.227 −
小说	127	156	7.06	0.008 ** −

注：** 代表 $p < 0.01$。

从表6.36的考察结果中可以看出，相对于原生英语文本而言，与"a"搭配共现的类连接形式"a lot （of）"在四类语域下的翻译英语文本中各有变化：在新闻类语域下使用频率下降，在通用、学术、小说三类语域下使用频率上升，但是只有在新闻类语域下的下降趋势和小说类语域下的上升趋势具有统计学上的显著性。此外，如果单从图上观察，可以看到在新闻类语域下，"lot"的使用频率是下降的，在通用类语域下，"lot"的使用频率虽然是上升的，但是幅度不是很大，而在学术类和小说类两个语域下，上升幅度看起来要大得多，这些表现可能会影响到前文中提到的与"a"搭配的语义域N5的表现。事实上，联系对比看起来，再将其他词汇（如"set""handful""number"等）考虑进去，与前面提到的趋势是大致符合的。

以上对类连接"a few"和"a lot （of）"的考察目的并不在于研究其本身在四类语域下的翻译英语文本中是如何变化的，重点在于通过以上的观察结果，发现这些与"a"搭配共现的高频类连接在不同语域下各有变化，且在某些语域下的变化非常显著，从而证明了高频使用的固定类连接用法的变化，亦会对"a"在翻译英语文本中的搭配形式变化产生影响。

这一点与定冠词"the"有所不同，因此如果单从冠词的搭配形式上来考察其在原生/翻译文本中的变化的话，定冠词"the"更适合这种方法，而对不定冠词"a""an"的搭配考察应该将类连接形式排除，或者进而对分类后类连接的搭配进行进一步深入、细致的考察。

6.2 句子层面

6.2.1 标记被动句

无论是在英语还是汉语中，被动句以其特殊性很早就吸引了研究者们的注意，国内外此类研究不胜枚举。被动句往往会暗示说话者的态度是积极的还是消极的（Hatcher，1949；Lakoff，1971）；在汉语中，许多学者认为"被"字句在传统用法上"对主语而言，是不如意或不企望的事"（王力，1959/2002：vol 1-131；王还，1957：43），而其语义使用范围的扩展则被视为现代汉语欧化的表现之一（王力，1959/2002：vol 2-264）。因此，本章节的研究选取有标记的被动结构这一具有普适典型性和代表性的语言特征结构开展考察，旨在通过探索其在英、汉翻译语言中不同语域下的形式及语义韵特征变化，从而从形式与语义/语用方面对在翻译文本中出现的"特征译语"这一现象有一个更加全面、深刻的认识。

6.2.2 语料库背景下英、汉标记被动句及其语义韵研究[①]

在基于语料库的研究中，没有明显标记的被动句式检索起来有很大的困难，因而多见对标记被动式的研究。英语被动句式中最常见的被动标记是"be+过去分词形式"，而汉语被动句式中最广泛而具代表性的标记被动句则是"被"字句。目前涉及这两类标记被动句的语义韵研究近年

[①] 在章节6.22–6.24及7.7.2内容基础上整理而成的论文已发表于《中国翻译》，2016，37（6）：5-12，129。

来逐渐增多，有做两种语言对比研究的，如McEnery & Xiao（2006）研究发现，汉语被动式整体的消极含义比例要高于英语被动式的，而英语被动式中，get被动式的消极含义（37.7%）要高于be被动式的（15%），而get被动式多出现于口语体中。也有做单一语言研究的，如胡显耀、曾佳（2010）研究发现汉语当代翻译小说"被"字句的语义韵特征更加趋向消极，进一步扩大了汉语被动式的否定消极语义，因而具有"传统化"的特征；郭鸿杰、韩红（2012）通过对《红楼梦》、原生汉语与翻译汉语三个语料库的对比发现，"被"字句的语义韵在英汉语言接触之后，表示积极或中性语义韵的频率明显增加；夏云（2014）通过对历时翻译汉语语料库的考察发现，"五四"之前的"被"字句以消极语义为主，现代汉语中中性和积极语义特征的总体比例与消极语义特征的比例几乎持平，而最近的翻译汉语中，消极语义则大幅度减少；朱一凡、胡开宝（2014）通过考察发现新闻翻译汉语中"被"字句的语义韵不同于呈消极趋势的原生汉语，而是整体呈中性化趋势；于涛、梁茂成（2014）通过考察英语历时语料（三代布朗家族语料库）中的"be"被动结构与"get"被动结构发现，语义韵在两种语际（英国英语和美国英语）、四种语体之间的变化幅度不明显，被动结构在一定程度上体现作者的意图和倾向，但根据语体而各有不同。

　　从以往的研究来看，对英、汉标记被动式的语义韵研究已涉及双语对比、语体对比以及共时与历时的研究等方面，然而目前仍缺乏对这两种大跨度翻译语言在不同语域内的分类详细对比研究。诚如Tognini-Bonelli（2002）所言，语义趋向和语义韵在确保翻译功能意义对等中起着重要的作用，国内学者的研究亦证明语义韵的变化是构成翻译语言变体的重要部分，可以通过其开展对特征译语的研究（胡显耀、曾佳，2010；朱一凡、胡开宝，2014）。而在不同语域中的语言特征也各有不同（Biber，1995：1），Hunston（2007）也认为语义韵和倾向意义的一些方面随语域的变化而不同。

6.2.3 原生/翻译英语语料库中"be"被动结构和原生/翻译汉语语料库中"被"字句在不同语域下出现的频率及搭配能力对比分析

对语义韵的研究离不开对节点词搭配的研究，这是语义韵研究的出发点，而语言经过翻译之后首先最容易观察到的就是节点词的频率及搭配能力的变化。

我们首先来分别观察比较一下在四类语域中"be"被动结构在原生及翻译英语语料库中出现的频率和搭配能力，以及"被"字句在原生及翻译汉语语料库中出现的频率和搭配能力。为便于观察比较，在这里统计的是被动结构标记在每千字中出现的频率，且由于各语域下原生英语/汉语与各自对应的翻译英语/汉语子语料库容量基本持平，搭配能力统计的是被动标记跨距+/-5以内的共现词频次。

新闻类

从表6.37中可以看出，在新闻类语域下，英语经翻译后"be"被动结构的使用频率有所上升，其搭配能力也得到了很明显的提升。汉语经翻译后"被"字句的频率和搭配能力也有所上升，但是不如英语明显。

表 6.37 新闻类语域下FLOB/COTE中"be"被动结构和原生/翻译汉语语料库中"被"字句的频率及搭配能力（‰）

	FLOB	COTE	LCMC	ZCTC
频率	8.54	10.06	1.14	1.82
搭配能力	67	202	49	84

通用类

从表6.38中可以看出，在通用类语域下，相对于原生英语而言，翻译英语中的"be"被动结构的使用频率有所上升，搭配能力也有了大幅度的提升。相对于原生汉语，翻译汉语中的"被"字句的使用频率和搭配能力也均有上升，但幅度不及英语明显。这与新闻类语域下两种翻译语言的变化趋向是一致的。

表 6.38 通用类语域下FLOB/COTE中"be"被动结构和原生/翻译汉语语料库中"被"字句的频率及搭配能力（‰）

	FLOB	COTE	LCMC	ZCTC
频率	9.62	11.13	1.32	1.95
搭配能力	382	549	117	173

学术类

从表6.39中可以看出，在学术类语域下，英语翻译语言中的"be"被动结构尽管使用频率有所上升，但是搭配能力却下降了，而汉语翻译语言中的"被"字句，比例和搭配能力均保持了上升的趋势。

表 6.39 学术类语域下FLOB/COTE中"be"被动结构和原生/翻译汉语语料库中"被"字句的频率及搭配能力（‰）

	FLOB	COTE	LCMC	ZCTC
频率	11.64	12.42	1.07	1.79
搭配能力	158	138	48	77

小说类

从表6.40中可以看出，在小说类语域下，翻译英语中"be"被动结构的使用频率和搭配能力均有上升趋势。而翻译汉语中的"被"字句却与在别的语域中的表现不同，频率和搭配能力均有下降，显示出其独特性。胡显耀、曾佳（2010）研究发现，汉语翻译小说中"被"字句的使用频率要低于汉语非翻译小说，并以此为依据之一推断汉语翻译小说具有传统化的特征。从表6.39中我们可以看到结果与此发现一致。

表 6.40 小说类语域下FLOB/COTE中"be"被动结构和原生/翻译汉语语料库中"被"字句的频率及搭配能力（‰）

	FLOB	COTE	LCMC	ZCTC
频率	4.05	7.26	1.47	1.34
搭配能力	50	63	90	81

下面再来更进一步观察四类语域下"be"被动结构和"被"字句在原生/翻译英语和原生/翻译汉语中对比后得到的对数似然值（log-likelihood）和显著性。从表6.41中可以看到，就对数似然比来说，在原生/翻译英语中，小说类（63.81）＞通用类（33.83）＞新闻类（16.26）＞学术类（2.98），这说明了在这四类语域下，"be"被动结构在翻译英语和原生英语中的差异程度由高到低的排序，并且在新闻类、通用类、小说类语域下，翻译英语和原生英语中的差异十分显著（$p < 0.001$），在英语学术类语域下，翻译前后的差异并不具备统计学上的显著性（$p=0.087$）。在原生/翻译汉语中，对数似然比则表现为通用类（49.98）＞学术类（28.54）＞新闻类（27.34）＞小说类（1.57），这说明了在四类语域下，"被"字句在翻译汉语和原生汉语中的差异程度由高到低地排序，并且在新闻类、通用类、学术类语域下，翻译汉语和原生汉语中的差异十分显著（$p < 0.001$），在汉语小说类语域下，翻译前后的差异并不具备统计学上的显著性（$p=0.210$）。

表6.41 四类语域下"be"被动结构和"被"字句在FLOB/COTE和LCMC/ZCTC中频率变化的对数似然值和显著性

语域	语料库	LL 值	Sig.
新闻	COTE/ FLOB	16.26	0.000* +
	ZCTC/ LCMC	27.34	0.000* +
通用	COTE/FLOB	33.83	0.000* +
	ZCTC/LCMC	49.98	0.000* +
学术	COTE/ FLOB	2.98	0.087 +
	ZCTC/ LCMC	28.54	0.000* +
小说	COTE/ FLOB	63.81	0.000* +
	ZCTC/ LCMC	1.57	0.210 −

注：*代表$p < 0.05$。

对主动句和被动句区别的认识由来已久，在传统语言学中学者们就认为，将主动态和被动态在意义上完全等同起来是错误的（Poutsma, 1914–

29，2.2，102转引自 Granger，1983），因此在一种语言中，这两种语态并存并不显得多余，而是可以区分不同的视角（Jespersen，1949：120）。被动结构频率与搭配能力上升，这反映出语言经过翻译后一种认知序列的变化，即将受事放在了更加突出的位置上，受事的地位得到凸显。

  从对以上几类语域中英语翻译及汉语翻译的对比观察可以看出，在大部分情况下，两种语言经过翻译后标记被动语态的频率和搭配能力均有上升，英语学术文本中的"be"被动结构翻译前后变化虽然在统计上的显著性不高，但是仍然呈上升趋势。与"be"被动结构在英语中历来就占主要地位不同，汉语传统中表达被动语态的标记要远多于英语（McEnery & Xiao，2006：119），如果说汉语翻译文本确实有传统化倾向的话，虽然"被"字句频率下降了，但是其他传统的被动标记频率应该是上升的，那么在汉语翻译小说中，被动标记的总体趋势也有可能是上升的。为此我们进一步做了如表6.42中的统计，所考察的传统被动标记参照McEnery & Xiao（2006）的研究，选取了"被""为……所""给""叫""让""挨""受""遭"。

表6.42　原生汉语小说与翻译汉语小说中被动标记的对比

被动标记	LCMC 频数	LCMC 频率（‰）	ZCTC 频数	ZCTC 频率（‰）
被	375	1.47	342	1.34
为……所	36	0.14	23	0.09
给	23	0.09	11	0.043
叫	4	0.016	0	0
让	7	0.027	16	0.063
挨	4	0.016	6	0.0245
受	19	0.075	215	0.842
遭	5	0.0196	20	0.078
传统被动标记	98	0.38	291	1.14
总体被动标记	473	1.86	633	2.48

  按照表中的统计数字，经过测试发现，不但汉语翻译小说文本中的传

译语的共性与个性
——基于语料库的英、汉特征译语比较研究

统被动标记翻译前后变化非常显著（LL值=99.83，$p < 0.01$），而且总体被动标记翻译前后的变化也很显著（LL值=22.98，$p < 0.01$）。以上统计结果证实了我们的推测，说明：①汉语翻译文本的确有传统化的特点；②在汉语翻译小说文本中，被动标记频率的总体趋势也是上升的，并无例外。

这说明，无论是英语还是汉语，在经过翻译后，被动语态都有显化的趋势。从语言表征的方面来说，译者倾向于使用更多的被动标记，而这亦从一方面反映出一种认知特征的变化，也就是说，被动语态原有的认知特征在翻译中被放大了，这也可以认为是一种语义/语用上的显化，而且应该有可能通过对语义韵的考察来加以验证。此外，不论是在英语中还是汉语中，新闻语域下被动标记在翻译前后变化的程度均排在第三位，这也说明了在这两种语言翻译中认知特点上的一些共性，即对新闻语域下文本的处理态度与认知排序相近。

除了以上发现的类似特征，根据语域的不同，英、汉两种翻译语言也有其各自的特点。在小说类语域下，英语在经过翻译后，标记被动结构的频率和搭配能力的变化最为显著；在学术类语域下，汉语经过翻译后，标记被动结构变化比较显著，仅次于通用类语域，而英语经过翻译后变化最不显著，频率虽略有上升，但搭配能力有所下降。在汉语传统中较少使用"被"字句，而在英语传统中，"be"被动结构占重要的地位，"be+过去分词结构可以被视为英语被动语态的常规形式"（McEnery & Xiao，2006：110），因此，在小说类语域下，翻译英语和翻译汉语中的标记被动结构都呈现传统化（conventionalization）的趋势。此外，由于小说类文本具有书面语和口语的双重特征，英语中的"be"被动式是一种比较书面化的结构，而且较少与动态的语义特征相联系，多用于一种相对稳定的状态（Quirk et al.，1985：162；cf. McEnery & Xiao，2006）。而汉语的书面化语言特征多趋向文言，汉语文言传统中表示被动时很少会使用"被"，"被"字句的使用频繁，原有的消极含义被消解，语义范围拓宽常被看做是现代汉语欧化的表现之一（王力，1958，1959/2002；Kubler，1985；谢耀基，1990；贺阳，2008）。因此从这一点来看，在小说类语域中，无论是翻译英语还是翻译汉语，都有一种语言书面化、规范化的倾向。

　　按照常理推测，为了保证学术研究的客观性，在学术类文本中应该有更多的被动语态出现。有研究证明了这一点，Biber等（1999：476）认为"be"被动结构多用于学术语篇。于涛、梁茂成（2014：13）经过研究也发现，在FLOB语料库中，"be"被动结构在学术类语域中出现的标准化频数是四类语域中最高的。那么，我们假设翻译文本也符合这一趋势，并且这一点在经过翻译后有可能会得到加强。以上统计结果显示，无论是在原生语言还是翻译语言中，英语学术类文本中的"be"被动结构出现的频率都是四类语域中最高的，这一点与前人的研究结果及我们的部分假设相符合，但是翻译前后的变化并不明显，而且搭配能力也下降了，可见在这一语域下英语中的"be"被动结构经过翻译后并未将传统的语言特征扩大。对比汉语翻译，我们发现，在学术类语域下，汉语经过翻译之后，"被"字句的频率和搭配能力都有了明显的提高，可见在汉语中传统的语言特征也未得到扩大，因而在这一语域中，两种翻译语言都不易表现出传统化与规范化的倾向。究其原因可能有两点：①对学术类文本的翻译目标是要让目标语文本清晰明白，并突出研究的客观性，所以译者所使用的语言不会向古雅书面的方向靠拢，而是更趋向欧化的现代汉语以及更加多样化口语化的现代英语。有研究发现，"be"被动结构频率在20世纪英语的历时变化中呈下降的趋势（Leech & Smith，2006），在学术语域中，美国英语中的"be"被动结构持续下降，英国英语中的"be"被动结构既有上升也有下降，呈曲折变化（于涛、梁茂成，2014），因此翻译汉语中出现更多的"被"字句，翻译英语中"be"被动结构增加不明显，搭配能力下降也就不奇怪了。②源语的影响。不同于小说类文本，学术类文本属于信息型文本（Reiss，1977；cf. Munday，2012），译者对这种文本的翻译会主要专注于文本语言所传达的信息本身，而不会多花精力去理解体会原作者的风格、意图、背景等，也不会采用译创（transcreation）、改写（adaptation）等手段加以操纵，植入自己的风格，所以直译会比较多，因而也就更容易

-175-

受到源语特征的影响。ZCTC源文本语言以英语为主，受英语源语中被动结构高频率的影响，汉语学术译文中"被"字句出现的频率也就变高了，而COTE的源语文本语言多样化，既有欧洲语言，也有非欧洲语言，受其影响，译文中"be"被动结构增长不明显，甚至搭配力下降也就不难理解了，因此，相对于其他语域下的文本，英语和汉语翻译语言在学术类语域下可能也更容易受到源语的影响，呈现出源语渗透的特征。

6.2.4 原生/翻译英语语料库中"be"被动结构和原生/翻译汉语语料库中"被"字句在不同语域下语义韵变化的对比分析

新闻类

从图6.16中可以看到，与原生语言相比，COTE中"be"被动结构的消极语义韵的下降幅度较明显，达到17%，而ZCTC中"被"字句的消极语义韵的增长幅度则较为明显，为12%；两种语言经翻译后中性语义韵的比例均有所增长，英语相对更明显，为15.5%，汉语只有3.5%；积极语义韵的表现与消极语义韵刚好相反，翻译英语中略有增长，为1.5%，而翻译汉语中明显下降，减少了10.5%。

因此可以看出，在新闻类语域下，对于英语被动结构中比例最高的中性语义韵传统和汉语被动结构中比例最高的消极语义韵传统，两种语言经翻译后均有较明显的加强，因而从语义/语用的角度来说，有传统化的倾向，这种倾向在英语中表现得更为明显一点。

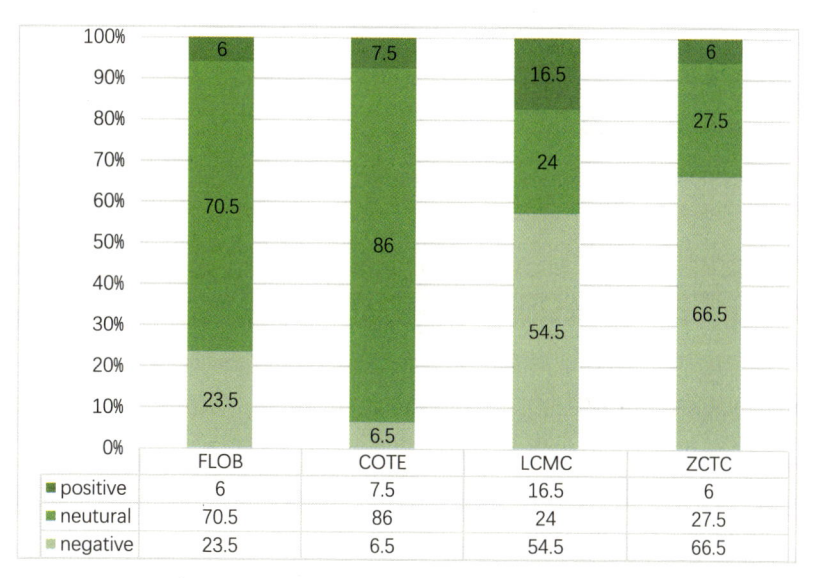

	FLOB	COTE	LCMC	ZCTC
■ positive	6	7.5	16.5	6
■ neutral	70.5	86	24	27.5
■ negative	23.5	6.5	54.5	66.5

图 6.16　新闻类语域下FLOB/COTE中"be"被动结构和LCMC/ZCTC中"被"字句语义韵的变化

通用类

从图6.17中可以看到，在通用类语域下，英语中的"be"被动式经过翻译后，消极语义韵略微上升了0.5%，中性语义韵上升了3%，消极语义韵下降了3.5%；汉语中的"被"字句经过翻译后，消极语义韵下降了25.5%，中性语义韵增长了28.5%，积极语义韵下降了3.5%。

因此可以看出，在通用类语域下，英语译文中的"be"被动结构有传统化倾向；而汉语中的"被"字句经过翻译后，中性语义韵扩展最为明显，消极语义韵和积极语义韵均有下降，而且消极语义韵下降幅度巨大，这意味着在原文中比较鲜明的积极/消极的态度立场经翻译后被中性化、模糊化了，这一方面说明在这一语域下汉语"被"字句的翻译更容易受到欧化影响，另一方面是否也说明有一种意义简化的倾向？而积极语义韵经翻译后下降，基本还是符合汉语中"被"字句的语义韵传统的，所以整体上看应该也存在一定传统化的倾向。

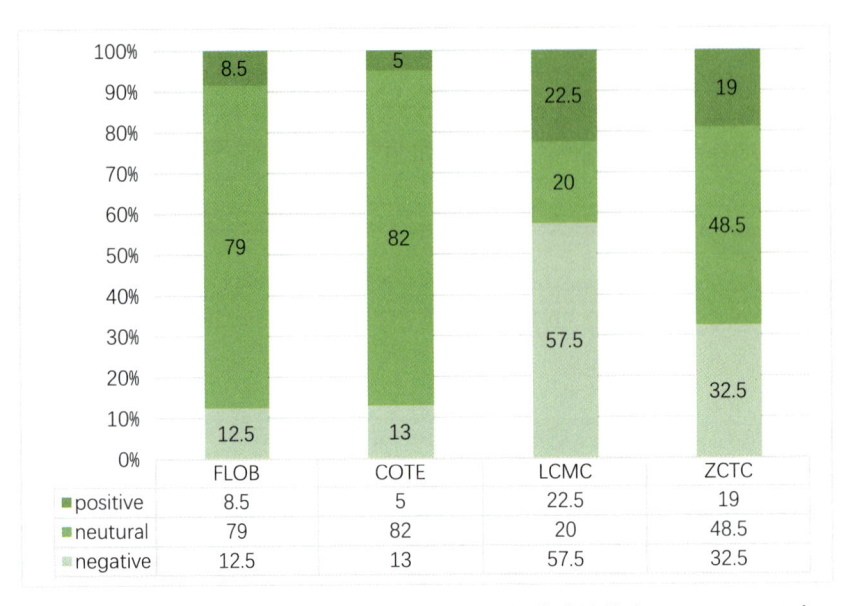

	FLOB	COTE	LCMC	ZCTC
positive	8.5	5	22.5	19
neutural	79	82	20	48.5
negative	12.5	13	57.5	32.5

图 6.17 通用类语域下FLOB/COTE中"be"被动结构和LCMC/ZCTC中"被"字句语义韵的变化

学术类

从图6.18中可以看到,在学术类语域下,就被动结构的消极语义韵而言,翻译英语与翻译汉语中均有所增长,前者增长幅度为6.5%,大于后者的4.5%;就中性语义韵而言,翻译英语中有所上升,增幅为2.5%,而翻译汉语中则下降了7.5%;就积极语义韵而言,翻译英语下降了8%,而翻译汉语则上升了4%。可见在学术类语域下,翻译英语中"be"被动结构的中性语义韵和翻译汉语中"被"字句的消极语义韵都有增长,呈现传统化的倾向。

6 个别语言特征

	FLOB	COTE	LCMC	ZCTC
positive	12.5	4.5	11	15
neutural	81	83.5	62.5	55
negative	6.5	12.5	25.5	30

图 6.18　学术类语域下FLOB/COTE中"be"被动结构和LCMC/ZCTC中"被"字句语义韵的变化

小说类

从图6.19中可以看到，在小说类语域下，翻译英语中的"be"被动结构的消极语义韵上升了1.5%，中性语义韵下降了2.5%，积极语义韵则上升了0.5%；翻译汉语中"被"字句的消极语义韵上升了6.5%，中性语义韵下降了6%，积极语义韵略微下降了0.5%，差别不甚明显。

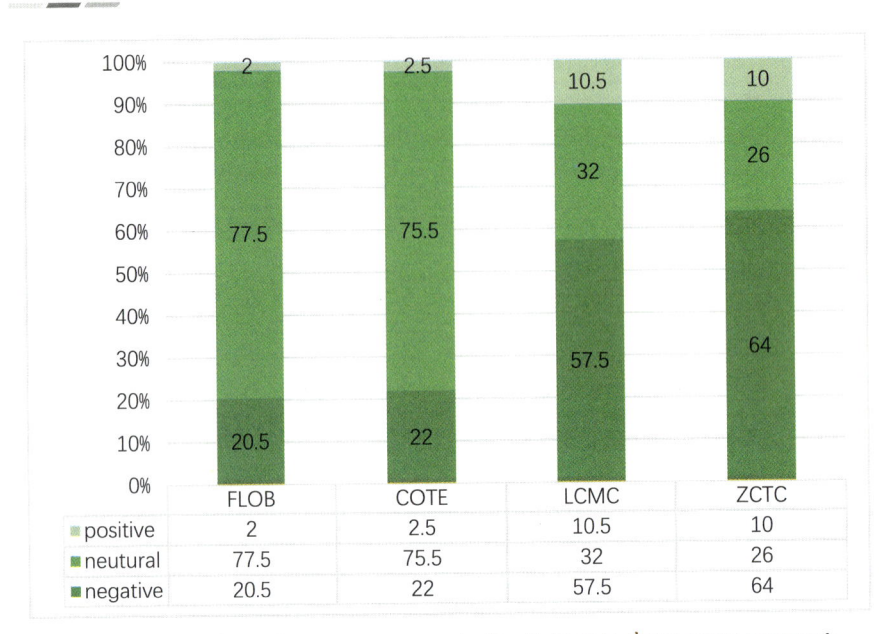

	FLOB	COTE	LCMC	ZCTC
positive	2	2.5	10.5	10
neutral	77.5	75.5	32	26
negative	20.5	22	57.5	64

图 6.19 小说类语域下FLOB/COTE中"be"被动结构和LCMC/ZCTC中"被"字句语义韵的变化

可见在小说类语域下，英语中"be"被动结构经翻译后，中性语义韵有所下降，而消极和积极的语义韵都有所增长，这说明在翻译后原来中性的立场变得更加鲜明了，语义/语用上有一种显化的倾向。Biber（1988）认为，"be"被动结构是区分文本口语化和书面化的一个重要的指标，从前文6.1.2.1.2的表6.36–6.39中我们可以看出，小说类文本中的"be"被动结构相对于其他三个语域中的文本是最低的，因此其正式/书面化程度也最低。的确，小说文本中由于风格、场景、人物对话的需要等原因，口语的比例要高一些，因而这一语域下的文本也会更多地呈现书面和口语化两部分特征，这是其特殊性。根据前人的研究（McEnery & Xiao，2006），英语中的另一种重要被动结构——"get"结构多出现于非正式文体中，为此我们考察了FLOB和COTE在小说类语域下的两个子库，发现COTE中的"get"被动结构的频率（0.105 ‰）高于FLOB中的（0.047 ‰），如表6.43所示。这说明小说类语域下的翻译英语文本中使用被动结构时，口语化程度更高。而"get"被动结构所表达的消极语义韵（37.7%）要远远高于"be"被动结构的（McEnery & Xiao，2006：114），那么翻译文本中的"be"被动结构是不是也是因此受了影响而导致中性语义韵下降而消极语义韵上升了呢？如果是这样的话，那么也就意味着英语小说类翻译文本中的书面和口语两部分的特征在形式上都有所增强，而口语部分的语义/语用变化与影响更加明显。也就是说，传统化特征仍然存在，但在书面部分向形式靠拢，在口语部分向语义/语用靠拢。

表 6.43　FLOB/COTE中"get"被动结构在小说类语域下频率变化的对比

语料库	tokens	频数	频率（‰）
FLOB	214008	10	0.047
COTE	191086	20	0.105

汉语翻译中"被"字句的中性语义韵和积极语义韵的比例均有所下降而消极语义韵增长幅度大，说明其在语义/语用上也具有传统化倾向。结合表6.42的统计结果，我们发现在译文中"为""给""叫"这几个被动标记的比例下降了，而"让""挨""受""遭"这几个标记的比例上升，并且这些标记中上升程度明显的是多与表达消极含义的词搭配出现的"挨""受""遭"，如"挨训斥""受伤害""遭迫害"（以上例子均来自ZCTC语料库）等，所以，从标记总体上来看，其语义韵还是呈现传统化倾向的。

6.3　语篇层面

6.3.1　时体标记的语篇意义

在语篇层面上，本研究选择时体标记这一在话语使用中广泛存在而具有认知代表意义的语言形式作为考察对象。时间是我们生活的物质世界中所有事物及事件存在及发展的载体之一，是人类认知的重要组成部分，

译语的共性与个性
——基于语料库的英、汉特征译语比较研究

因此它在语言中的反映和表征一直以来都是语言学家们研究的重要问题之一。亚里士多德认为，时间意义是动词的基本特征（转引自Binnick，1991：466）。动词的时间意义在语言使用中是通过"时"（tense）和"体"（aspect）传递出来的，两者都能让话语的发出者把情景与时间联系在一起，尽管如此，它们仍然属于两个不同的概念。前者是一个指示系统，能够让话语发出者将情景定位于某一个特定的时间点，在大多数情况下是以话语行为发出的时间为参照基准的（Saeed，2009：125-126）；而"体"系统所起的作用则是可以让话语发出者不必将情景拘泥于一个特定的时间点，而是着眼于其相对的状态：完成了的-未完成的，持续时间长的-持续时间短的，在一段时间内持续重复的，等等（Saeed，2009：129）。正如Hockett（1958：237）所言："体"和事件具体的时间定位无关，它只是表明事件的一种时间性分布状态或范围轮廓。（参见Saeed，2009：129）。对"体"（aspect）的概念定义和种类划分有很多，视角和出发点各有不同，如从动词或短语层面出发的有动词体（verb aspect）（Dowty，1977），语法化体（grammaticalized aspect）（Lyons，1977），完成体/非完成体（perfective/imperfective aspect）（Langacker，1987，2002，2008）；兼顾动词和句子/语篇层面的有情状体（situation aspect）和视点体（viewpoint aspect）（Smith，1991），词汇体（lexical aspect）和语法体（grammatical aspect）（Olsen，1994），等等。在跨语言研究中，尤其在英汉对比的研究领域里，比较有代表性的如Xiao & McEnery（2002，2004，2010）的研究，认为情状体（situation aspect）是有着跨语言的认知语义共性基础的，因此可以在这一层面上进行跨语言对比研究。

在语言的实际使用和研究中，我们会发现时标记和体标记的界限往往不甚明晰，会呈现出一种共现的状态。很多学者对此都有述及，如Dahl（1985）认为，"在人类语言中，时（tense）、态（mood）、体（aspect）这三个概念在语言编码上并无明显的界限。"（转引自于秀金，2013：13）Saeed（2009：, 128）亦认为，由于在许多语言的实际表达中，包括英语在内，时和体都是紧密交织在一起的，所以如果将两者截然分开的话很难做到深入探讨。在英语和汉语中，我们都能找到一些语言标记，在负载着"体"的意义的同时，又体现着"时"的范畴。时体标记所体现的语篇意义主要在于其通过所传达的时间意义及状态意义，加强了语篇中的整体语境衔接功能。

研究采用从认知基础出发的完成/未完成体（perfective/imperfective）二分法，来对英语和汉语这两种完全不同的语言体系中的时体标记进行选取对比考察。在形态上融合了时和体的英语语言标记整理如表6.44所示。

表 6.44 英语中的时体标记结构（引自Xiao & McEnery，2004）

Aspect	Tense	Description	Linguistic form
Simple	Present	Simple present	V(-s)
	Past	Simple past	V-ed
	Future	Simple future	will/shall/BE going to V
Progressive	Present	Present progressive	is/am/are V-ing
	Past	Past progressive	was/were V-ing
	Future	Future progressive	will/shall be V-ing
Perfect	Present	Present perfect	have/has V-en
	Past	Pluperfect	had V-en
	Future	Future perfect	will/shall have V-en
Perfect progressive	Present	Present perfect progressive	have/has been V-ing
	Past	Pluperfect progressive	had been V-ing
	Future	Future perfect progressive	will/shall have been V-ing

表6.44中，选择主要表示完成意义的过一般去时（simple past）及现在完成时（present perfect）、过去完成时（pluperfect）和将来完成时（future perfect）作为完成体的考察标记形式；选取主要表示进行意义的现在进行时（present progressive）、过去进行时（past progressive）、将来进行时（future progressive）、现在完成进行时（present perfect progressive）、过去完成进行时（pluperfect progressive）和将来完成进行时（future perfect progressive）作为未完成体的考察标记形式。

汉语标记的选取则参考以往的研究（Smith，1991，Xiao & McEnery，

2002），并结合LCMC和ZCTC语料库的实际情况，选取表示"实现"意义的助词"了"和语气词"了"、表示"结束"意义的助词"过"作为完成体的的考察标记；选取表示持续意义的助词"着"和表示进行状态的介词"在"作为未完成体的考察标记。所考察的时体标记的选取及其正则表达式检索形式的具体情况如表6.45所示。

表 6.45 本研究考察所选取的英语/汉语时体标记一览

	FLOB/COTE	检索形式	LCMC/ZCTC	检索形式
完成体	一般过去时	VDG/VVD	助词"了"	了_ule
	现在完成时	has_VHZ*_VVN, have_VH0/VHI*_VVN	语气词"了"	了_y
	将来完成时		助词"过"	过_uguo
	过去完成时	had_VHD/VHN*_VVN		
未完成体	现在进行时	is_VBZ*_VVG, am_VBM*_VVG, are_VBR*_VVG	助词"着"	着_uzhe
	过去进行时	was_VBDZ*_VVG, were_VBDR*_VVG	介词"在"	在_p*_v
	将来进行时	will_VM be_VBI*_VVG, shall_VM be_VBI*_VVG		
	现在完成进行时	been_VBN*_VVG		
	过去完成进行时			
	将来完成进行时			

6.3.2 对四类语域下英、汉原生/翻译文本中时体标记的考察

下面我们来观察在四类语域下，两种语言的原生及翻译文本中检索后整理对比考察的结果。在这里需要说明的是，在现代汉语中，由于介词"在"除了承载未完成体的意义之外，还在如"在……后/以后/之后"这样的结构中承载了完成体的意义，因此先通过正则表达式"在_p*_v*后_f"检索出以上列出的语言结构（LCMC中2个，ZCTC中5个），然后在统计"在_p*_v"作为未完成体标记的数量时加以排除，以保证统计的准确性。

6.3.2.1 新闻类语域下 FLOB/COTE 及 LCMC/ZCTC 中的完成体/未完成体时体标记

图6.20反映的是在新闻类语域下，英语原生/翻译文本中和汉语原生/翻译文本中的完成体及未完成体时体标记的变化状况。从图中可以看出，相对于原生文本而言，在英语翻译文本中，完成体和未完成体标记的使用频率都出现了上升趋势，完成体的增长更加明显；在汉语翻译文本中，完成体和未完成体标记的使用频率都出现了下降的趋势，完成体的下降更加明显。

	FLOB	COTE	LCMC	ZCTC
完成体	38.25	48.45	13.07	10.17
未完成体	3.21	3.29	3.86	2.64

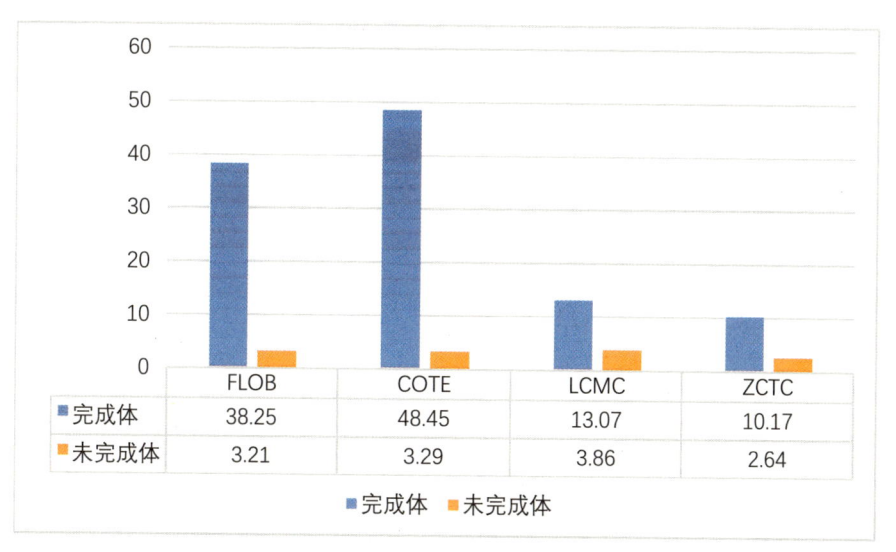

图 6.20 新闻类语域下FLOB/COTE及LCMC/ZCTC中完成体/未完成体时体标记的频率分布（‰）

6.3.2.2 通用类语域下 FLOB/COTE 及 LCMC/ZCTC 中的完成体/未完成体时体标记

图6.21反映的是在通用类语域下，英语原生/翻译文本中和汉语原生/翻译文本中的完成体及未完成体时体标记的变化状况。从图中可以看出，相对于原生文本而言，在英语翻译文本中，完成体的使用频率上升，而未完成体的使用频率则略呈下降；在汉语翻译文本中，完成体的使用频率略

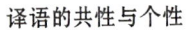

呈下降，而未完成体的使用频率则略显上升。

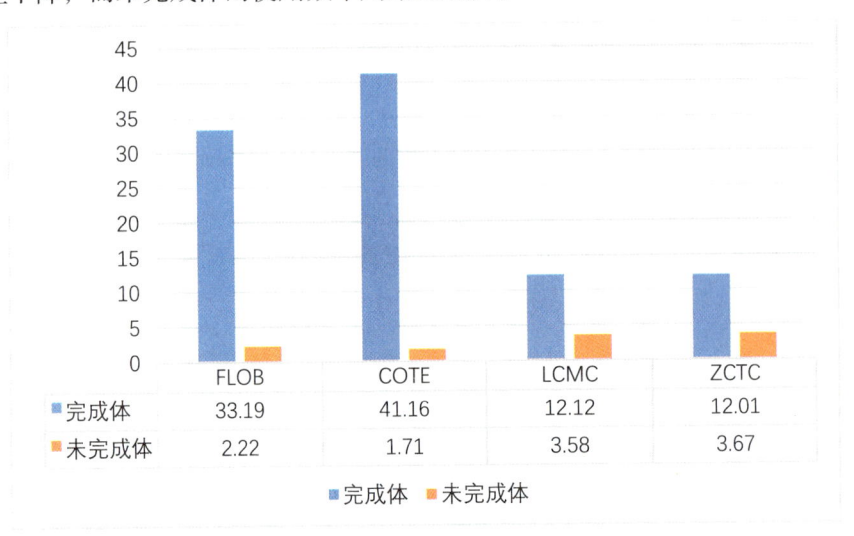

	FLOB	COTE	LCMC	ZCTC
完成体	33.19	41.16	12.12	12.01
未完成体	2.22	1.71	3.58	3.67

图6.21 通用类语域下FLOB/COTE及LCMC/ZCTC中完成体/未完成体时体标记的频率分布（‰）

6.3.2.3 学术类语域下FLOB/COTE及LCMC/ZCTC中的完成体/未完成体时体标记

图6.22反映的是在学术类语域下，英语原生/翻译文本中和汉语原生/翻译文本中的完成体及未完成体时体标记的变化状况。从图中可以看出，相对于原生文本而言，英语翻译文本中的完成体和未完成体标记的使用频率均略有下降；汉语翻译文本中的完成体标记使用频率上升，未完成体标记的使用频率略有下降。

	FLOB	COTE	LCMC	ZCTC
完成体	20.01	19.22	7.66	8.76
未完成体	0.87	0.67	2.49	2.29

图6.22　学术类语域下FLOB/COTE及LCMC/ZCTC中完成体/未完成体时体标记的频率分布（‰）

6.3.2.4　小说类语域下FLOB/COTE及LCMC/ZCTC中的完成体/未完成体时体标记

图6.23反映的是在小说类语域下，英语原生/翻译文本中和汉语原生/翻译文本中的完成体及未完成体时体标记的变化状况。从图中可以看出，相对于原生文本而言，英语翻译文本中完成体和未完成体标记的使用频率均呈现上升的趋势；汉语翻译文本中的完成体有上升的趋势，未完成体则略有下降。

	FLOB	COTE	LCMC	ZCTC
完成体	73.86	80.05	21.93	20.53
未完成体	3.62	5.06	7.57	7.72

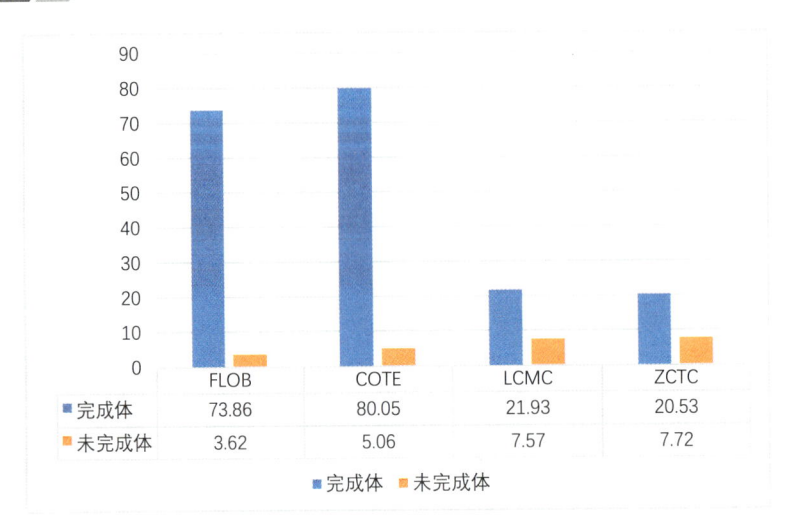

图6.23 小说类语域下FLOB/COTE及LCMC/ZCTC中完成体/未完成体时体标记的频率分布（‰）

6.3.2.5 四种语域下FLOB/COTE及LCMC/ZCTC中完成体/未完成体时体标记频率变化的对数似然比测试

从以上各图中可以看到，在不同语域下，英语原生/翻译文本和汉语原生/翻译文本中完成体和未完成体时体标记的变化程度高低不一，进一步做对数似然比测试，得到表6.46、6.47。

表6.46 四类语域下FLOB/COTE和LCMC/ZCTC中完成体时体标记频率变化的对数似然值和显著性

语域	FLOB/COTE LL值	显著性	LCMC/ZCTC LL值	显著性
新闻	156.18	0.000*** −	62.16	0.000*** +
通用	261.85	0.000*** −	0.20	0.656 +
学术	2.29	0.130 +	11.46	0.001*** −
小说	49.85	0.000*** −	11.68	0.001*** +

注：*** 代表 $p < 0.001$。

先来看看完成体标记的变化情况。从表6.46中我们看到，英语原生/翻译文本中完成体标记的变化在新闻类、通用类和小说类语域下都具有统计上的强显著性，在学术类语域下的变化不具有统计上的显著性。而汉语原生/翻译文本中完成体标记的变化在新闻类、学术类和小说类语域下的变化都具有统计上的较强显著性，在通用类语域下的变化不具有统计上的显著性。也就是说，相对于原生语言文本，在新闻类语域下，英语翻译文本中完成体时体标记的使用频率出现了明显的上升，汉语翻译文本中完成体时体标记的使用频率出现了明显的下降；在通用类语域下，英语翻译文本中完成体时体标记的使用频率出现了明显的上升，汉语翻译文本中无明显变化；在学术类语域下，英语翻译文本中完成体时体标记的使用无明显变化，汉语翻译文本中出现了较明显的上升趋势。结合前文（6.1.1.3）中观察到的学术类汉语翻译文本中时量词的使用频率显著上升的趋势，说明在这一语域下，汉语翻译文本中对时间概念有所显化，且多强调已完成的意义；在小说类语域下，英语翻译文本中完成体时体标记的使用频率出现了明显上升，汉语翻译文本中则出现了较明显的下降趋势。

表 6.47　四类语域下FLOB/COTE和LCMC/ZCTC中未完成体时体标记频率变化的对数似然值和显著性

语域	FLOB/COTE LL值	FLOB/COTE 显著性	LCMC/ZCTC LL值	LCMC/ZCTC 显著性
新闻	0.13	0.720 −	39.41	0.000*** +
通用	19.82	0.000*** +	0.47	0.495 −
学术	3.75	0.053 +	1.30	0.254 +
小说	48.32	0.000*** −	0.39	0.533 −

注：*** 代表 $p < 0.001$。

表6.47显示了未完成体时体标记在英语原生/翻译文本和汉语原生/翻译文本中的变化情况。从表中可以看出，总体来说，英语原生/翻译文本中未完成体时体标记的变化在新闻类和学术类语域下不具有统计上的显著性，在通用类和小说类语域下则具有统计上的强显著性。汉语原生/翻译文本中

的未完成体时体标记的变化只有在新闻类语域下具有强显著性，在其他语域下都不具有统计上的显著性。也就是说，相对于原生语言文本，在新闻类语域下，英语翻译文本中未完成体时体标记的使用频率并无明显变化，而汉语翻译文本中则出现了显著下降的趋势；在通用类语域下，英语翻译文本中未完成体时体标记的使用频率出现了明显的下降，汉语翻译文本中并无明显变化；在学术类语域下，英语和汉语翻译文本中未完成体时体标记的使用频率均无明显变化；在小说类语域下，英语翻译文本中未完成体时体标记的使用频率出现了明显上升的趋势，汉语翻译文本中则无明显变化。

6.4　本章小结

本章主要着眼于对个别语言特征的考察，分别从词汇、句子、语篇三个层面在汉语原生/翻译文本和英语原生/翻译文本中选取参数，对四类语域下的英、汉特征译语进行了考察与比较。在词汇层面选取的参数有汉语中的习语、语气词、量词和受源语干扰明显的词缀，英语中的定冠词和不定冠词；在句子层面选取了标记被动句作为考察参数；在语篇层面对完成体和未完成体时体标记进行了详细考察。结果发现，在不同语域下，通过个别语言特征所反映出来的英语特征译语和汉语特征译语在形式、语义和语用层面上的表现各有不同，对传统翻译共性假设如显化、简化、范化等的考察与解释还应该依据不同的条件与参数设置进一步细化。

7 翻译英语、翻译汉语中的特征译语：共性与个性

这一章主要对第5、6章，即研究结果与探讨的内容进行一番集中梳理与讨论总结。第5章主要从总体语言特征方面对英、汉特征译语进行了考察研究，第6章主要从个体语言特征方面对英、汉特征译语进行了考察研究，前两章研究中的考察项目均分别从词汇、句子、语篇三个依次递进的语言学层面选取。基于词汇单位在语言学中的重要性（见5.1），以及在语料库研究中相对易提取、易观察的特点，因此在这个层面上的考察项目比另外两个层面上的相对要更丰富一些。本章亦将先从这三个层面分别对英语和汉语中的特征译语进行梳理，总结其总体语言项特征和个别语言项特征并进行跨语言比较，随后在此基础上归纳总结出所呈现的共性特征以及各自的个性特征。考察对比既包括纵向语言间对比（主要在四类不同的语域下分别进行），也包括横向语内对比（主要在语域间进行）。

需要注意的是，每一个所考察的语言项目所实际承载的语言功能往往可能不会仅局限在某一个语言学层面上。例如，功能词虽然属于词汇层面的单位，但是其亦具有或者能反映出句法、语篇层面上的功能。因此，文中从三个语言学层面进行大致划分提取考察，主要是为了对比清楚方便起见，在实际使用当中可能亦会涉及不同层面的功能。此外，在词汇层面考察总体特征（第5章）时，在考察功能词时分别选取了有代表性的连词和

代词进行对比考察，是因为现代英语和现代汉语中的这两类功能词在两种语言中均承载着相似的语言学功能，并不像出现在第6章中的一些考察项（虽然在两种语言中都存在，有一些可进行比较的共性基础，但是其在各自所属的语言中又具有相对鲜明独立的个性特点，因此亦归入第6章。）

7.1 词汇层面

7.1.1 总体特征

STTR

首先观察到STTR在英语原生/翻译文本中变化的程度要大于汉语原生/翻译文本中的，随后再根据词形的变化程度由高到低对四类语域进行排序，如表7.1所示。

表 7.1　FLOB/COTE，LCMC/ZCTC四类语域下STTR的排序

语料库	词形变化程度排序（STTR）
FLOB	小说＞新闻＞通用＞学术
COTE	小说＞通用＞学术＞新闻
LCMC	新闻＞通用＞小说＞学术
ZCTC	新闻＞小说＞通用＞学术

可见，在原生英语和翻译英语中，词汇形式变化程度最丰富的同为小说类文本。原生英语文本中词形变化程度的排序正好与书面语体正式程度的排序（Biber et al.，1999）相反（学术＞通用＞新闻＞小说）。这说明在原生英语中，在越正式的语域下，文本中词形的变化程度越低，而语域的正式程度越低，词形的变化程度越丰富。而在翻译英语文本中，词汇变化程度并未遵守这个规律，新闻类语域下的词形变化程度相对于其他三类语域显得最低。

这是因为在不同的语域下，翻译文本中的词汇变化程度相对于原生

英语文本发生了高低不一的改变。与原生语言文本相比，翻译英语文本中的词形变化程度在新闻类和通用类语域下，产生了显著的下降（$p < 0.001$），在学术类和小说类语域下，产生了显著的上升（$p < 0.001$）。

词形变化更加丰富，首先意味着文本在词汇形式上会更加多变。鉴于英语构词法多偏向屈折型（inflectional），词汇形式的变化对语法表达形式变化的反映要甚于对信息容量变化的反映。也就是说，①表7.1中FLOB和COTE的排序反映出了这几种语域下语法表达形式的排序：在原生英语文本中，小说类文本中的语法形式最复杂多变，新闻类其次，通用类再次，学术类文本中最简单；在翻译英语文本中，也是小说类文本中的语法形式最复杂多变，而通用类其次，学术类再次，新闻类文本中最简单。②相对于原生英语文本而言，新闻类和通用类翻译英语文本中出现了语法形式上简化或规范化的倾向，而在小说类和学术类文本中，则出现了语法形式上的显化倾向。

而现代汉语多偏向于分析型语言（analytic language），其语法意义主要通过独立的虚词（功能词）及固定的词序来表达，因此，在汉语文本中，单纯的词汇形式变化程度并不能反映出语法形式上的变化，还需要结合对功能词变化情况的考察来进行进一步分析。STTR在汉语文本中仅仅显示实词和功能词总体使用量的变化。那么，①表7.1中LCMC和ZCTC的排序也仅仅反映出这几类语域下文本中总体词汇重复率的排序（与STTR排序相反），可以看出，不论是原生汉语中还是翻译汉语，新闻类文本中的总体词汇重复率都是最低的，而学术类文本中的总体词汇重复率均为最高。②相对于原生汉语文本而言，在新闻类和学术类语域下，翻译汉语文本中STTR均显著上升，意味着在这两个语域下，汉语翻译文本中实词和功能词的总体重复率均明显降低了，因而从形式上来看存在一种显化的倾向，至于到底是语法形式上的显化占优势还是意义上的显化占优势，则需要结合其他参数（如功能词和语义域等）进行进一步分析探讨。

高频词

单从频率变化来看的话，在四类语域中，相对于原生语言文本而言，在新闻类语域下，翻译英语文本和翻译汉语文本中高频词的使用频率均有显著上升，通用类语域下的翻译汉语文本中高频词的使用亦有显著上升。高频词的使用频率上升，意味着词汇形式上的一种规范化趋势，那么这种规范化的具体表现如何呢？通过对高频词词性的考察，我们发现如下现象：

在新闻类语域下，①翻译英语文本中的形容词使用频率显著上升，普通副词和动词S形式显著下降。形容词使用频率上升，说明在翻译英语文本中多修饰，定语的数量及长度均有所增长。普通副词和动词S形显著下降也从侧面体现了这一特点，即多用更加直观、更长的定语；而动词不定式、动词过去分词、动词过去时的使用频率相对上升，说明在此语域下，翻译英语的高频词中，表示过去或已完成概念的动词形式会被更加频繁地使用。②在翻译汉语中，高频词词性的集中使用偏好不如英语强烈，因而词性使用的规律与原生汉语中的大致符合，波动不大（越是高频使用的词性部分越是如此）。在翻译汉语显著上升的词性主要集中在音译人名和音译地名上，究其原因，主要在于这一类文体的特点及翻译的策略。因为在新闻类文本中多报道，外国人名和地名会大量出现，为保证新闻报道的客观真实性与时效性，翻译中对这些外国人名和地名直接做音译处理是最合理的做法。而人名的使用频率显著降低，则又反映出人称代词的使用频率有可能升高的趋向，这一点在后面的考察中得到了验证（章节5.1.5.2）。

在通用类语域下，汉语音译地名的使用频率显著上升，这应该与这部分文本中多写景状物，或描述事件情景，其中多出现地名有关。这一语域下翻译汉语文本中高频词的词性分布亦大致符合原生汉语，变化不明显。也就是说，除了个别几种相对使用频率较低的词性外，翻译汉语文本中绝大部分高频词的词性亦与原生汉语文本中高频词词性中所呈现的最省力法则一致。

单次出现词

从单次出现词的频率来看，相对于原生语言文本而言，在翻译英语文本中，新闻类和通用类文本中的单次出现词产生了显著的下降趋势，小说类文本中下降不显著,而学术类文本中的单次出现词产生了显著的上升趋势。在翻译汉语文本中,只有在通用类语域下,单次出现词才产生了显著上升的趋势,在其他语域下的上升趋势不显著。总体看来,英语原生--翻译文本中的变化幅度要比汉语原生--翻译文本中的明显一些。在原生语言的各个语域下,英语中单次出现词的频率均比汉语中的高;而在翻译语言中,除了新闻类语域下英语中的单次出现词频率比汉语中的低以外,在其他三个语域下英语中的均高于汉语中的。

从词性变化来看,英语和汉语文本在不同语域中各有特点。在英语文本中,相对于原生语言文本而言,翻译语言文本在新闻类语域下有如下特点:①单次出现词的使用频率显著下降,而其词性却出现了显著上升的趋势。这说明翻译英语文本中单次出现词的总体使用频率虽然下降了,但是单次出现词的词性更加丰富多变。②原生语言文本和翻译语言文本中出现频率最高的前七位词性,不论是在种类还是排序上均保持了一致性,没有变动。③在翻译文本单次出现词的高使用频率词性中,动词类的使用频率多有上升的趋势,以动词不定式最为显著,而形容词类的使用频率多有下降的趋势,以形容词一般最高级最为显著。在通用类语域下,特点如下:①单次出现词的使用频率虽然出现了显著上升,但是其词性种类的变化并不显著。②高频使用的主要动词类多呈现上升的趋势,其中动词S形的使用频率出现了显著的升高,而动词过去分词形式略呈下降,变化并不显著。在学术类语域下,特点如下:①单次出现词的总体使用频率有显著上升的趋势,而其词性种类亦未见显著的变化。②原生语言文本和翻译语言文本中出现频率最高的前五位词性,不论是在种类还是排序上均保持了一致性,没有变动。③在翻译文本单次出现词的高使用频率词性中,动词组有上升的趋势,其中动词过去时、动词ing分词形式以及动词S形的上升趋势最为显著。此外,外来词的使用频率也得到了显著的提升。

在汉语文本中,相对于原生语言文本而言,翻译语言文本在通用类语域下的特点如下:①单次出现词的总体使用频率有显著上升的趋势,而其词性种类的变化不显著。②原生语言文本和翻译语言文本中出现频率最高的前两位词性,即名词和动词,虽然频率均有显著下降,但是排序均未改变。③音译人名、音译地名的使用频率显著上升;名词、动词、其他专有名词、时间词、状态词、不及物动词、动词性惯用语、人名、地名、机构团体名均出现了显著下降的趋势。④以上这些有显著变化的词性在翻译汉语文本中的频率排序从1到34均有,而且词性种类丰富,说明分布范围广,简化现象比较普遍,并未集中在某一部分上。⑤单次出现词词性的分布并未很好地符合原生汉语中单次出现词词性分布的曲线。

实词密度

从章节5.1.4的考察内容得知,在英语文本中,相对于原生语言文本,翻译语言文本的实词密度在新闻、通用、小说三类语域下都有了显著的上升,只有在学术类语域下产生了显著的下降。在汉语文本中,相对于原生语言文本,翻译语言文本的实词密度在通用类、学术类及小说类语域下均有显著的下降,在新闻类语域下比例虽见下降但无统计上的显著性。实词在文本中承担着绝大部分语义信息负载的功能,也就是说,实词密度的高低变化反映着文本信息密度的高低变化。因此可以看出,相对于原生语言文本而言,翻译英语文本在新闻类、通用类、小说类语域下信息密度升高,产生了意义显化的倾向,而在学术类语域下则出现了明显的意义简化,信息密度降低。翻译汉语文本在新闻类、通用类、学术类及小说类语域下信息密度降低,均有比较明显的意义简化的倾向。

根据实词密度由高到低对四类语域进行排序,如表7.2所示。

表 7.2 FLOB/COTE,LCMC/ZCTC四类语域下实词密度的排序

语料库	实词密度排序
FLOB	新闻 > 学术 > 通用 > 小说
COTE	新闻 > 通用 > 小说 > 学术
LCMC	学术 > 新闻 > 通用 > 小说
ZCTC	学术 > 新闻 > 通用 > 小说

从表7.2中我们可以看出,在汉语中,翻译语言文本在四类语域下实词密度的排序相对原生语言文本均未发生改变;在原生/翻译汉语文本中,实

词密度最高的是学术类文本，密度最低的是小说类文本。在英语中，原生/翻译文本中实词密度最高的均为新闻类文本，在原生英语文本中实词密度最低的是小说类文本，而翻译英语文本中学术类文本的实词密度最低，下降非常显著。

就实词词性的使用频率来说，无论是在英语原生/翻译文本中还是汉语原生/翻译文本中，均是名词 > 动词 > 形容词。在英语文本中，名词比例在新闻类文本中最高，在小说类文本中最低，动词比例在小说类文本中最高，在学术类文本中最低。在汉语文本中，学术类文本中的名词和动词比例均是四类语域中最高的，小说类文本中的名词和动词比例则均为最低，原生语言文本和翻译语言文本中均是如此。

结合章节5.1.4中的图表比较四类语域下的原生语言文本和翻译语言文本中的变化，我们发现，在英语文本中，名词和动词均在学术类语域下变化的幅度最大（显著下降）；在汉语文本中，名词和动词在通用类语域下变化的幅度最大（显著下降）。动词在通用类翻译英语文本中上升不显著，在小说类翻译汉语文本中下降不显著。翻译英语文本中，除了在学术类语域下所有实词类，以及副词在新闻类文本中都呈下降趋势外，其他三类语域下的实词类都呈上升趋势；翻译汉语文本中的实词类，除了数词在学术类文本中呈上升趋势外，其他实词类在四类语域下均呈下降趋势。

连词

通过对功能词中连词的考察，我们发现：①无论是在英语文本中还是在汉语文本中，相对于原生语言文本，新闻类、通用类、小说类语域下翻译文本中连词的总体使用频率均有显著上升的趋势。②在学术类语域下，翻译英语文本中的连词总体呈显著下降趋势，翻译汉语文本中的连词总体下降趋势不显著。③在学术类语域下，翻译英语文本中的各类连词均呈显著下降趋势；而在翻译汉语文本中，并列连词显著下降，其他连词显著上升。

代词

通过对功能词中代词的考察，我们发现：①相对于原生语言文本而言，只有在新闻类语域下，翻译英语文本中代词总体的使用频率出现了显著下降，在其他三类语域下，翻译英语文本中的总体代词使用频率均有显著的上升趋势。②在四类语域下，翻译汉语文本中总体代词的使用频率均呈现显著上升的趋势。③在新闻类语域下的翻译英语文本中，除了主格人称代词第一人称复数形式，即"we"的使用频率显著上升外，其他代词类均产生显著下降的趋势。

7.1.2 个体语言项特征

7.1.2.1 汉语

习语

通过前文中的考察，发现汉语中的习语有如下特点：①在四类语域中的总体使用频率排序如下：在原生汉语文本中，新闻 > 通用 > 小说 > 学术；在翻译汉语文本中，新闻 > 小说 > 通用 > 学术。②四类语域下在原生汉语和翻译汉语文本中使用频率最高的均为动词性习语。③相对于原生汉语文本，翻译汉语文本中的习语总体使用频率在四类语域下均有显著下降。④在书面化程度最低的小说类文本中，翻译汉语文本的习语类别分布特点最接近原生汉语文本。⑤在习语的各类别中，动词性习语和名词性习语在各类语域下的翻译文本中，均有非常显著的变化。⑥翻译汉语文本中的形容词性习语的使用频率在新闻类、通用类及小说类语域下均有下降的表现，在学术类语域下有下降的表现，但是这些变化并不显著。⑦翻译汉语文本中的区别词性习语在各类语域下均有上升的趋势，但是在学术类语域下的上升趋势不显著。究其原因可能有两点：①原生汉语文本中的区别词性习语在学术类语域下使用频率要高于其他三类语域中的，使用频率最高的词性在翻译语言中最不容易产生波动变化。②这一类习语的变化总量分流到形容词性习语中了。特点7有可能带来两个后果：首先，句段中可能会出现更多、更长的定语；其次，由于区别词在语法上不能单独充当谓语成分，因此文本中可能会出现更多在传统意义上语法功能并不完整的句子片段。

语气词

通过对汉语文本中语气词的考察，发现有如下特点：①无论是在原生语言文本中，还是在翻译语言文本中，四类语域下语气词的总体使用频率排序均为小说 > 通用 > 新闻 > 学术。②相对于原生汉语文本而言，翻译汉语文本中的语气词总体在新闻、通用、小说类语域下均呈现显著下降的趋势，在学术类语域下有上升的表现，但不显著。③表疑问语气的"呢"在学术类语域下的翻译文本中有显著增长，说明在此类语域下，汉语翻译中倾向于加强陈述和较弱疑问语气，尤其是后一种。④在学术类语域下的原生/翻译文本中均未出现表祈使语气的高频语气词"吧"，但是在翻译文本中出现了"尔"，说明学术类原生/翻译文本中均极少使用祈使语气，并且翻译文本在形式上更加书面化。⑤在学术类语域下的翻译汉语文本中，"了"显著上升，说明在这一类语域下，翻译中更偏向使用完成体。⑥在小说类语域下，翻译文本中"呢"的排序相对于原生文本靠后，反映出在此类语域下，翻译文本中有加强语气情感、语用显化的特点。

量词

通过对汉语文本中量词的考察，发现有如下特点：①无论是在原生文本中还是翻译文本中，量词类总体在学术类语域下的使用频率都是最低的。②相对于原生汉语文本而言，翻译汉语文本中的量词类总体使用频率在新闻类、通用类及小说类语域下均有下降的趋势，其中在新闻类及通用类文本中表现显著，在小说类文本中表现不显著。而在使用频率相对最低的学术类文本中，则呈现显著上升的趋势。③在新闻类语域下，名量词、动量词和时量词均呈现显著下降的趋势。④在通用类语域下，名量词、动量词和时量词虽然都呈现下降趋势，但是名量词的下降变化不显著，动量词和时量词的变化非常显著。⑤在学术类语域下，名量词、动量词和时量词均呈上升趋势，但是名量词的上升变化不显著，动量词和时量词的上升变化非常显著。⑥在小说类语域下，名量词呈现不显著的上升变化，动量词和时量词则均呈现显著的下降变化趋势。

词缀

通过对汉语文本中受外来语影响词缀的抽样考察，发现有如下特点：①不论是在原生汉语文本中还是翻译汉语文本中，总体来看，小说类语域下此类四个词缀总体及两个前缀的使用频率是四类语域中最低的。②在四类语域下，原生/翻译文本中受外来语影响前缀的使用频率要远远低于后缀的使用频率，这反映出汉语构词法的总体特点。③相对于原生汉语文本而言，在新闻类语域下，前缀、后缀及词缀总体上升趋势均不显著。在通用类语域下，前缀的上升趋势不显著，后缀和词缀总体的上升趋势显著。在学术类语域下，前缀的下降变化显著，后缀的上升变化显著，词缀总体下降趋势不显著。在小说类语域下，前缀、后缀及词缀总体的上升趋势均不显著。因此，不能简单下结论说汉语翻译文本中就一定会偏向多使用手外来词影响的词缀。词缀的使用在不同语域下有不同的特点与偏好。例如，文中选取观察的两个前缀在学术类原生汉语文本中使用最多，却在这一语域的翻译汉语文本中独呈显著下降趋势，在一定程度上反映了学术类语言规范及其翻译特点。

对发展最成熟、使用频率最高的后缀"们"进行考察后，发现：①其使用频率在四类语域下均出现增长趋势，在通用类和学术类语域下尤为显著。②其搭配能力在小说类和新闻类语域下下降了，而在通用类和学术类语域下上升了。③从搭配的语义偏好来看，在新闻类、通用类及学术类语域下，原生汉语文本中多搭配表示关系及属性的名词，而翻译汉语文本中多搭配表职业与社会地位的词。在新闻类及通用类语域下，翻译文本中与其搭配词语义域的性别界限更加模糊，多用中性词。在小说类语域下，原生及翻译汉语文本中搭配词语义域的性别特征均相对明显一些。

7.1.2.2 英语

从总体频率变化来看，相对于原生英语文本而言，翻译英语文本中的变化都非常显著。冠词类总体在新闻、通用及小说类语域下的翻译英语文本中有显著的上升趋势，在学术类语域下有显著下降的趋势；定冠词的使用频率在新闻类、通用类及小说类语域下有显著上升的趋势,在学术类语域下有显著下降的趋势;不定冠词的使用频率在新闻类及学术类语域下有显著下降的趋势,在通用及小说类语域下有显著上升的趋势。

从冠词的搭配及语义偏好变化来看,翻译英语定冠词"the"的搭配词形数量在四类语域下均有上升的趋势,而搭配词性的变化在通用和学术类语域下持平,变化不大,在新闻类和小说类语域下呈上升趋势。

因此,综合以上观察到的结果,可以推断,相对于原生英语文本,①翻译英语文本中定冠词"the"的使用频率及搭配能力和搭配范围在语义和语法形式上有所扩张。②在通用类语域下,扩张多集中于使用频率及语义范围上,语法变化相对保守。③在学术类语域下,使用频率及搭配语义范围均有缩减,语法上的变化也相对保守,从语法形式到语义上都有规范化的倾向。

观察搭配语义域变化的特点,发现:①原生英语文本中高频出现的语义域亦多会出现在翻译文本中。②表线性顺序的词在四类语域下原生/翻译英语文本中均有出现,是与定冠词"the"搭配最为普遍的语义域。③四类语域下翻译英语文本中的搭配语义域变化更加丰富具体化。学术类文本中搭配语义域的扩展范围最小,通用类文本中的扩展范围最大,小说类文本中偏性别特征的使用加强,这一点与前文中对与后缀"们"的考察部分结果是一致的,反映出这一类语域下翻译文本的语言特点。

对定冠词"a""an"的搭配考察发现:①其搭配能力的变化会更多地反映在语义域的偏好及高频使用的固定类连接用法的变化上。②搭配词语义域变化种类比"the"少。③相对于原生英语文本而言,"a"的类连接使用频率在新闻类及通用类翻译英语文本中下降,在学术类翻译英语文本中上升。④新闻类、通用类语域下翻译英语文本中对时间的限定性所指或使用下降,而在学术类语域下的翻译英语文本中则上升了。⑤在四类语域下,翻译英语文本中区分程度强弱的语义均有所下降。⑥在新闻类、通用类语域下的翻译英语文本中,"an"搭配其他专有名词的频率上升。⑦在小说类翻译英语文本中,与"an"搭配表示言语行为意义的词汇增多，显示这一语域的某些表现方式与语言特点在翻译文本中有所增强。⑧与"a"搭配的固定类连接用法的变化，在不同的语域下亦有显著的变化，因此在考察不定冠词的搭配形式变化时固定类连接也是一项需要慎重考虑的重要因素。

7.2 句子层面

7.2.1 总体特征

在考察了英语文本的平均句子长度和汉语文本的平均句子片段长度之后，发现如下：①相对于原生语言文本，在新闻类语域下，翻译英语文本的平均句子长度增加，意味着语法结构更加复杂，并有可能带来更加丰富的语义内容信息；翻译汉语文本的平均句子片段长度增加，同样意味着更加复杂的语法结构与可能增加的语义信息。②在通用类语域下，翻译英语文本的平均句子长度缩短，意味着在这一语域下句法结构形式的简化与语义信息上可能存在简化的倾向；翻译汉语文本的句子片段长度增加，意味着这一语域下句法结构的复杂化倾向和语义内容可能增加的倾向。③在学术类语域下，翻译英语文本的平均句子长度增加，翻译汉语文本的平均句子片段长度增加，意味着在这一语域下两种语言的翻译文本中均有句法结构的复杂化倾向和语义内容可能增加的倾向。④在小说类语域下，翻译英语文本中的平均句子长度略微下降，翻译汉语文本中的平均句子片段长度略有上升，幅度不大，说明在这一语域下，原生语言文本中与翻译语言文本中句法结构与语义信息容量的变化幅度最小。⑤在四类语域下，相对于原生语言文本，翻译英语文本中平均句子长度变化幅度的排序是学术 > 通用 > 新闻 > 小说，翻译汉语文本中平均句子片段长度变化幅度的排序是学术 > 新闻 > 通用 > 小说。在书面化程度最高的学术类文本中，英语翻译和汉语翻译中的句子长度和句子片段长度变化的幅度最大，在书面化程度最低的小说类文本中，变化幅度最低。

7.2.2　个别语言项特征

通过对英、汉语文本中标记被动结构的考察，发现如下形式上的特点：①在四类语域下，英、汉语被动结构的翻译都有显化的特征，说明在两种翻译语言中的认知序列均相对于原生语言发生了变化，被动结构原有的认知特征被放大了。②英语和汉语在新闻类语域下对被动结构翻译的处理态度与认知排序相近。③在小说类语域下，英、汉翻译中的被动标记在形式上都有一种传统化的倾向，呈现出一种规范化、书面化的趋势。④相对于其他语域，在学术类语域下，英、汉两种语言均不容易表现出规范化与传统化的倾向，而是更加容易受到源语的影响。

相对于原生语言文本，英、汉翻译文本在语义/语用变化上有如下变化特征：①在新闻类语域下，翻译英语和翻译汉语中标记被动结构的语义韵均有传统化倾向，在翻译英语中表现得更加明显。此特征与形式上的趋向特征保持一致，所以在这一语域下，英、汉两种语言在翻译过程中对标记被动结构的处理态度和认知排序是相近的。②在通用类语域下，翻译英语文本中的"be"被动结构的语义韵发生传统化倾向，这一点与前面观察到的形式上的变化是一致的。翻译汉语中的"被"字句的语义韵容易受到源语的影响，这与前面观察到的形式上的变化结果相互印证，说明"被"字句在形式和语义/与用上的变化一致，易受源语影响；译本中中性语义韵上升，说明还具有部分意义简化的倾向。③在学术类语域下，翻译英语文本和翻译汉语文本中被动标记的语义韵都呈现传统化的倾向，结合其形式特征部分，可以看出，在此语域下，相对于原生语言文本，这两种翻译语言文本中的被动标记在翻译后出现了形式与语义/语用的分离，也就是说，其形式容易受到源语的干扰，而语义/语用的意义则倾向于传统化的用法。④在小说类语域下，翻译汉语文本中"被"字句的语义韵呈现传统化的特征，翻译英语文本中的被动标记则具有其个性特征：虽然传统化特征仍然存在，但是在书面部分向形式靠拢，在口语部分则向语义/语用靠拢。

如果将以上观察到的形式上和语用意义上的两方面特征按照Biber等人（1999）对书面语体正式程度的排序进行整理的话，得到表7.3：

表7.3 四类语域下翻译英语与翻译汉语中的被动标记在形式及语义/语用上的特点（按照书面语体的正式程度排序整理）（杨晓琳，程乐，2016：10）

	小说		新闻		通用		学术	
	英	汉	英	汉	英	汉	英	汉
形式	虽传统化，有书面化和规范化的倾向	呈传统化，有书面化和规范化的倾向	呈传统化趋向	受源语影响	呈传统化趋向	受源语影响	不易表现出传统化与规范化，易受源语影响	不易表现出传统化与规范化，易受源语影响
语义/语用	传统化特征仍然存在，但多集中于口语部分	至传统化趋向	呈传统化趋向	呈传统化趋向	呈传统化趋向	被动标记总体呈传统化趋向，"被"字句受源语影响明显；意义简化（原来较鲜明的立场多被抹平为中性）	呈传统化趋向	呈传统化趋向

根据表7.3及以上观察到的结果，可小结如下：①在形式上，翻译英语文本和翻译汉语文本中的被动标记根据语域环境的书面化程度而有不同表现，书面程度越低的语体越容易出现传统化的倾向，而书面程度越高的语体则越容易受到源语的影响。②在语义/语用上，不论语域如何，英、汉翻译文本中的被动标记始终呈现传统化倾向。③在英、汉语翻译文本中，被动标记形式在总体上呈现显化的特征。相对于原生语言文本，被动标记的搭配能力提升，说明被动结构的认知特征在经过翻译后会被放大；在两种翻译语言

文本中，被动标记总体频率上升，说明语言经过翻译后产生了一种认知序列的变化，受事被放在了更加突出的位置，受事的地位得到了凸显。

7.3 语篇层面

7.3.1 总体特征

通过对英、汉语文本中句末标点的考察，发现在四类语域下：①翻译英语文本中，句末标点的使用频率高低与平均句长趋势相反。②翻译汉语文本中，句末标点的使用频率均高于原生汉语文本，因而翻译汉语中的平均句长应该都是低于原生汉语，但是句末标点的这种变化趋势与平均句子片段长度的趋势一致，均高于原生汉语文本，这反映出在汉语中考察翻译文本的显化特征时，平均句子片段长度是比平均句子长度更加可靠的参数。③句末标点符号的使用频率直接影响着文本的完整句子长度，从而影响着语篇的整体韵律节奏。

相对于原生语言文本而言，整体常用标点符号的使用频率在翻译英语文本中的表现特点如下：在新闻类语域下有上升趋势，但不显著；在通用语域下有显著上升的趋势；在学术类语域下，有显著下降的趋势；在小说类语域下，有显著上升的趋势。在翻译汉语文本中，四类语域下均有显著下降的趋势。结合对句末标点的考察，应该是翻译汉语文本中非句末标点的使用频率相对降低了，因而平均句子片段长度会更长。

对于影响到语篇中的衔接与连贯，以及语气语调变化的句末标点问号、感叹号和分号的变化特征，考察结果总结如表7.4所示。

表 7.4　四类语域下英汉翻译文本中问号、感叹号和分号相对于
原生语言文本的变化特征

		新闻	通用	学术	小说
问号	英	↑ $p < 0.001$	↑ $p < 0.001$	↓ $p = 0.708$	↓ $p < 0.001$
	汉	↓ $p < 0.001$	↓ $p < 0.001$	↓ $p < 0.001$	↓ $p < 0.001$
感叹号	英	↓ $p < 0.001$	$p = 0.388$	↑ $p < 0.001$	↑ $p < 0.001$
	汉	↓ $p < 0.001$	↓ $p < 0.001$	$p = 0.822$	↓ $p < 0.001$
分号	英	↑ $p < 0.001$	↑ $p < 0.001$	↓ $p < 0.001$	↑ $p < 0.001$
	汉	↓ $p < 0.001$	↓ $p < 0.001$	↓ $p < 0.001$	↑ $p < 0.001$

从表7.4中我们可以看到，除了在通用类翻译汉语文本中的感叹号、学术类英语文本中的问号以及学术类翻译汉语文本中的感叹号变化不明显以外（表中标记为红色），其余的变化均表现得非常显著。这也说明了这一类标点符号在文本语篇中的确具有重要的意义，在翻译过程的大多数情况下，其变化可以反映出翻译文本与原生文本的特征差异。相对于原生语言文本而言，这一类标点符号的使用频率在翻译英语文本中上升趋势多于下降趋势，而在翻译汉语文本中的使用频率，下降趋势则明显多过上升趋势，因此亦从一个方面反映出翻译汉语文本中的语用显化要弱于翻译英语。

7.3.2　个别语言项特征

通过对英语文本和汉语文本中完成体/未完成体时体标记的考察，我们发现如下特点：①相对于原生语言文本而言，在新闻类语域下，翻译英语文本中完成体和未完成体标记的整体使用频率都出现了上升的趋势，但是完成体的增长非常显著，未完成体的增长表现不显著；在翻译汉语文本中，完成体和未完成体标记的整体使用频率都出现了显著下降的趋势。②在通用类语域下，翻译英语文本中的完成体使用频率显著上升，未完成体使用频率显著下降；翻译汉语文本中完成体的下降频率和未完成体的上升频率变化都不显著。③在学术类语域下，翻译英语文本中完成体和未完成体的使用频率下降趋势都不显著；在翻译汉语文本中，完成体有显著上升的趋势，未完成体的下降趋势不显著。④在小说类语域下，翻译英语文本中完成体和未完成体的

使用频率都有显著上升的趋势;翻译汉语文本中的完成体的使用频率下降较为显著,而未完成体的上升趋势不显著。⑤不论是在英语文本中还是汉语文本中,完成体的使用频率都要远远高于未完成体的使用频率。⑥在四类语域下,不论是在翻译英语文本中还是在翻译汉语文本中,完成体使用频率的变化幅度都要高于未完成体。

7.4 共性特征

7.4.1 英、汉语翻译文本的共性特征总结

根据以上的考察结果,我们可以总结出一些英、汉语翻译文本所共有的特征:

(1)原生语言文本中词形变化程度最大的语域,在翻译语言文本中仍是最高的(英语中为小说类语域,汉语中为新闻类语域)。

(2)在新闻类语域下,高频词的使用频率均有上升的趋势,这意味着译文的规范化/简化特征可能会在语法形式及语义两个方面有所表现。

(3)单次出现词在新闻及小说类语域下均出现下降趋势,但是只有在新闻类语域下的翻译英语文本中下降显著。说明在书面化程度较低的文本中,会更有可能出现规范化/简化的特征,在新闻类翻译英语文本中表现得最为明显。

(4)实词密度在学术类语域下的翻译英语文本和翻译汉语文本中均有显著下降,表明在此语域下翻译文本中的信息密度均有下降,语义简化的趋势比较明显。

(5)不论是英语还是汉语,在原生语言文本及翻译语言文本中,实词词性的排序均为名词 > 动词 > 形容词。

(6)在新闻类、通用类及小说类语域下,翻译英语及翻译汉语文本中连词总体的使用频率有显著上升;在学术类语域下均有下降趋势,但是

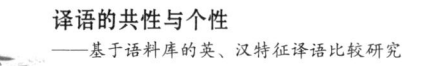

只有翻译英语文本的下降趋势表现显著。

（7）在通用类、学术类及小说类语域下，翻译英语及翻译汉语文本中的代词总体使用频率均有显著上升的趋势。

（8）在新闻类和学术类语域下，翻译英语文本的平均句子长度及翻译汉语文本的平均句子片段长度均有所增加。

（9）在书面化程度最高的学术类语域下，翻译英语文本中的平均句子长度和翻译汉语中的平均句子片段长度的变化幅度最大，书面化程度最低的小说类语域下，翻译英语文本中的平均句子长度和翻译汉语中的平均句子片段长度的变化幅度最小。

（10）在四类语域下，英、汉翻译文本中的被动标记均有形式显化的特征，说明被动结构的认知特征经翻译后被扩大了。

（11）英、汉语在新闻类语域下，对被动结构翻译的处理态度与认知排序相近。

（12）在小说类语域下，英、汉语文本中的被动标记翻译在形式上有传统化、书面化的倾向，而在学术类语域下，英、汉语文本中的被动标记翻译在形式上不易出现传统化特征，更易受到源语干扰的影响。这说明，翻译文本的书面化程度越低，被动结构越容易出现传统化的倾向，书面程度越高则越容易受到源语的影响。

（13）四类语域下翻译英语文本和翻译汉语文本中的被动结构在语义/语用上始终具有传统化的特征。

（14）在学术类语域下，英、汉翻译文本中的被动标记相对于原生语言文本，出现了形式与语义/语用的分离——在形式上易受源语干扰，语义/语用上倾向于传统化用法。

（15）在通用类、学术类及小说类语域下，相对于原生语言文本，翻译英语文本和翻译汉语文本中整体标点的使用频率差异非常显著。

（16）在新闻类及小说类语域下，影响语篇衔接与连贯的句末标点符号在翻译英语文本和翻译汉语文本中变化均十分显著。

（17）在原生英语和汉语文本中，完成体的使用频率要远远高于未完

7 翻译英语、翻译汉语中的特征译语：共性与个性

成体的使用频率，两种语言的翻译文本中这一特点保持未变，且与原生语言文本比较而言，翻译语言文本中完成体的变化差异在几个语域下要比未完成体的变化差异普遍和显著。

7.4.2 不同语域下英、汉翻译文本的共性特征的梳理与分析

我们可以看到，以上总结出的这些英、汉语翻译文本中共有的特征中，既有在四类语域下都会出现的，也有只出现在个别或某几个语域下的。为了便于观察比较，我们再将这些共性特征按照语域分类整理如表7.5所示。

表 7.5 四类语域分类下英、汉语翻译文本中的共性特征表现

学术	1. 实词密度下降。 2. 连词皆有下降趋势，但只在翻译英语文本中变化显著。 3. 代词显著上升。 4. 句长、句段长度均有增加。 5. 句长、句段长度变化幅度最大。 6. *被动标记形式显化。* 7. 被动标记形式不易传统化而易受源语干扰。 8. *被动结构在语义/语用上有传统化倾向。* 9. 被动标记出现形式与语义/语用的分离——形式上易受源语干扰，语义/语用上倾向于传统化。 10. 整体标点的使用频率差异显著。 11. *完成体的变化差异在几个语域下要比未完成体的普遍而显著。*
通用	1. 连词总体频率上升。 2. 代词总体频率上升。 3. *被动标记形式显化。* 4. *被动结构在语义/语用上有传统化倾向。* 5. 整体标点的使用频率差异显著。 6. *完成体的变化差异在几个语域下要比未完成体的普遍而显著。*

-209-

续表

新闻	1. 高频词使用频率上升。 2. 单次出现词使用频率下降。 3. 连词总体频率上升。 4. 句长、句段长度增加。 5. *被动标记形式显化。* 6. 对被动结构翻译的处理态度与认知排序相似。 7. *被动结构在语义/语用上有传统化倾向。* 8. 影响语篇衔接与连贯，负载语用功能多的句末标点差异显著。 9. *完成体的变化差异在几个语域下要比未完成体的普遍而显著。*
小说	1. 连词总体频率上升。 2. 代词总体频率上升。 3. *被动标记形式显化。* 4. 被动标记在形式上有传统化、书面化倾向。 5. *被动结构在语义/语用上有传统化倾向。* 6. 整体标点的使用频率差异显著。 7. 影响语篇衔接与连贯，负载语用功能多的句末标点变化差异显著。 8. *完成体的变化差异在几个语域下要比未完成体的普遍而显著。*

表7.5的语域按照书面化程度的高低排列，其中标记为斜体的是在四类语域下均出现的共性特征。从表中我们可以看出，在学术类语域下，翻译英语和翻译汉语中出现的共性特征最多。究其原因，这与此类语域下文本语言的特点及翻译策略是分不开的。此类文本书面化程度最高（Biber et al., 1999），属于信息型文本（Reiss, 1977），这说明在对这一类文本进行翻译的过程中，出现跨语言共性的可能性相对最大。

7.4.2.1 四类语域下翻译英、汉翻译文本中出现的共有特征

研究中所观察到的在四类语域下、两种翻译语言中均出现的特征如下：①被动标记在形式上有显化倾向。②在语义/语用上有传统化的倾向。③完成体的变化差异在几个语域下要比未完成体的差异表现得普遍而显著。特征1主要表现在语法形式层面的变化上，特征2、3则反映出一种语义和语用的变化倾向。这些特征反映出共性特征可以出现在语法形式和语义、语用各个层面上。此研究中所观察到的共性特征中的语义及语用特征倾向要多于语

7 翻译英语、翻译汉语中的特征译语：共性与个性

法形式上的特征倾向，前两种特征反映出一种认知上的特点，人类的认知是存在跨语言的共性特点的，而翻译就是一种对语言认知转换的过程，所以，如果翻译共性确实存在的话，可能会更多地表现在认知共性的方面。

7.4.2.2 多于一种语域下英、汉翻译中出现的共有特征

接下来观察在多于一种语域下英、汉翻译中出现的共有特征，发现在学术类语域下和新闻类语域下，两种语言的翻译文本中呈现的共性特征要相对丰富一些，并且平均句长和句段长度均有增加。这两类语域下的文本多属于信息型文本（如图7.1），在翻译过程中译者会多采用直译的策略，因此在这一类文本中，翻译共性特征在形式上的表现相对会多一些，更容易受到源语的影响。直译一般容易引起句子结构上的冗余，因此句长和句段长会增加。

在通用类和小说类语域下，共有特征相对其他语域较少，常用功能词如连词和代词均出现了显著的上升。这两类语域下的文本中，除了在通用类语域下的H类文本中包括少量的报道、政府文件外，其余多属于表达型文本（如图7.1），因此从总体上看还是偏向表达型一端。在翻译过程中，译者多会考虑此类文本的个体风格特点（包括文体类型特点和作者个人风格特点），保留原作的特点，在翻译过程中多会采用比较灵活的翻译策略，所以共性特征会相对较少。常用功能词增多，反映出此类文本翻译中对关系与指代等隐含意义的显化。

在学术类、通用类和小说类语域下，代词的频率均有上升。亦说明在偏向表达型与信息型（如图7.1）的文本中更容易出现指称意义简化的趋向。

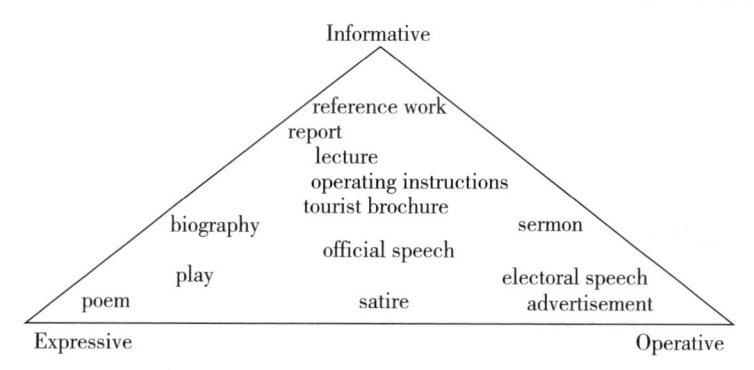

图7.1 Reiss的文本分类图示（根据Chesterman，1989：105，转引自Munday，2012：113）

在新闻类和小说类语域下，连词总体频率上升，反映出对隐含关系的显化。影响语篇衔接与连贯，多负载语篇语用功能的句末标点的变化均十分显著。这两类语域下的文本书面化程度低，因此在翻译时对语篇、语用功能的表达亦会更多地借助非主流语言形式的变化。因此总体来说，在此类书面化程度低的语域下，语用显化的特征更容易出现。此外，这也与此类文本中情节性较强有关。

7.4.2.3　在各类不同语域下英、汉翻译文本中出现的共性特征

下面再对英、汉翻译文本在四类不同语域下出现的共性特征分别进行分析。

在学术类语域下，实词密度与连词均出现下降，代词显著上升，说明有整体意义简化的趋势。平均句长句段长增加，反映出直译对语言结构的影响，在此语域下其长度变化最大，亦说明在书面化程度最高的信息型文本中，最容易采用直译的策略，其对语言结构带来的影响也最大。被动标记在形式上所表现出的特点亦反映了这一点，但是在语用上倾向于传统化则反映了一种认知上的规范化特征。被动标记在形式和语义上都显化反映出这种认知特征在翻译后的强化。整体标点差异显著而与语篇语用有关的标点差异不显著，意味着这与句长与句段长的变化有直接关系。

在通用类语域下，连词与代词使用上升，反映出此类文本翻译中对关系与指代等隐含意义的显化趋势。被动标记在形式和语义上都显化反映出这种认知特征在翻译后的强化。

在新闻类语域下，高频词使用显著上升和单次出现词使用显著下降，反映出一种词汇形式上明显规范化的趋向，其原因在于这一类文本的体例和用词规范性都比较强。连词上升，与此类文本情节性强，书面化程度低，语用显化更加明显有关。句长句段长增加则与此类型文本多采用直译的策略有关。被动标记在形式和语义上都显化反映出这种认知特征在翻译后的强化，而对其处理态度与认知排序接近原生语言则应该是受到了此类文本规范的影响。语篇语用功能标点的变化显著，一方面可能受到句长句段长变化的影响，另一方面则反映了情节性特征显化的影响，此外，还有

前面提到的"文本书面化程度低，因此在翻译时对语篇、语用功能的表达亦会更多地借助非主流语言形式的变化"这个原因。

在小说类语域下，连词与代词显著上升，反映出对关系与指代等隐含意义的显化。被动标记形式显化而语义/语用传统化反映出翻译中对这种认知特征的强化，而其形式上的书面化、传统化则反映出此类文本的特殊性，即体例规约最弱、书面化程度最低的文本中容易出现形式与语义上统一的传统化倾向。整体标点与语篇语用标点使用差异显著反映出语句长短结构的变化与语篇语用显化手段的多样化。

7.5 个性特征

7.5.1 英语特征译语的个性特征

7.5.1.1 英语特征译语在研究中呈现的特点总结整理

对英语特征译语在研究中呈现的特征总结如下：

（1）STTR在四类语域下的变化都非常显著。也就是说，相对于原生英语文本，翻译英语文本中的词形在各类语域下都有十分丰富的变化。在新闻类、通用类语域下，STTR降低，反映出一种语法形式上的简化；在小说类、学术类语域下，STTR增高，反映出一种语法形式上的显化倾向。

（2）高频词的使用频率只在新闻类语域下出现了显著的上升，其他语域下变化不显著。说明在这一语域下的翻译文本中从形式到语义上都有较明显的范化倾向。

（3）从词性来看，产生显著变化的新闻类文本中，高频词的词性在原生及翻译文本中出现最多的均为普通形容词。

（4）在新闻类语域下，高频词中的形容词使用频率显著上升，这意味着在这一语域下翻译英语文本中多修饰语，定语会更长，表达方式更加直观。

（5）在新闻类语域下的高频词中，会更频繁地使用过去完成形式的

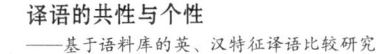

动词，这意味着这一语域下在英语翻译中一种认知上范化的特点。

（6）在新闻类语域下翻译文本中高频词词性的分布趋势与原生文本中的分布曲线符合不好，说明在此语域下翻译文本中高频词的词性使用习惯与原生文本中的差距大。

（7）从四类语域总体上看，单次出现词在原生/翻译英语文本中的频率变化要比原生/翻译汉语中的更为普遍，这一点与前面观察到的"英语原生/翻译文本中STTR的变化高于汉语原生/翻译文本中的"这个趋势符合。这同样说明，相对于原生文本而言，翻译英语文本中词形/语法形式上的变化要比汉语中的明显。

（8）单次出现词的频率在新闻类和通用类语域下均有显著下降的趋势，在学术类语域下有显著上升的趋势。这说明在新闻类和通用类翻译英语文本中，词汇的丰富性有所下降，在学术类翻译文本中，词汇的丰富性有所上升。

（9）在这三类变化显著的语域下，单次出现词中使用频率居第一位的词性均为普通形容词。

（10）在新闻类语域下，单次出现词的频率虽然下降了，但是其词性比原生文本中的更加丰富多变。这说明在这一语域下，虽然在词形和语义上有范化的倾向，但是语法形式上的变化可能会更加丰富。

（11）观察发现，在新闻类语域下，尽管翻译文本中单次出现词词性的前七位与原生文本中的种类与排序均一致，但是动词类的频率上升了，形容词的频率下降了。这说明在这一语域下，翻译文本中动词的不同用法及时体变化更加丰富，而形容词的使用多集中于高频词部分，且有范化倾向。

（12）在通用类语域下，单次出现词的频率下降，其词性中动词类均有上升趋势，其中动词S形上升显著。这说明在这一语域下，词汇未完成体的使用频率可能会比较高。

（13）在学术类语域下，翻译文本中单次出现词的频率上升，其词性的前五位种类与排序与原生文本中的一致，动词类多呈上升趋势，其中动词过去时、动词ing分词形式和动词S形上升显著,外来词使用的上升趋势也很显著。这说明在这一语域下,英语翻译中对词性的使用习惯与原生语言中的一致;翻译文本中对动词时体特征更加强调反映出一种认知上的显化;在学术类语域下的翻译中更多使用直译的策略。

(14)在单次出现词变化显著的三类语域中,翻译文本中单次出现词词性的分布趋势基本符合原生文本中的分布曲线。这说明在此三类语域下翻译文本中单次出现词的词性使用习惯与原生文本中的差距不大。与前面(11)、(13)中的结果符合。

(15)就文本的实词密度变化来看,在英语中,原生/翻译文本中实词密度最高的均为新闻类文本,在原生英语文本中实词密度最低的是小说类文本,而翻译英语文本中学术类文本的实词密度最低,下降非常显著。这一方面说明了在像新闻类这种信息量巨大而书面化程度较低的语域下,文本在翻译后信息量保存较完整,变化不大;而像学术类这样书面化程度高的语域下,文本在翻译后往往会出现信息简化的倾向。

(16)在原生文本中和翻译文本中,四类语域下文本中实词词性的排序都是名词 > 动词 > 形容词 > 副词,未发生改变。

(17)原生和翻译文本实词中的名词使用频率,都是在新闻类语域下最高,小说类语域下最低;动词使用频率都是在小说类语域下最高,学术类语域下最低。

(18)相对于原生文本而言,四类语域的翻译文本实词中名词和动词的变化在学术类语域下最大。

(19)翻译文本的实词中,在新闻类语域下,名词、形容词的比例均有显著增长,副词比例显著下降;在通用类语域下,名词、动词、形容词和副词的比例均有显著上升;在学术类语域下,名词、动词、形容词和副词的比例均有显著下降;在小说类语域下,这四类实词的比例均有显著上升。这说明在新闻类、通用类及小说类语域下,翻译文本有语义显化的特征,而在学术类语域下,翻译文本中出现语义简化的倾向。

(20)在学术类语域下,翻译英语文本中连词类总体呈显著下降的趋势，与其他语域下的表现相反。在此语域下，各类连词分别亦呈显著下降的趋势。

（21）代词类总体在新闻类语域下显著下降，在其他三类语域下显著上升。

（22）在新闻类语域下，除了主格人称代词第一人称复数，也就是"we"的频率有显著上升外，其他类代词均出现显著下降。

（23）相对于原生英语文本而言，翻译英语文本的冠词类总体、定冠词"the"和不定冠词"a""an"在四类语域下均有显著的变化。

（24）冠词类总体和定冠词"the"在新闻类、通用类、小说类语域下均有显著上升，在学术类语域下均有显著下降。

（25）不定冠词"a""an"在新闻和学术类语域下均有显著下降，但在通用类和小说类语域下均有显著上升的趋势。

（26）相对于原生英语文本而言，翻译英语文本中"the"的使用频率及搭配能力和搭配范围在语义和语法形式上有所扩张。在通用类语域下，扩张多集中于使用频率及语义范围上，语法变化相对保守；在学术类语域下，使用频率及搭配语义范围均有缩减，语法上的变化也相对保守，从语法形式到语义上都有规范化的倾向。

（27）原生英语文本中与"the"高频共现的语义域亦多会出现在翻译文本中。

（28）表线性顺序的词在四类语域下原生/翻译英语文本中均有出现，是与定冠词"the"搭配最为普遍的语义域。

（29）四类语域下翻译英语文本中"the"的搭配语义域变化更加丰富具体化。学术类文本中搭配语义域的扩展范围最小，通用类文本中的扩展范围最大，小说类文本中偏性别特征的使用加强。

（30）不定冠词"a""an"搭配能力的变化会更多地反映在语义域的偏好及高频使用的固定类连接用法的变化上，搭配词语义域变化种类比"the"少。

（31）相对于原生英语文本而言，"a"的类连接使用频率在新闻类及通用类翻译英语文本中下降，在学术类翻译文本中上升。

7 翻译英语、翻译汉语中的特征译语：共性与个性

（32）新闻类、通用类语域下翻译英语文本中对时间的限定性所指或使用下降，而在学术类语域下的翻译英语文本中则上升了。

（33）在新闻类、通用类语域下的翻译英语文本中，"an"搭配其他专有名词的频率上升。

（34）在四类语域下，翻译英语文本中与"a"搭配区分程度强弱的语义均有所下降。

（35）在小说类翻译英语文本中，与"an"搭配表示言语行为意义的词汇增多，显示这一语域的某些表现方式与语言特点在翻译文本中有所增强。

（36）与"a"搭配的固定类连接用法的变化，在不同的语域下亦有显著的变化，因此在考察不定冠词的搭配形式变化时固定类连接也是一项需要慎重考虑的重要因素。

（37）在新闻类和学术类语域下，平均句子长度有所增加，在通用类及小说类语域下，平均句子长度缩短了。总体来看，增加的幅度大于减少的幅度。显示出翻译文本在不同语域下的特点——在新闻类和学术类语域下，句法结构复杂化，而在通用类及小说类语域下，句法结构相对简化。

（38）在新闻类语域下，翻译英语中被动结构的语义韵传统化倾向较其他三类语域表现得更加明显。

（39）在小说类语域下，英语中被动标记翻译的传统化特征在书面部分向形式靠拢，在口语部分向语义/语用靠拢。

（40）多承载语用功能的句末标点在翻译英语文本中各语域下上升趋势多于下降趋势。

（41）在新闻类语域下，完成体时体标记增长显著，未完成体时体标记增长不显著。

（42）在通用类语域下，完成体时体标记增长显著，未完成体时体标记下降显著。

（43）在学术类语域下，完成体和未完成体时体标记下降均不显著。

（44）在小说类语域下，完成体和未完成体时体标记均有显著上升的趋势。

将以上特征按照四类语域分类整理，结果如表7.6所示（表中标记为斜体的是在四类语域下均有出现的特征，下划线部分是仅在此语域下出现的个性特征）。

表 7.6　四类语域分类下英语特征译语的个性特征表现

学术	1. STTR 显著升高。 2. *STTR 变化比汉语中大。* 3. *单次出现词频率变化比汉语中大。* 4. 单次出现词显著上升。 5. 单次出现词最常用见词性为普通形容词，与原生文本中相同。 6. 单次出现词词性前五位类别及排序同原生文本。 7. 单次出现中动词类多呈上升趋势，其中动词过去时、动词 ing 分词形式和动词 S 形上升显著，外来词使用的上升趋势也很显著。 8. 翻译文本中单次出现词词性的分布趋势基本符合原生文本中的分布曲线。 9. 翻译文本中实词密度在四类语域中最低，与原生文本相比下降非常显著。 10. *实词词性的排序为名词＞动词＞形容词＞副词，同原生文本。* 11. 实词中动词使用频率在四类语域下最低，同原生文本。 12. 实词中名词和动词的变化幅度在四类语域下最大。 13. 实词中名词、动词、形容词、副词均有显著下降。 14. 连词类总体及各类连词均呈显著下降。 15. 代词类总体显著上升。 16. *冠词类总体、定冠词及不定冠词变化显著。* 17. 冠词类总体和定冠词"the"显著下降。 18. 不定冠词显著下降。 19. "the"的使用频率及搭配语义范围均有缩减，语法上的变化也相对保守。 20. 原生英语文本中与"the"高频共现的语义域亦多会出现在翻译文本中。 21. "the"最常与表线性顺序的语义域搭配。 22. "the"的搭配语义域变化更加丰富具体化。 23. 与"the"搭配的语义域的扩展范围在四类语域下最小。 24. 不定冠词"a""an"搭配能力的变化会更多地反映在语义域的偏好及高频使用的固定类连接用法的变化上，搭配词语义域变化种类比"the"少。 25. "a"的语义搭配中对时间的限定性所指或使用上升。 26. 与"a"搭配区分程度强弱的语义均有所下降。 27. 平均句长增加。 28. 完成体和未完成体时体标记下降均不显著。 29. *被动结构的语义韵呈传统化倾向。*

7 翻译英语、翻译汉语中的特征译语：共性与个性

续表

通用	1. STTR 显著降低。 2. *STTR 变化比汉语中大。* 3. *单次出现词频率变化比汉语中大。* 4. 单次出现词显著下降。 5. 单次出现词最常见词性为普通形容词，与原生文本中相同。 6. 单次出现词中动词类多有上升趋势，动词 S 形上升显著。 7. 翻译文本中单次出现词性的分布趋势基本符合原生文本中的分布曲线。 8. *实词词性的排序为名词＞动词＞形容词＞副词，同原生文本。* 9. 实词中名词、动词、形容词、副词均有显著增长。 10. 连词类总体及各类连词均呈显著上升。 11. 代词类总体显著上升。 12. *冠词类总体、定冠词及不定冠词变化显著。* 13. 冠词类总体和定冠词"the"显著上升。 14. 不定冠词显著上升。 15. "the"的搭配能力与搭配范围的扩张多集中在使用频率及语义范围上，语法变化相对保守。 16. 原生英语文本中与"the"高频共现的语义域亦多会出现在翻译文本中。 17. "the"最常与表线性顺序的语义域搭配。 18. "the"的搭配语义域变化更加丰富具体化。 19. *与"the"搭配的语义域的扩展范围在四类语域下最大。* 20. *不定冠词"a""an"搭配能力的变化会更多地反映在语义域的偏好及高频使用的固定类连接用法的变化上，搭配词语义域变化种类比"the"少。* 21. "a"的类连接使用频率下降。 22. "a"的语义搭配中对时间的限定性所指或使用下降。 23. "an"搭配其他专有名词的频率上升。 24. *与"a"搭配区分程度强弱的语义均有所下降。* 25. 平均句长缩短。 26. 完成体时体标记增长显著，未完成体时体标记下降显著。 27. *被动结构的语义韵呈传统化倾向。*

续表

新闻	1. STTR 显著降低。 2. *STTR 变化比汉语中大。* 3. 高频词显著上升。 4. 高频词中普通形容词最多，同原生语言文本。 5. 高频词中过去完成时动词使用更加频繁。 6. 高频词中普通形容词频率显著上升。 7. 高频词词性的分布趋势与原生文本中的分布曲线符合不好，高频词词性的使用习惯与原生文本中差异大。 8. *单次出现词频率变化比汉语中大。* 9. 单次出现词显著下降。 10. 单次出现词最常见词性为普通形容词，与原生文本中相同。 11. 单次出现词虽然频率下降，词性却更加丰富多变。 12. 单次出现词中动词类频率多有上升，形容词频率下降。 13. 单次出现词词性前七位类别及排序同原生文本。 14. 翻译文本中单次出现词词性的分布趋势基本符合原生文本中的分布曲线。 15. 原生及翻译文本实词密度在三类语域下最高。 16. *实词词性的排序为名词＞动词＞形容词＞副词，同原生文本。* 17. 实词中名词使用率在四类语域下最高，同原生文本。 18. 实词中的名词、形容词有显著增长，副词显著下降。 19. 连词类总体及各类连词均呈显著上升。 20. 代词"we"频率显著上升，其他类代词均显著下降，代词类总体显著下降。 21. *冠词类总体、定冠词及不定冠词变化显著。* 22. 冠词类总体和定冠词"the"显著上升。 23. 不定冠词显著下降。 24. 原生英语文本中与"the"高频共现的语义域亦多会出现在翻译文本中。 25. "the"最常与表线性顺序的语义域搭配。 26. "the"的搭配语义域变化更加丰富具体化。 27. 不定冠词"a""an"搭配能力的变化会更多地反映在语义域的偏好及高频使用的固定类连接用法的变化上，搭配词语义域变化种类比"the"少。 28. "a"的类连接使用频率下降。 29. "a"的搭配中对时间阶段概念的限定性所指或使用下降。 30. "an"搭配其他专有名词的频率上升。 31. *与"a"搭配区分程度强弱的语义均有所下降。* 32. 平均句长增加。 33. *被动结构语义韵存在传统化倾向，且在四类语域中最明显。* 34. 完成体时标记增长显著，未完成体时标记增长不显著。

7 翻译英语、翻译汉语中的特征译语：共性与个性

续表

小说	1. STTR 显著升高。 2. *STTR 变化比汉语中大。* 3. *单次出现词频率变化比汉语中大。* 4. *实词词性的排序为名词＞动词＞形容词＞副词，同原生文本。* 5. <u>实词中名词使用率在四类语域下最低，同原生文本。</u> 6. <u>实词中动词使用率在四类语域下最高，同原生文本。</u> 7. 实词中名词、动词、形容词、副词均有显著上升。 8. 连词类总体及各类连词均呈显著上升。 9. 代词类总体显著上升。 10. *冠词类总体、定冠词及不定冠词变化显著。* 11. 冠词类总体和定冠词 "the" 显著上升。 12. 不定冠词显著上升。 13. *原生英语文本中与 "the" 高频共现的语义域亦多会出现在翻译文本中。* 14. "the" 最常与表线性顺序的语义域搭配。 15. "the" 的搭配语义域变化更加丰富具体化。 16. <u>与 "the" 搭配的语义域中偏性别特征的使用加强。</u> 17. *不定冠词 "a" "an" 搭配能力的变化会更多地反映在语义域的偏好及高频使用的固定类连接用法的变化上，搭配词语义域变化种类比 "the" 少。* 18. "a" 的类连接使用频率上升。 19. <u>与 "a" 搭配区分程度强弱的语义均有所下降。</u> 20. <u>与 "an" 搭配表示言语行为意义的词汇增多。</u> 21. 平均句长缩短。 22. *被动标记的语义韵传统化倾向亦存在，但多集中于口语部分。* 23. <u>被动标记翻译的传统化特征在书面部分向形式靠拢，在口语部分向语义/语用靠拢。</u> 24. 完成体和未完成体时体标记均有显著上升的趋势。

7.5.1.2 英语特征译语在四类语域下的共现特征分析

问号、感叹号及分号虽然在不同语域下均有各自不同的表现，但是其共同特征均在于多用来承载语篇及语用功能，所以将其大致的变化趋势作为一个整体在这里进行描述，并未单独分别在上表中列出。以上三类标点符号在翻译英语文本中各语域下的各自表现中，上升趋势从总量上来看多于下降趋势。

−221−

译语的共性与个性
——基于语料库的英、汉特征译语比较研究

表7.6中标记为斜体的部分是在四类语域下均有表现的英语个性特征译语。从以上这些表现特征中可以总结出，在各个语域下均会普遍出现的英语特征译语为：①STTR和单次出现词的变化均比翻译汉语中的大，说明词形变化比翻译汉语文本丰富，这与英语的词形偏曲折变化有关。②实词频率的排序与原生文本中的相同，说明在词性总体认知及使用方面变化不大，与原生语言文本的区别性特征还需要在更小的范围中寻找比较。③被动结构的语义韵从总体来看均存在传统化倾向。④冠词类总体、定冠词和不定冠词虽然升降不一，但是从总体上看，其变化均有显著性，这说明翻译文本中对指称认知的变化是明显的。⑤在原生英语文本中定冠词"the"的高频共现语义域绝大部分亦会出现在翻译文本中，表线性顺序的语义域与"the"的搭配频率最高，在原生/翻译文本中均是如此，并且"the"的高频搭配语义域的变化会更加丰富具体化。这些特点说明，在定冠词的语义域搭配中，高频共现搭配一般会表现得比较稳定，符合原生语言规律。语义域范围与用法拓宽反映出限定性所指语用设定的加强，这与译者在翻译过程中身份的转换有关。因为译者要对文本进行翻译，首先要作为读者去阅读并理解源语文本，然后再作为译者进行翻译。在翻译过程中，他/她对源语文本信息内容的熟知，会影响到其对信息内容的转述时对所指事物的限定性认知，以及对译文读者于所指事物的心理预期。因此在翻译时，可能在潜意识中会一方面不自觉地加强了对事物的限定性所指，另一方面会假设读者对所指事物的限定性具有和话语发出者（译者）有相同的认知效果，从而导致定冠词"the"的搭配语义域范围拓宽。这是一种在翻译过程中认知特性显化的表现。⑥不定冠词语义域搭配范围缩减，这一方面受到上述的对限定性所指的认知特点强化的影响，另一方面与一些固定类连接的变化有关。

7.5.1.3 英语特征译语在一个以上语域下的共现特征分析

接下来观察在多于一个语域中翻译英语文本所呈现出的共现特征。观察发现，在学术类和小说类语域下，文本的STTR均有显著升高，说明在这两类语域下，翻译后从整体词形变化上看都要比其他语域更丰富明显。

在学术类语域和新闻类语域下，实词中的副词均显著下降，平均句长增加，说明在这两类语域下，翻译文本中的定语修饰可能会多用形容词及其他形式，更加直接，长度增加，从而亦影响到句长的变化，语法形式更加多变。不定冠词频率显著下降，反映出在这两类语域下英语翻译文本中对限定性所指认知概念的特点。"the"的用法从语法形式到语义上都有规范化/简化的趋向。

在学术类、通用类和新闻类语域下，单次出现词中的动词类多呈上升趋势，其中在学术类及语通用类下，动词S形上升尤为显著，但是单次出现词整体无特别显著的上升趋势，这说明在这些语域下，语法形式不一定会更加多变（翻译及原生文本中单次出现词的词性分布曲线贴合较好亦对此有所证明），但是在翻译文本的叙述方式中，可能会更加偏向借助动词。单次出现词的词性分布较好地贴合原生语言中的分布曲线，形容词是最常见的词性这个规律亦同原生语言文本中的，这说明在这些语域下，单次出现词的用法分布比较稳定。

在学术类、通用类和小说类语域下，均出现代词总体显著上升的趋向，会带来指代关系、语篇连贯上的显化效果，亦是翻译过程中认知特性显化的表现之一。

在通用类及新闻类语域下，STTR下降，单次出现词频率显著下降，"a"的类连接搭配使用频率下降，说明在这两种语域下，翻译英语中有可能出现语法形式简化的倾向。不定冠词"a"的高频搭配语义域中，对时间阶段概念的限定性所指下降，专有名词搭配上升，说明在这两个语域下，非限定性的认知特征增强了。

在通用类及小说类语域下，实词中各类词性均有显著增长，代词总体显著上升，说明意义显化的特征较明显。平均句长缩短，说明有语法形式简化的趋向。

在通用类、新闻类及小说类语域下，连词类均显著上升，说明在这几类语域下句法语篇及语义逻辑连贯的显化现象比较明显。冠词总体及定冠词"the"显著上升，与前面观察到的四类语域下共有的特征相结合，说明说明此种在翻译过程中认知特性显化的表现在这几个语域下形式上的显化相对更加明显。完成体时体标记增长显著，则说明在这几类语域下的翻译文本中时体认知概念的一种偏向。

7.5.1.4 英语特征译语在各类语域下的独特现象特征分析

下面再来对各类语域下翻译英语文本中呈现的独特现象分别进行归纳分析。表7.6中用横线标出的部分为各语域下的独特现象。

在学术类语域下，STTR显著升高，单次出现词频率显著上升，其中主要动词类增多，实词中动词的频率却显著下降，下降幅度也是四类语域中最大的，反映出在这一类语域下翻译文本中的动词类主要在单次出现词部分出现语法形式与语义的显化。实词中名词、形容词、副词均有显著下降，且名词的变化幅度在四类语域中是最大的，这也从另一方面反映出动词类在这一语域下单次出现词部分中大幅度增长的事实。冠词类总体和定冠词"the"的使用频率显著下降，"the"的搭配语义范围缩减，语法上的变化也相对保守，以及"the"的高频搭配语义域的扩展在四类语域下最小这些现象，反映出在这一语域下定冠词的形式及语义简化倾向是四类语域中最明显的，翻译过程中对所指称事物的限定性认知在四类语域中的弱化程度相对最高。

在通用类语域下，比较独特的特征是在翻译过程中对所指称事物的限定性认知在四类语域中的强化程度相对最高。

在新闻类语域下，高频词中的一系列变化说明在这一语域下翻译英语文本有范化的倾向。高频词、实词中形容词上升，副词下降，平均句长增加，说明在这一语域下，长定语是一个显著的特征，表现得比其他语域更加明显。

在小说类语域下，同原生文本中的规律一样，实词中名词的使用率在四类语域下最低，动词最高，与"an"搭配的表言语行为意义的词汇增多，以及与"the"搭配的语义域中偏性别特征的使用增强，均说明小说类语域下翻译英语文本中对此类文本中原有情节性、可读性特征的强调。

7.5.2 汉语特征译语的个性特征

7.5.2.1 汉语特征译语在研究中呈现的特点总结整理

对汉语特征译语在研究中呈现的个性特征总结如下：

（1）STTR在新闻类及学术类语域下的上升变化十分显著，说明在这两类语域下，词形变化最丰富，而这一特点在以分析型为主的现代汉语中，意味着翻译文本在语法形式和意义上均有显化的可能。

（2）在新闻类及通用类语域下，高频词的频率有显著升高的趋势。

（3）在新闻类及通用类翻译汉语文本中，高频词词性的偏好不如英语集中，与原生汉语文本高频词的词性分布曲线贴合较好。

（4）在新闻类语域下，翻译汉语高频词中对人名、地名的处理多用音译的方式，多用代词。

（5）在通用类语域下，翻译汉语高频词词性变化不明显。

（6）单次出现词的频率在通用类翻译汉语文本中出现了显著上升的趋势，但其词性种类的变化不显著。

（7）原生语言文本和翻译语言文本中出现频率最高的前两位词性，即名词和动词，虽然在新闻类和通用类语域下频率均有显著下降，但是排序均未改变。

（8）音译人名、音译地名的使用频率显著上升；名词、动词、其他专有名词、时间词、状态词、不及物动词、动词性惯用语、人名、地名、机构团体名均出现了显著下降的趋势。

（9）以上（8）中的这些有显著变化的词性在翻译汉语文本中的频率排序从1到34均有，而且词性种类丰富，说明分布范围广，简化现象比较普遍，并未集中在某一部分上。

（10）单次出现词词性的分布并未很好地符合原生汉语中单次出现词词性分布的曲线。

（11）翻译文本中的实词密度的语域排序与原生文本中的保持一致，即学术 > 新闻 > 通用 > 小说；在四类语域下实词词性的排序也与原生文本中的保持一致，即名词＞动词＞形容词。

（12）从文本中实词的角度来看，名词和动词比例在学术类原生/翻译汉语文本中均最高，而在小说类原生/翻译汉语文本中均最低。

（13）相对于原生文本而言，在通用类语域下，翻译文本中名词与动词的变化幅度最大（显著下降）。

（14）名词、动词、形容词在四类语域下的翻译文本中均有显著下降，具有意义简化的倾向。

（15）在学术类语域下，翻译汉语文本中连词类总体变化不显著，原因在于并列连词的频率显著下降而其他连词的频率显著上升。这在其他三类语域下均有显著上升。

（16）翻译汉语文本中的代词频率在各语域下均有显著上升的趋势。

（17）在四类语域下，汉语翻译文本的平均句子片段长度均出现增长的趋势。

（18）汉语中的被动句式翻译，在通用类语域下，形式、语义/语用上均易受源语的影响，还具有部分意义简化的特点。

（19）翻译汉语文本中被动标记的语义韵在四类语域下均呈现传统化的特征，但"被"字句在通用类语域下受源语影响明显，有意义简化的倾向。

（20）在翻译汉语文本中，多承载语用功能的句末标点在四类语域下，总体下降趋势多于上升。

（21）在新闻类语域下，翻译汉语文本中的完成/未完成体的时体标记频率产生了显著下降的趋势。

（22）在通用类语域下，翻译汉语文本中的完成/未完成体的时体标记频率上升不显著。

（23）在学术类语域下，翻译汉语文本中的完成体时体标记频率显著上升，未完成体时体标记下降不显著。

（24）在小说类语域下，翻译汉语文本中的完成体时体标记频率显著下降，未完成体时体标记上升不显著。

7 翻译英语、翻译汉语中的特征译语：共性与个性

（25）总体习语类在四类语域下翻译汉语文本中的使用频率均有显著下降。

（26）翻译汉语文本中在新闻类语域下习语使用最多，在学术类语域下习语使用最少，与原生文本中的趋势保持一致，但是在小说类翻译文本中习语的使用要高于通用类翻译文本，这一点与原生文本不同。这说明汉语小说类翻译中范化特征比较明显。

（27）动词性习语在翻译汉语文本中各语域下的分布最多也最为稳定，与原生汉语文本差别不大。

（28）书面化程度最低的语域下翻译语言中习语的使用特点最接近原生语言中的。

（29）在翻译文本各类语域下产生明显变化的主要是动词性习语和名词性习语，均出现显著降低的趋势。

（30）区别词性习语的变化特征与形容词性习语的变化有关，在学术类语域下出现显著上升，意味着在此语域下的翻译文本中可能会出现更多、更长的定语，以及更多在传统意义上语法功能不完整的句子片段。

（31）翻译文本中总体语气词在四类语域下的频率排序与原生语言文本中的保持一致。

（32）语气词只在使用量最少、最书面化的学术类语域下有不显著的上升趋势，在其他语域下均有显著的下降。

（33）在新闻类、通用类和小说类语域下，翻译汉语文本中语气词的种类都有减少，而在学术类语域下，种类有所增加。

（34）在学术类语域下，语气词的翻译会更加倾向于陈述和较弱疑问的语气，表现形式更加书面化。

（35）在小说类语域下，语气词翻译史可能会更加倾向于加强原有的语气情感，语用显化。

（36）由于语气词"了"兼具时体标记的功能，其在学术类语域下的增长与此类文本中完成体增长亦有关系。

（37）翻译汉语文本中的总体量词类在新闻类、通用类语域下出现显

著下降的趋势；在小说类语域下频率最高，下降变化不显著；在学术类语域下频率最低，且出现显著上升的趋势。

（38）名量词在新闻类语域下有显著下降的趋势。

（39）动量词在新闻类和通用类语域下有显著下降的趋势。

（40）时量词在新闻类、通用类和小说类语域下产生明显下降趋势，而在学术类语域下出现明显上升的趋势。

（41）从总体来看，四类语域中新闻类语域下受源语影响词缀的出现频率最高，小说类语域下词缀的出现频率最低，原生文本和翻译文本中皆是如此。

（42）在新闻类语域下，前缀、后缀均有增长趋势，其中前缀显著增长。

（43）在通用类语域下，前缀、后缀亦出现增长趋势，后缀增长显著。

（44）在学术类语域下，前缀频率显著下降，后缀频率显著上升。

（45）在小说类语域下，前缀、后缀上升趋势不显著。

（46）对后缀"们"的语义搭配考察表明，其搭配能力在小说类和新闻类语域中下降了，而在通用类和学术类语域下上升了。

（47）从"们"的搭配语义偏好来看，在新闻类、通用类及学术类语域下，翻译汉语文本中多搭配表职业与社会地位的词；在新闻类及通用类语域下，翻译文本中与其搭配词语义域的性别界限更加模糊，多用中性词；小说类语域下，原生及翻译汉语文本中搭配词语义域的性别特征均相对其他语域明显一些，原生与翻译文本之间的变化不大。

将以上特征按照四类语域分类整理，结果如表7.7所示。

7 翻译英语、翻译汉语中的特征译语：共性与个性

表 7.7　四类语域分类下汉语特征译语的个性特征表现

学术	1. STTR 上升明显。 2. *实词词性排序与原生文本中相同。* 3. 实词中名词和动词的比例在四类语域下最高。 4. *实词中名词、动词、形容词均显著下降。* 5. 并列连词显著下降而其他连词显著上升，因而连词总体变化不显著。 6. *代词显著上升。* 7. *平均句子片段长度增长。* 8. 被动结构标记呈传统化趋势。 9. 完成体时体标记显著上升，未完成体时体标记下降不显著。 10. *总体习语类显著下降。* 11. 习语使用最少，与原生文本中一致。 12. *动词性习语最多，变化最稳定。* 13. 习语使用特点在四类语域下最接近原生语言。 14. 动词性习语和名词性习语为主要显著变化的习语，显著降低。 15. 区别词性习语显著上升。 16. *总体语气词频率的语域排序与原生文本中的一致。* 17. 语气词上升不显著。 18. 语气词种类增加。 19. 语气词的翻译会更加倾向于陈述和较弱疑问的语气，表现形式更加书面化。 20. 语气词"了"在此语域下的增长亦与完成体增长有关。 21. 总体量词类在四类语域中频率最低，显著上升。 22. 时量词显著上升。 23. 受源语影响的前缀显著下降，后缀显著上升。 24. 后缀"们"的语义搭配能力上升。 25. 后缀"们"的搭配语义域偏向表职业与社会地位的词。

续表

通用	1. 高频词显著升高。 2. 高频词词性种类变化不明显，高频词词性偏好不如英语集中，与原生汉语高频词词性的分布曲线贴合较好。 3. 单次出现词频率显著上升，但其词性种类数量变化不明显。 4. 单次出现词词性频率最高的名词和动词在翻译文本中排序未变。 5. 单次出现中音译人名、音译地名显著上升；名词、动词、其他专有名词、时间词、状态词、不及物动词、动词性惯用语、人名、地名、机构团体名显著下降。 6. 单次出现词中显著下降的词性分布范围广，说明简化现象比较普遍，并无集中偏好。 7. 单次出现词词性的分布并未很好地符合原生汉语中单次出现词词性的分布曲线。 8. 实词词性排序与原生文本中相同。 9. 实词中名词、动词、形容词均显著下降。 10. 连词总体显著上升。 11. 代词显著上升。 12. 平均句子片段长度增长。 13. 被动结构标记整体呈传统化趋势，但"被"字句的翻译在形式、语义/语用上都易受源语干扰的影响，还具有部分意义简化的特点。 14. 完成体/未完成体时体标记上升不显著。 15. 总体习语类显著下降。 16. 动词性习语最多，变化最稳定。 17. 动词性习语和名词性习语为主要显著变化的习语，显著降低。 18. 总体语气词频率的语域排序与原生文本中的一致。 19. 语气词显著下降。 20. 语气词种类减少。 21. 总体量词类显著下降。 22. 动量词显著下降。 23. 时量词显著下降。 24. 受源语影响的前缀、后缀均出现增长趋势，后缀增长显著。 25. 后缀"们"的语义搭配能力上升。 26. 后缀"们"的搭配语义域偏向表职业与社会地位的词。 27. 后缀"们"的搭配词语义域的性别界限更加模糊，偏向使用中性词。

续表

新闻	1. STTR 上升明显。 2. 高频词显著升高。 3. 高频词词性种类变化不显著，高频词词性偏好不如英语集中，与原生汉语高频词词性的分布曲线贴合较好。 4. 高频词中对人名、地名的处理多用音译的方式，多用代词。 5. 单次出现词词性频率最高的名词和动词在翻译文本中排序未变。 6. *实词词性排序与原生文本中相同。* 7. *实词中名词、动词、形容词均显著下降。* 8. 连词总体显著上升。 9. *代词显著上升。* 10. *被动结构标记呈传统化趋势。* 11. *平均句子片段长度增长。* 12. 完成体/未完成体时体标记显著下降。 13. *总体习语类显著下降。* 14. 习语使用最多，与原生文本中一致。 15. *动词性习语最多，变化最稳定。* 16. *动词性习语和名词性习语为主要显著变化的习语，显著降低。* 17. *总体语气词频率的语域排序与原生文本中的一致。* 18. 语气词显著下降。 19. 语气词种类减少。 20. 总体量词类显著下降。 21. 名量词显著下降。 22. 动量词显著下降。 23. 时量词显著下降。 24. 受源语影响词缀的出现频率在四类语域中最高，与原生文本中表现一致。 25. 受源语影响的前缀、后缀均有增长趋势，<u>其中前缀显著增长。</u> 26. 后缀"们"的语义搭配能力下降。 27. 后缀"们"的搭配语义域偏向表职业与社会地位的词。 28. 后缀"们"的搭配词语义域的性别界限更加模糊，偏向使用中性词。

-231-

续表

小说	1. *实词词性排序与原生文本中相同。* 2. *实词中名词和动词比例在四类语域中最低。* 3. *实词中名词、动词、形容词均显著下降。* 4. 连词总体显著上升。 5. *代词显著上升。* 6. *平均句子片段长度增长。* 7. *被动结构标记的语义韵呈现传统化特征。* 8. 完成体时体标记显著下降，未完成体时体标记上升不显著。 9. *总体习语类显著下降。* 10. 习语频率排序相对原生文本上升，范化特征明显。 11. *动词性习语最多，变化最稳定。* 12. *动词性习语和名词性习语为主要显著变化的习语，显著降低。* 13. *总体语气词频率的语域排序与原生文本中的一致。* 14. 语气词显著下降。 15. 语气词种类减少。 16. 语气词翻译时可能会更加倾向于加强原有的语气情感，语用显化。 17. 总体量词类频率在四类语域中最高，下降变化不显著。 18. 时量词显著下降。 19. 受源语影响词缀的出现频率在四类语域中最低，与原生文本中表现一致。 20. <u>受源语影响的前缀、后缀均有上升趋势，但不显著。</u> 21. 后缀"们"的语义搭配能力下降。 22. 后缀"们"的搭配词语义域的性别特征均相对其他语域明显一些。

7.5.2.2 汉语特征译语在四类语域下的共现特征分析

同章节7.5.1.2，将问号、感叹号及分号大致的变化趋势作为一个整体在这里进行描述，并未单独分别在上表中列出。以上三类标点符号在翻译英语文本中各语域下的各自表现中，上升趋势从总量上来看多于下降趋势。多承载语用功能的句末标点在四类语域下，总体下降趋势多于上升趋势，正好与英语中的表现相反，这应该主要与汉语翻译文本中句长的变化特征有关，在下文中会结合其他特征再进行分析。

表7.7中标记为斜体的部分是汉语特征译语在四类语域下的共现特征。

从以上这些表征中可以总结出，汉语特征译语在四类语域下均会出现的表现如下：①实词词性的频率排序与原生文本中的一致，说明在词性总体认知及使用方面变化不大，与原生语言文本的区别性特征还需要在更小的范围中寻找比较。②实词中的名词、动词、形容词都有显著下降，说明在各语域下汉语翻译文本均有信息密度降低的趋势。③代词显著上升，说明在汉语翻译文本中的语篇连贯以及表示指代关系的认知特征出现显化趋势。④平均句子片段长度增加，反映出一种语法结构的复杂化及定语修饰功能显化的可能倾向。⑤被动结构标记的语义韵整体具有传统化的特点，这反映出在翻译过程中对被动意义的语义/语用方面的源语影响是存在的。⑥习语类总体显著下降，主要集中在名词性习语和动词性习语的显著降低上，形容词性习语变化不显著，而区别词性习语则在各语域下显著升高。这说明在表名称概念或动作行为时，一般会出现形式显化的趋向，而形式上的范化倾向主要集中表现在定语修饰语上。⑦动词性习语在各类语域中的整体分布频率最高，在原生语言和翻译语言中都是如此，说明在原生语言中使用频率最高的语言项，在翻译语言中也不易产生大的变化。⑧总体语气词在各语域下的频率排序与原生语言中一致，反映出在翻译过程中一种语用方面的稳定性。

7.5.2.3 汉语特征译语在一类以上语域下的共现特征分析

接下来看看汉语特征译语在一类以上语域下的共现特征。在学术类和新闻类语域下：①STTR显著上升，说明在这两个语域下，翻译文本中词形变化丰富，有语义显化和语法形式显化的倾向。②受源语影响大的后缀显著增长，其中"们"尤为明显，其语义搭配能力也上升了。这一方面说明这类在形式比较规范化的信息型文本在翻译时，会在语言形式上更易受到源语干扰的影响，另一方面也说明对在原生语言中受到外来语影响，稳定性相对弱一些的语言形式，翻译文本中会在形式和语义两方面对其进一步扩展加强。

在学术类、新闻类及通用类语域下，后缀"们"的语义域搭配偏向表职业与社会地位的词。同样反映出其搭配语义范围拓宽和此类词在这几类语域下的一种语义偏好。

在通用及新闻类语域下：①高频词都有显著上升，说明有一种形式上规范化的倾向。高频词的词性种类变化不明显也证明了这一点。②高频词的词性偏好不如英语中的集中，与原生汉语中高频词词性的分布曲线贴合较好，反映出翻译汉语中对高频词的使用习惯与原生汉语中的差别不大。③总体量词类显著下降，动量词显著下降，说明在这两类语域下，动量词的下降趋势非常显著，是发生变化的主要量词类。④多受源语影响的前、后缀均有增长，说明在这两个语域下源语干扰也表现得比较明显。⑤"们"的搭配语义域的性别界限更加模糊，多偏向使用中性词，则反映翻译文本中对文体语言特点的强化。

在通用、新闻及小说类语域下：①语气词的频率显著下降，种类也有所减少，反映出了在这些语域下，翻译文本中对传统语言形式及语用方面的弱化。②连词总体显著上升，说明有一种语篇逻辑连贯方面的显化倾向。③时量词显著下降，一方面反映出在这些语域下翻译文本中对传统语言形式的弱化，另一方面也反映出对时间概念所指的弱化。

在新闻及小说类语域下，受外来语影响的后缀"们"的语义搭配能力下降，结合在这两类语域下，其频率上升也不显著的特点，说明在这些书面化程度低的语域下，在形式上源语干扰的影响相对较弱，在语义上趋向传统化的趋势更加明显。

7.5.2.4　汉语特征译语在各类语域下的独特现象特征分析

下面再来对各类语域下翻译英语文本中呈现的独特现象分别进行归纳分析。表7.7中用横线标出的部分为各语域下的独特现象。

在学术类语域下：①实词中名词和动词的比例在四类语域下最高，符合原生文本中的规律。②并列连词显著下降而其他连词显著上升，表现出在这一语域下翻译文本中对语篇衔接连贯与隐含关系显化的偏好。③完成体时体标记显著上升，反映出在学术类语域下，在翻译中对时间概念设定与认知的偏好。④同原生文本中一样，是四类语域中习语使用最少的，习语使用特点也是在四类语域中最接近原生语言的，这说明在书面化程度最高的语域下，反映规范化和传统化特征的语言形式变化最不明显。⑤区别词性习语显著上升，与这一语域下定语增长，语法形式结构复杂化以及次语域下文本的语言特点有关。⑥语气词频率上升不显著，但语气词种类增加，说明在其他语域下很明显的独特项呈现过度的特征，在这一语域下形式上表现较弱，但是在语义上会更加明显。⑦对语气词的翻译会更加倾向于较弱疑问的语气，表现形式更加书面化，这是对此类文体语言书面化、客观化特征的加强。⑧语气词"了"的增长及时量词显著上升，与这一语域下翻译时对时间概念与认知的加强有关。⑨总体量词类显著上升，表现出一种独特项呈现过度的趋势。

在通用类语域下：①单次出现词频率上升，但其词性种类变化不明显，说明在这一语域下的显化特征在语言形式上的表现多过语义上的表现。②原生语言中单次出现词词性频率最高的名词和动词在翻译文本中排序未变，说明使用频率最高的语言项在翻译中比较稳定，不会产生太大的变化。③单次出现词中显著下降的词性多于显著上升的词性，说明在翻译中语义上还是有一种简化或规范化的趋向。④单次出现词中显著下降的词性分布范围广，说明简化现象比较均匀普遍，并无明显集中偏好。⑤单次出现词词性的分布并未很好地符合原生汉语中单次出现词的分布曲线，反映出在这一类语域下，翻译汉语与原生汉语的语言差别相对较大。⑥"被"字句的翻译在语义/语用上都易受源语干扰的影响，还具有部分意义简化的特点。⑦完成体/未完成体时体标记变化不显著，说明在这一语域下翻译时对时间概念的认知与预设差别不是很大。

在新闻类语域下，受源语影响的常见前缀增长趋势多过常见后缀的，反映出在这一语域下翻译中对词缀使用的偏好。

在小说类语域下，受源语影响的常见前缀、后缀增长不显著，但是后缀"们"的搭配词语义域的性别特征相对其他语域要明显一点，说明这一语域下重情节、故事性，突出性格描写等一些因素在翻译中被强化了。

7.6　本章小结

从以上总结的这些考察结果中我们可以看出，显化、简化、规范化、源语渗透等等这些所谓的"翻译共性"假设，在不同的语域下，表现各有不同。或者强弱分布不均衡，在某些语域下强一些，在某些语域下弱一些甚至无表现；或者表现的侧重方面不同，有些表现在词汇句法形式方面，有些表现在语义语用方面。这一方面进一步论证了第三章中提出的关于特征译语与翻译共性假设关系的探讨，另一方面亦促发了我们对特征译语研究中"共性"的实质与标准划分的思考。

7.6.1　语域观察角度下特征译语的"异"与"同"

由此我们发现，在特征译语的共性与个性方面，如果从语域划分的角度来进行观察的话，都具有同中有异，异中有同的特质，如图7.2所示。

```
                同　共性特征译语（跨语言）　异
跨语域　◄─────────────────────────────►　非跨语域
                同　个性特征译语（个别语言）　异
```

图 7.2　语域观察角度下特征译语的"异""同"趋向

图7.2中反映的是通过语域划分来观察特征译语的共性方面和个性方面时，所表现出的异同程度的趋向。可以看出，不论是跨语言的共性特征译语，还是个别语言的个性特征译语，从语域分类的角度来看，都具有共性特征和个性特征。这些共性与个性特征，在跨多种语域和不跨语域之间表现为一个连续体，两者所跨的语域越多，所反映的共性特征（同）越强，跨的语域越少，所反映的个性特征（异）越强。而所谓翻译共性假设，是出现在跨语言的共性特征译语这部分的，如果所跨的语言越多，跨的语域越多，其普遍性就越具有说服力。个别语言中的个性特征译语，也是具有跨语域的共性特征的，但是要注意的是，这个"共性"指的是同一种翻译语言在不同语域下的共同表象，不同于"翻译共性"中的"共性"，后者

7 翻译英语、翻译汉语中的特征译语：共性与个性

指的是一种跨语言的普遍性。

7.6.2 特征译语中的共性表现

对于在研究中观察到的这些特征译语的"共性"表现，既涉及语言，又涉及语域，比较繁杂，对此需要有一个清晰的了解与分类，具体可以用图7.3来表示。

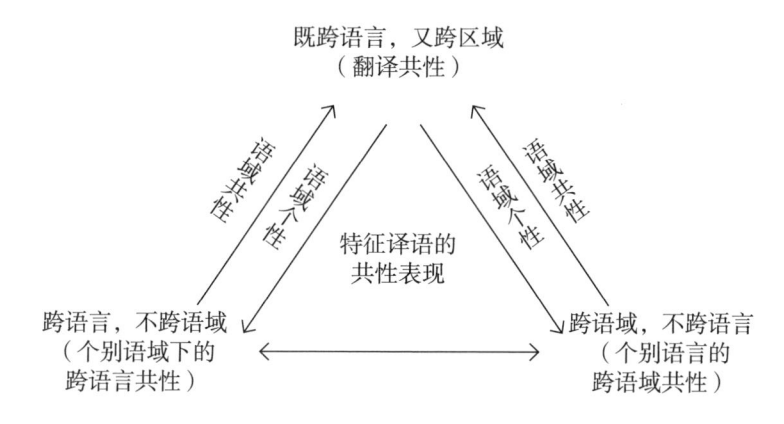

```
                  既跨语言，又跨区域
                    （翻译共性）
                       ▲
                      ╱ ╲
               语言共性   语域共性
                  ╱         ╲
             语域个性     语言个性
                ╱             ╲
               ╱  特征译语的    ╲
              ╱    共性表现      ╲
             ╱                   ╲
  跨语言，不跨语域            跨语域，不跨语言
  （个别语域下的              （个别语言的
    跨语言共性）                跨语域共性）
           ◄──────────────────►
```

图 7.3 特征译语的共性表现解析

图7.3中展示的是特征译语中共性表现的三分结构。位于底层两端的分别是个别语域下的跨语言共性和个别语言的跨语域共性，前者表现为跨语言而不跨语域，如在学术类语域下，英、汉翻译文本中的实词密度与连词均出现下降，代词显著上升等；后者表现为跨语域而不跨语言，如英语翻译文本中的冠词类总体在四类语域下的变化都具有显著性，汉语翻译文本中习语类总体在四类语域下均显著下降，主要集中在名词性习语和动词性习语的显著降低上，形容词性习语变化不显著，而区别词性习语则在各语域下显著升高等。这分别代表了个别语域的特征译语和个别语言的特征译语的两端。出现在示意图顶端部分的则为出现在多个语域下、多种语言中的特征译语的共性表现，当这一部分特征达到极端（在所有语域、所有语言中均出现）时，则可称之为确定无疑的翻译共性（translation universals）。它与底端的两种共性的区分及影响强弱表现的参数如图7.3所

-237-

示，分别为语域共性/个性和语言共性/个性。语言共性和语域共性越强，翻译共性的趋向就越强；语言个性和语域个性越强，分别指向"个别语言的跨语域共性"和"个别语域下的跨语言共性"的趋向就越强。

7.6.3 其他规律

此外，从对以上的这些共有特征及个性特征的观察和分析结果中，我们还可以进一步提炼出如下规律：

（1）英、汉翻译的跨语言共有特征在四类语域下出现数量的排序依次是学术 ＞ 新闻 ＞ 小说 ＞ 通用；英语翻译语言的独特个性特征（非跨语域）在四类语域下出现数量的排序依次是学术 ＞ 新闻 ＞ 小说 ＞ 通用；汉语翻译语言的独特个性特征（非跨语域）在四类语域下出现数量的排序依次是学术 ＞ 通用 ＞ 小说 ＞ 新闻。由此可以看出，在英语特征译语和汉语特征译语中，无论是跨语言的共有特征，还是两种语言各自的个性特征，都在学术类语域下出现最多，也就是说，在书面化程度最高的学术类语域下，特征译语表现得最为突出。

（2）在选取相同比较参数的基础上，本研究翻译汉语文本中的跨语域共性要比翻译英语文本中的跨语域共性表现更加丰富。

（3）特征译语中的共性特征与个性特征均可在形式、语义和语用三个方面有所体现（这三个方面之间时有互动重叠），并通过词汇、句法、语篇及语用等层面上的多种语言形式反映出来。

（4）翻译共性如果确实存在的话，可能会更多地表现在认知共性的方面，建立在人类共同认知的基础上。

第三部分

理论启示与总结

8 理论启示

8.1 语言类型学的联系与启示

8.1.1 语言类型学

作为一门严格意义上实证性质的语言科学分支,语言类型学从一开始就着眼于对语言形态等项目的抽样实证考察分类,以探讨语言中"异"与"同"的现象。从Schlegel、Humboldt、Sapir到当代语言类型学的开创者Greenberg,"语言类型学的研究经过几代人的努力,已经从分类走向解释,并有了相当大的影响和规模。"(金立鑫,2006:34)而对当代语言类型学的定义,学者们的表述不尽一致。Croft(1990/2000:1-2)总结出对类型学的三种语言学定义:

1.语言类型学对不同语言的结构类型进行分类(typological classification)。

2.语言类型学研究系统性的跨语言结构规律或型式(patterns),通过概括(generalization)发现语言共性(language universals)。

3.语言类型学代表了一种研究的途径(approach)或理论框架(theoretical framework),用以建立语言学理论,因此亦被称作"格林伯格范式"(Greenbergian)。与乔姆斯基范式(Chomskyan)主要走形式主义的途径不同,这一研究范式主要与功能主义(functionalism)紧密联系。

译语的共性与个性
——基于语料库的英、汉特征译语比较研究

Whaley（1997/2009：7-11）则认为，在语言学的语境下，从最广泛的意义来讲，类型学是指建立在共有形式基础上的对语言或语言成分的分类。继而他又以三个更加详细化的命题来阐释这一概括性的定义：

1.语言类型学涉及不同语言的对比。

2.语言类型学既包括语言成分的分类，也包括语言整体的分类。

3.语言类型学关注基于语言形式特征的分类。

从这些定义可以看出，尽管语言表述方式各有不同，但是所表达出的中心意思是一致的。也就是说，当代语言类型学通过对跨语言形式特征的分类对比研究，概括发现语言共性，建立语言学理论。也就是说，当代语言类型学涉及多种语言的对比研究，通过这种实证性研究途径和研究理论框架，主要对人类自然语言中的共性和差异加以概括及解释，从而探索建立发展语言学理论。

对语言共性的探索，是当代语言类型学所关心的最主要问题。Greenberg（1963）等人的研究发现，不同语言的变化既有范围，又有限度，这些变化的限度即语言共性。Comrie（1989：15-23）将语言共性分为三类，分别用三对二分法的概念来进行阐述：形式共性（formal universals）与实质共性（substantive universals）、蕴含共性（implicational universals）与非蕴含共性（non-implicational universals）、绝对共性（absolute universals）与倾向性（tendencies）。他认为，语言类型研究和语言共性研究实际上是并行开展的，并不存在冲突，只是同一个研究奋斗目标的不同方面。语言共性研究的目的是确定人类语言变化（variation）的限度，而语言类型研究则是直接关注各种变化的可能（1989：33-34）。也就是说，语言共性研究与语言类型研究所关注的都是人类语言的变化，从变化入手，探寻其中的异与同。因此两种研究实际上并行不悖，不可分割，同中有异，异中求同。这既是当代语言类型学的核心研究问题，又是其主要研究途径的反映。

8.1.2 语言类型学与特征译语研究

以上语言类型学所涉及的研究方法与核心研究问题，在特征译语研究中都具有极其重要的借鉴与启发意义，此外，其他一些在语言类型研究学界已获得相当共识，较为成熟的相关概念和研究成果，都可以为特征译语研究所借用，并在一定程度上互相促进发展。

8.1.2.1 研究路径

首先，来看在研究路径方面的联系与启发。语言类型学研究和特征译语研究都涉及多种语言的比较研究，所不同的是，前者只涉及多种语言（原生语言）之间的一维平行比较，而后者还包括原生语言与各自对应的翻译语言之间的比较、对应各自原生语言的特征译语之间的比较，以及不同特征译语比较结果与原生语言比较结果之间的比较。具体关系如图8.1（以两种语言的比较为例）所示。

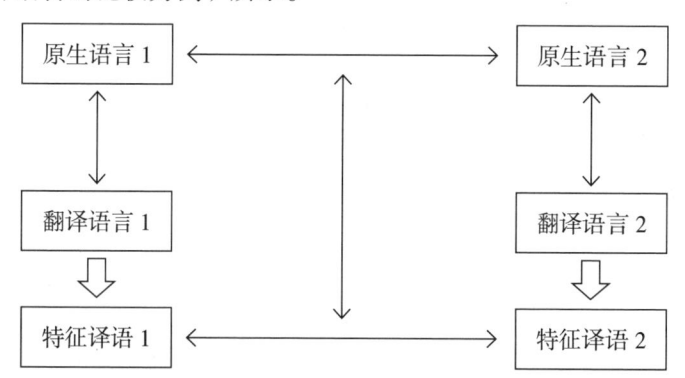

图 8.1　特征译语研究中的比较过程（双箭头表示有比较关系存在，单箭头表示推出结果）

如图8.1所示，在特征译语研究中，最主要的比较在原生语言与各自对应的翻译语言之间进行，再将各自得到的不同类特征译语（见章节3.1.2中的图3.2）进行比较（有时还需要将此比较结果再与原生语言之间的比较结果进行对比），从而发现共性与个性的特征。

其次，语言类型研究和特征译语研究都关注语言形式的变化，皆是从对语言形式的考察入手，以此反映语义及语篇、语用等方面的变化。所不同的是，后者更关心的是变化中的差异，也就是说，不同的特征译语所反映的是不同翻译语言相对于各自对应的原生语言所产生的变化特点，而这些不同语言下变化特点的差异程度，即在不同语言的翻译过程中所体现出的共性与个性，正是此类研究最关心的，也是其主要的研究目标所在。语言类型学研究中对语言形式的分类方法、研究考察的取样方法等都可以为特征译语研究提供借鉴和参考。

再次，语言类型研究和特征译语研究都试图从差异中概括发现共性，发展现有的，或者建立新的语言学理论。但是区别在于，前者的主要研究对象是原生语言，主要的研究目标是语言共性，而后者的主要研究对象是翻译语言，通过比较将目光集中于偏离常规原生语言的"异常"部分，"异中求同"，从中找到规律，主要研究目标是翻译中的共性，这两种共性的产生机制既有区别又有联系。前者产生于原生语言产出过程之中，表现在原生语言的产出结果上；后者则产生于语言转换及再产出过程之中，表现在翻译语言的产出结果上。两者都是认知与思维共性趋向作用下的表现结果，而后者还要再加上一个语言接受和转换再产出的维度。但无论关注点、过程和目的如何，这种同中有异、异中求同的研究思路是相通的，并且可以相互借鉴。

8.1.2.2 共性研究

共性研究在语言类型学研究和特征译语研究中都是主要的研究目标，都是通过对个性的考察比较加以概括总结。在这一方面，语言类型学中对共性的分类、思考及研究成果，对特征译语研究都颇有启发。

Comrie（1989）将语言共性概括为三类：形式共性与实质共性、蕴含共性与非蕴含共性、绝对共性与倾向性。实质共性是指设定为语言共性的广义范畴，多表现为语音、语法中的像似概念，如元音、名词、动词、主语等，形式共性则是对这些语法规则的说明（Comrie，1989：15-16）；蕴含共性与非蕴含共性（Comrie，1989：17-18）则从逻辑上进行划分，适用范围更加广阔，"是类型学研究中最重要的概念"（Croft，1990/2000，沈家煊导读：F20）。非蕴含共性指所有语言在某一参项上属于同一类型，其他类型不存在或极罕见，说明了语言的一致性；蕴含共性则借命题逻辑上的蕴含意义说明了语言变化中的受限模式与范围。绝对共性是指没有例外的共性，倾向性（或非绝对共性）则是指有例外存在的共性。前者只是一种极端状态下的存在，而后者在现实中存在的情况则普遍得多，对后者进行观察概括的最佳有效方法，是将其看做一种总体倾向，这种倾向模式相对于那些随机分布模式的偏离具有统计上的显著性（Comrie，1989：19-20）。以上这些共性的划分方式、思考路径及研究成果对特征译语中的共性研究均有积极的启发与借鉴意义。比如绝对共性和倾向共性的划分思路与研究方法，与特征译语中的翻译共性（translation universals）和其他共性表现研究就直接对应，具有非常积极的借鉴意义。

在语言类型学研究中的一些发现还说明，只要稍稍改变提出的问题，亦即改变比较类型的基础，就有可能又提出一种共性，超越了原来所设定的限定逻辑可能性（Cormrie，1989：37-38）。在特征译语研究中，我们也可以循着这个思路，从不同的比较类型出发，发现不同类型的共性，而这些共性表现或倾向之间也有可能是蕴含性的，或者是非蕴含性的。

对于共性的解释，语言类型学特别关注认知、功能和语用方面，因为这些是人类现实共有而相通的，因此有进行大规模取样实证研究考察，进而比较分类的基础。而从描写性实证研究的角度来看，所谓的共同起源说、天赋说等解释多显得空洞而无坚实的证据基础进行支持（Comrie，1989：23-24），因此依靠外部动因解释，从认知心理、语言功能及语用环境等方面来寻求证据，进行解释要来得更加可靠。在特征译语研究中亦同此理，因此按照不同语域环境的划分来对特征译语中的共性表现进行探索是更显合理的。此外，语言的共同功能都在于交流信息，而信息交流会受到两种普遍动机（motivation）原则的支配和影响，一为"经济原则"（economic motivation），二为"像似性原则"（iconicity）（Croft，1990/2000/2003）。这两条原则结合竞争动机（competing motivations），对语言类型呈现的型式（patterns）具有很强的解释性。同样，这些解释方法也适用于特征译语研究，具有非常好的启发性。

8.1.2.3 其他

此外，语言类型学研究中还有不少已经取得的研究成果，业已获得广泛的认可与接受，可以直接借用于特征译语研究。如生命度（animacy）、定指性（definiteness）和性别范畴（gender）等。Silverstein（1976）认为生命度等级序列（第一、二人称 ＞ 第三人称 ＞ 专有名词/亲属称谓 ＞ 指人名词语 ＞ 动物名词语 ＞ 非动物名词语）在语言中存在普遍性，Croft（1990/2000/2003）对其做了补充，指出还有其他一些因素，如交际中心导向（sociocentric orientation）、同情度（empathy）和定指性（definiteness）也是这个等级框架的构成因素。定指性和性别范畴对语法的影响也常常为其他学者所探讨（Cormrie，1989；Corbett，1991）。鉴于本书主题篇幅与时间精力的限制，在本研究所考察的项目中（章节6.1.1.4.2，6.1.2.1.2），对这些因素虽然也有涉及，但是未及对此展开深入完整的探讨，可以留待后续研究进行扩展，在这里要指出的是，这些相对成熟的前人研究成果，对特征译语研究都有着非常好的借鉴性和启发性。

其他的文本类型学研究成果，如Biber（1994，2014）对语域分类的研究以及各语域下文本的书面化程度的排序：学术 ＞ 通用 ＞ 新闻 ＞ 小说（Biber et al.，1999），在本研究的第五――七章中对文本进行分语域考察比较时，对这些成果均有结合应用。

8.2 词汇触发的联系与启示

8.2.1 词汇触发

在语言学传统中，词汇和语法（句法）一直是语言形式的两大组成部分，传统上对语法的重视远远超过对词汇的重视程度。语料库语言学兴起后，对大量自然语言文本的处理与特征提取观察成为现实。作为语言形式的基本单位，词汇是可以通过语料库工具进行观察的最基本对象，对词汇的检索提取也是最便捷直观而准确率较高的，词汇在语言研究中的重要地位越来越得到凸显，于是许多学者将目光转向词汇，开始重新审视其与语法的关系。影响力较大的研究如Hunston等人（2000）提出的型式语法（pattern grammar），Sinclair（2004）的词汇语法（lexical grammar）等，都在语料库语言学研究的基础上形成，将词汇在语言研究中的地位提高到了一个至关重要的位置。

受到这些研究的影响，英国语言学家Michael Hoey（2005）结合心理学中的"触发"（priming）概念，提出了词汇触发理论（Lexical Priming），认为词汇与语法是不可分割，而且词汇是形成语言能力的重要因素，在语言研究中占据着核心地位。他认为，在我们的头脑中存在着一种心理语境共现，对每一个词汇的处理都会涉及大量的社会、心理、话语、类属以及交际的语境。（Hoey，2005：11）因此，Hoey认为词汇的构成是复杂和系统的，语法是通过触发提取大脑中储存的词汇模式而形成的，只是词汇系统构成结果的体现。这种理论假设的优越之处在于可以对语言中的"自然度"（naturalness）做出很好的解释。

Hoey的词汇触发假设涵盖以下10个范围：

（1）与特定词汇的触发，是为搭配（collocation）；

（2）与特定语义的触发，是为语义联想（semantic association）；

（3）与特定语用的触发，是为语用联想（pragmatic association）；

（4）与特定语法功能的触发，是为类连接（colligation）；

（5）下义词与同义词在搭配、语义联想和类连接方面各有不同；

（6）一词多义时，各义项的搭配、语义联想以及类连接都各有不同；

（7）触发的每个词在使用中都具有一个或多个语法角色，是为语法分类（grammatical categories）；

（8）在话语中，每个词都参与或避免某种衔接关系，是为语篇搭配（textual collocations）；

（9）在话语中每个词都通过触发而出现在特定的语义关系中，是为语篇语义联想（textual semantic associations）；

（10）在话语中每个词都通过触发而出现于或避免某些特定的位置，是为语篇类连接（textual colligations）。

（Hoey，2012，转引自Hadikin，2014；李德超、杨晓琳，2017）

从以上概括中可以看出，触发发生在语言的词汇、语法、语义、语用等层面上，主要通过词汇搭配、类连接、语义联想和语用联想等途径得以表现，涉及语言的词汇、句法、语篇及语用，涵盖范围十分广泛。

8.2.2 词汇触发与特征译语研究

由于词汇触发假设从词汇的搭配触发着手进行考察，这对于语言的自然度具有较强的解释力，它可以为特征译语研究提供一种自上而下的理论解释的可能性。Hoey认为，一个词汇本身就是触发的结果，而它接着又会在搭配、语法类型、语义联想、类连接与语篇类连接等方面进行一系列的触发，也就是说，这些触发具有"嵌套"（nesting）的特点（2011：157）。因此，触发从来都不是简单的，它由词汇而起，又不会只止于词汇。正因为如此，特征译语中的共性特征与个性特征均可在形式、语义和语用三个方面有所体现（这三个方面之间亦时有互动重叠），并通过词汇、句法、语篇及语用等层面上的多种语言形式反映出来。"不论在何种情况下，搭配触发对社会环境、人际交往环境、语域、文体和其他语境都十分敏感。"（Hoey，2011：155）这说明，对触发的结果应该按照不同的语境进行分类考察，才会更具客观性和真实性，本研究中对特征译语的研究按照不同语域分别进行对比考察，也正是基于这一点的考虑。

原生语言中触发的特点在翻译语言中同样会存在，甚至会变得更加复杂，因为首先翻译语言比原生语言多了一个"理解接受—加工产出"的过程，其触发模式与在母语环境下不同，更具主观选择性；其次，Hoey（2011）认为，"触发"在翻译中所面临的一个最大的挑战就是"对等"（equivalence）。翻译的一个最基本问题在于源语文本与目标语文本的

"对等",无论在形式上还是在功能上。然而源语文本中的一个词在目标语言中可能会有多个对应选择,每一个选择在目标语言中引起的触发是否能与源语文本中的保持一致?显然是会有差异的,而这种差异可以作为产生"特征译语"的一种解释。

前文提到,进行观察比较时所依据的四类语域划分,就是一种语境的分类方法,而我们确实也发现了一些在各个语域下具有鲜明个性特征的语言现象,这可以用不同语域下的心理触发模式来进行解释。尤其在翻译过程中,对语体环境的有意识强调,会导致某些认知特点的加强,因此翻译文本中的触发情况与原生文本有所不同,从而导致某些语言特征相对于原生语言文本,在翻译语言文本中出现了变化,这些变化有些是显著的,有些不显著。例如,在四类语域中,语言和体例规范性相对最强的学术类语域下,特征译语表现得最为突出,就说明了这个问题。

每个人的个体经验都不尽相同(包括年龄、性别、教育程度、生活经验、认知能力等),导致触发亦存在个体特征差异。如果这种触发的个体差异比较明显多样化,会带来语言使用倾向的不同,从而影响语言特征变化的显著性,因此我们会看到,在某些变化中虽然会出现增长或下降的趋势,但是变化并无统计上的显著性。而人类的认知共性,会引发触发的集体特征,这类特征由于引发基础相同,趋向往往是一致的,所以带来的语言特征变化的差异往往也会比较显著,显示出一种倾向共性。因此,如果确实存在某些翻译共性的话,可能会更多地表现在认知共性的方面,建立在人类共同认知的基础上。此外,Hoey还提到,一系列协调因子(harmonizing factors),如教育、媒体、文学作品会引导人们建立类似/相同的触发背景,从而构成一部分人们可以相互交流的基础(2011:159)。这从一个方面说明了社会文化背景在翻译过程中的重要性,以及对译者来说,所谓翻译素养的提升,也不仅仅指的是在语言熟练度方面。

本研究中,在选取了相同比较参数的基础上,翻译汉语文本中的跨语域共性要比翻译英语文本中的跨语域共性表现更加丰富。这与英、汉语言特征差异有关,即英语是一种"形合"(hypotaxis)的语言,其语言形态上的变化特征要比汉语这种"意合"(parataxis)的语言多,在翻译文本中的词汇触发对应项也会更多，也更容易观察得到，所以从观察语言形式的角度来看，英语翻译文本中的跨语域个性特征要相对突出一些，也就不奇怪了。

　　语言接触对翻译中触发的影响也不可忽视。"一个语言团体中触发的偏移变化，是形成语言变异的动力。"（Hoey，2011：155）在语言翻译的过程中，两种语言发生接触，会产生干扰，引起语言型式的重组（Weinreich，1953/1979），这种干扰与重组产生的机制亦可用词汇触发来加以解释。译者在翻译过程中组织目标语文本的语言时，他的源语知识背景也会参与到触发过程中，造成源语干扰，比较严重时会背离目标语语言使用传统规范，在目标语翻译文本中造成一种相对于不标语原生语言文本来讲"不自然"（unnaturalness）的感觉，然而这种"不自然"如果在目标语中出现的频率高、范围广、时间久了之后，就会逐渐为大众所接受，融入目标语系统之中，成为其中的一部分。例如章节6.1.1.4中所考察的受到外来语影响明显的词缀，在翻译汉语文本中的使用频率均有不同程度的增高，体现出源语干扰与触发的影响，而这些词缀现在已经在现代汉语系统中被广泛接受并使用，也正是这种干扰与触发所带来的后果。

　　试以后缀"们"为例，虽然在元、明以后的汉语非正式用法上，尤其在古代口语化程度较高的小说等文本中也有用后缀"们"来表示复数概念的传统用法，如"待有吉日了，咱们各助花烛之费就是了"（《二刻拍案惊奇》），"若姐妹们不理他，他倒还安静些"（《红楼梦》），等等，但是很少会将"们"加到表示职业或与社会地位有关的名词后面。本研究对后缀"们"的搭配考察（章节6.1.1.4.2）也发现，在原生汉语文本中多出现表示关系及属性的词汇，而在翻译汉语文本中多出现表示职业与社会地位有关的词汇，究其原因，应该是因为翻译汉语文本所对应的原生语言文本中（多为英语）普遍用"-S"形来表示名词复数，而汉语中原本就有"们"这种直接加后缀表示复数的用法，虽然用法与英语中的"-S"略有不同，但是不论是从形式上来说还是从表示复数的语义上来说，在翻译中都是最容易被触发的，所以在译文中的使用频率上升了，使用的范围也扩大了，久而久之，这种用法为越来越多的目标语读者所接受并开始使用起来，一种语言变异也就由此形成。现代汉语中"被"字句的语义范围拓宽，亦同此理。这种语义范围的拓宽往往被认为是现代汉语"欧化"的表现（王力，1958，1959/2002；Kubler，1985；谢耀基，1990；贺阳，2008），而这种所谓"欧化"的结果则反映出一种源语干扰与词汇触发对语言变异的双重影响。

8.3 综合性解释与探索的启示

每一种理论的提出、发展及成熟都要借力于学科内以及学科外其他相关研究成果的发展。翻译原本就是一种十分复杂的现象，其过程涉及文化、社会、心理、认知等诸多方面，因此翻译研究也就不可避免地会与语言学、社会学、人类学、心理学、神经生物学、统计学等诸多学科发生交叉。这种情况对翻译研究来说既有助力又有挑战：助力在于，不同学科的相关成果非常丰富，因此无论是在方法论上还是在理论解释上都有很多跨学科的成果可以借鉴或交叉互证，为达到研究目标提供了多种可能的途径；挑战在于，该如何从这些可能性中作出最有效率的选择，使研究既有跨学科的综合性特点，也不会失掉有逻辑上的连贯深度与解释力，这还需要投入更多地时间和精力去进行探索。这是一门综合性的学科，这是一个综合性的时代。

本章前两节内容探讨的目的主要在于，希望可以通过这种初步探讨，起到一个窥斑知豹，推动后续研究的作用。从以上对语言类型学研究和词汇触发假设与特征译语研究的简要结合分析探讨不难看出，这两种理论框架及研究思路是可以与特征译语研究很好地结合起来，并相互促进发展的。在特征译语研究中，可外以语言类型学、语言对比研究中的相关研究方法和理论成果为助力，搭建起方法论框架；内以词汇触发等相关理论为助力，为所观察到的语言现象提供合理可行的理论解释可能。

9 总结

9.1 对翻译共性与个性研究的启示与展望

本研究探索至此已有一些发现与成果，章节4.2.1中提出的问题也在研究过程（第5、6章）中一一得到了解答，并在第7章和第8章中均有进一步详细阐述，这里不再赘言，仅结合这些问题做一综合性的总结叙述与启示展望。

特征译语研究与普通语言类型对比研究既有紧密联系，又有一定区别，具有很强的跨学科性和综合性。对其研究应该同时关注共性与个性两个方面，这两个突出特征之间具有连续性的特质。无论是汉语翻译语言还是英语翻译语言，其特征译语在不同语域下既存在不同的个性特征，也显示出一定的共性倾向，这些共性与个性特征交织共存，异中有同，同中有异，充分说明了翻译的复杂性。所谓"翻译共性"假设，反映出的更多是人类认知共性的基础，以及在语言转换的过程中一种思维上的共性倾向。语境对语言表达的重要影响不言而喻，语言的语域差别原因在于，语域为这些语言表达倾向提供了语境的诱导。在规范性强的语域（如学术类）下，翻译文本中的特征译语的两极化（共性与个性）表现尤为突出，因此，从这个角度来看的话，跨语言的共性更多反映出的是人类认知语言表达中的共性倾向，而跨语域共性反映出的则更多是在翻译过程中语言进行转换时所体现出的一种思维认知上的共性倾向。特征译语中的共性特征与个性特征在形式、语义和语用三个方面均有所体现（这三个方面之间时有互动重叠），并且通过词汇、句法、语篇及语用等层面上的多种语言形式反映出来。

由此我们对翻译的复杂性又有了进一步的认识。在做相关翻译研究时，需要注意参数标准的设立，不同的标准可能会导致不一致的结论，影响研究的效度。共性研究与个性研究相辅相成，并行不悖。对于翻译共性观察角度的划分、观察标准的设立，一定要慎重分类甄别，既要避免太拘泥于现实中的表象，过于细致琐碎而削弱了研究的效度，又要预防太过理想化、概括化而脱离实际，影响了研究的信度。

在语料库翻译研究的大背景下，特征译语研究中的共性和个性研究已经取得了一定的研究成果，并且显示出了巨大的发展潜力。在翻译语言的层面上，这两个方面既各自独立，又相互依存、相互影响。对这一话题的探索，在理论发展建设与翻译实践两方面都具有积极的意义。目前大规模、多语言复合语料库及大数据技术的发展为研究提供了非常便利的条件和有力的支持。相对于今后的发展潜力，到目前为止的研究已显露冰山一角，可以预见，如果能够充分地利用大数据处理的技术条件及综合跨学科的研究方法，在这一领域的研究还有非常广阔的拓展空间。在这个研究领域下，本研究所做的一些初步工作和得到的一些初步结论，相信能够为后续相关研究的深入拓展带来一定的启发与示范作用。

9.2 结束语

本研究至此已告一段落，然而笔者深深地感到，语言科学研究永无止境，贵在不懈努力探索，这一阶段的结束仅仅预示着下一阶段的开始。虽然囿于时间、精力、研究条件等方面的局限性，本研究还有一些可以提升的空间，如可以对于翻译共性假设进行验证与进一步拓展，纳入更多的具体考察对象，在将研究结果进一步细化分类的基础上对结论加以互证或进行更深层的归纳、提炼，等等。然而窥斑知豹，已经得到的阶段性研究成果亦能够给予我们深刻的启发和鼓励。在这个研究领域中，还有不计其数的矿藏正在等待发掘，而现阶段的研究结果以及在思路方法上的尝试，都预示着发掘出更多宝藏的可能性。因此，在本书结笔之际，让我们引用丘吉尔的一句名言作为结语："现在并不是结束，结束甚至还没有开始。但是现在可能是序幕的结束。"

附　录

CLAWS7 词性标注集

词性分类	代码缩写	代码说明与例证
冠词类 2 个	AT	冠词 article (e.g. the, no)
	AT1	不定冠词 singular article (e.g. a, an, every)
从句标记 1 个	BCL	从句前标记 before-clause marker (e.g. in order (that), in order (to))
连词类 7 个	CC	并列连词 coordinating conjunction (e.g. and, or)
	CCB	转折并列连词 adversative coordinating conjunction (but)
	CS	从属连词 subordinating conjunction (e.g. if, because, unless, so, for)
	CSA	连词 as (as conjunction)
	CSN	连词 than (as conjunction)
	CST	连词 that (as conjunction)
	CSW	连词 whether (as conjunction)
限定词类 13 个	DA	起名词作用的后限定词 after-determiner or post-determiner capable of pronominal function (e.g. such, former, same)
	DA1	后限定词单词形式 singular after-determiner (e.g. little, much)
	DA2	后限定词复数形式 plural after-determiner (e.g. few, several, many)
	DAR	后限定词比较形式 comparative after-determiner (e.g. more, less, fewer)
	DAT	后限定词最高形式 superlative after-determiner (e.g. most, least, fewest)
	DB	起名词作用的前限定词 before determiner/pre-determiner capable of pronominal function (all, half)
	DB2	前限定词复数形式 plural before-determiner (both)

续表

词性分类	代码缩写	代码说明与例证
限定词类13个	DD	限定词 determiner (capable of pronominal function) (e.g any, some)
	DD1	单数限定词 singular determiner (e.g. this, that, another)
	DD2	复数限定词 plural determiner (these, those)
	DDQ	WH限定词 wh-determiner (which, what)
	DDQGE	WH限定词所有格 wh-determiner, genitive (whose)
	DDQV	WH强调限定词 wh-ever determiner, (whichever, whatever)
介词类4个	IFF	介词 for (as preposition)
	II	普通介词 general preposition
	IO	介词 of (as preposition)
	IW	介词 with, without (as prepositions)
形容词类4个	JJ	普通形容词 general adjective
	JJR	形容词一般比较级 general comparative adjective (e.g. older, better, stronger)
	JJT	形容词一般最高级 general superlative adjective (e.g. oldest, best, strongest)
	JK	形容词短语 catenative adjective (able in be able to, willing in be willing to)
数词类7个	MC	基数词（单复数同形）cardinal number, neutral for number (two, three..)
	MC1	单数基数词 singular cardinal number (one)
	MC2	复数基数词 plural cardinal number (e.g. sixes, sevens)
	MCGE	基数词所有格（单复数同形）genitive cardinal number, neutral for number (two's, 100's)
	MCMC	连字符连接的数字 hyphenated number (40-50, 1770-1827)
	MD	序数词 ordinal number (e.g. first, second, next, last)
	MF	分数（单复数同形）fraction, neutral for number (e.g. quarters, two-thirds)
名词类22个	ND1	方向名词单数 singular noun of direction (e.g. north, southeast)
	NN	普通名词（单复数同形）common noun, neutral for number (e.g. sheep, cod, headquarters)
	NN1	单数普通名词 singular common noun (e.g. book, girl)
	NN2	复数普通名词 plural common noun (e.g. books, girls)
	NNA	称呼名词之后的词 following noun of title (e.g. M.A.)
	NNB	称呼名词之前的词 preceding noun of title (e.g. Mr., Prof.)

续表

词性分类	代码缩写	代码说明与例证
名词类 22 个	NNL1	单数方位名词 singular locative noun (e.g. Island, Street)
	NNL2	复数方位名词 plural locative noun (e.g. Islands, Streets)
	NNO	数量词（单复数同形）numeral noun, neutral for number (e.g. dozen, hundred)
	NNO2	复数数量词 numeral noun, plural (e.g. hundreds, thousands)
	NNT1	单数时间名词 temporal noun, singular (e.g. day, week, year)
	NNT2	复数时间名词 temporal noun, plural (e.g. days, weeks, years)
	NNU	度量单位词（单复数同形）unit of measurement, neutral for number (e.g. in, cc)
	NNU1	单数度量单位词 singular unit of measurement (e.g. inch, centimetre)
	NNU2	复数度量单位词 plural unit of measurement (e.g. ins., feet)
	NP	专有名词（单复数同形）proper noun, neutral for number (e.g. IBM, Andes)
	NP1	单数专有名词 singular proper noun (e.g. London, Jane, Frederick)
	NP2	复数专有名词 plural proper noun (e.g. Browns, Reagans, Koreas)
	NPD1	单数星期名词 singular weekday noun (e.g. Sunday)
	NPD2	复数星期名词 plural weekday noun (e.g. Sundays)
	NPM1	单数月份名词 singular month noun (e.g. October)
	NPM2	复数月份名词 plural month noun (e.g. Octobers)
代词类 19 个	PN	不定代词（单复数同形）indefinite pronoun, neutral for number (none)
	PN1	单数不定代词 indefinite pronoun, singular (e.g. anyone, everything, nobody, one)
	PNQO	宾格 WH 代词 objective wh-pronoun (whom)
	PNQS	主格 WH 代词 subjective wh-pronoun (who)
	PNQV	WH 代词强调形式 wh-ever pronoun (whoever)
	PNX1	反身不定代词 reflexive indefinite pronoun (oneself)
	PPGE	名词所有格人称代词 nominal possessive personal pronoun (e.g. mine, yours)
	PPH1	第三人称单数中性人称代词 3rd person sing. neuter personal pronoun (it)
	PPHO1	第三人称单数宾格人称代词 3rd person sing. objective personal pronoun (him, her)
	PPHO2	第三人称复数宾格人称代词 3rd person plural objective personal pronoun (them)

续表

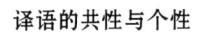

词性分类	代码缩写	代码说明与例证
代词类19个	PPHS1	第三人称单数主格人称代词 3rd person sing. subjective personal pronoun (he, she)
	PPHS2	第三人称复数主格人称代词 3rd person plural subjective personal pronoun (they)
	PPIO1	第一人称单数主格人称代词 1st person sing. objective personal pronoun (me)
	PPIO2	第一人称复数宾格人称代词 1st person plural objective personal pronoun (us)
	PPIS1	主格人称代词第一人称单数形式 1st person sing. subjective personal pronoun (I)
	PPIS2	主格人称代词第一人称复数形式 1st person plural subjective personal pronoun (we)
	PPX1	单数反身人称代词 singular reflexive personal pronoun (e.g. yourself, itself)
	PPX2	复数反身人称代词 plural reflexive personal pronoun (e.g. yourselves, themselves)
	PPY	第二人称的人称代词 2nd person personal pronoun (you)
副词类16个	RA	名词中心词后的副词 adverb, after nominal head (e.g. else, galore)
	REX	引导同位结构的副词 adverb introducing appositional constructions (namely, e.g.)
	RG	程度副词 degree adverb (very, so, too)
	RGQ	疑问程度副词 wh- degree adverb (how)
	RGQV	强调程度副词 wh-ever degree adverb (however)
	RGR	程度副词比较级 comparative degree adverb (more, less)
	RGT	程度副词最高级 superlative degree adverb (most, least)
	RL	地点副词 locative adverb (e.g. alongside, forward)
	RP	介词、副词、小品词 prep. adverb, particle (e.g about, in)
	RPK	短语中的介、副词 prep. adv., catenative (about in be about to)
	RR	普通副词 general adverb
	RRQ	WH 普通副词 wh- general adverb (where, when, why, how)
	RRQV	WH-EVER 普通副词 wh-ever general adverb (wherever, whenever)
	RRR	普通副词比较级 comparative general adverb (e.g. better, longer)
	RRT	普通副词最高级 superlative general adverb (e.g. best, longest)
	RT	准名词性时间副词 quasi-nominal adverb of time (e.g. now, tomorrow)

续表

词性分类	代码缩写	代码说明与例证
动词类 31 个	VB0	动词原形 BE，be, base form (finite i.e. imperative, subjunctive)
	VBDR	系词过去式 were
	VBDZ	系词过去式 was
	VBG	现在分词 being
	VBI	动词不定式 be, infinitive (To be or not... It will be ..)
	VBM	系动词 am
	VBN	过去分词 been
	VBR	系动词 are
	VBZ	系动词 is
	VD0	不定式原形 DO，do, base form (finite)
	VDD	动词过去式 Did
	VDG	现在分词 Doing
	VDI	动词不定式 do, infinitive (I may do... To do...)
	VDN	过去分词 done
	VDZ	动词 does
	VH0	不定式原形 HAVE，have, base form (finite)
	VHD	动词过去时 HAD，had (past tense)
	VHG	Having 形式
	VHI	动词不定式 HAVE，have, infinitive
	VHN	动词过去分词 HAD，had (past participle)
	VHZ	动词 has
	VM	情态助动词 modal auxiliary (can, will, would, etc.)
	VMK	情态动词 modal catenative (ought, used)
	VV0	单个动词原形 base form of lexical verb (e.g. give, work)
	VVD	动词过去时 past tense of lexical verb (e.g. gave, worked)
	VVG	动词 ING 分词形式 -ing participle of lexical verb (e.g. giving, working)
	VVGK	短语中的 ING 分词 -ing participle catenative (e.g. going in be going to)
	VVI	不定式 infinitive (e.g. to give... It will work...)
	VVN	动词过去分词 past participle of lexical verb (e.g. given, worked)
	VVNK	过去分词 past participle catenative (e.g. bound in be bound to)
	VVZ	动词 -S 形式 -s form of lexical verb (e.g. gives, works)

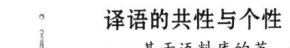

续表

词性分类	代码缩写	代码说明与例证
其他类 12 个	XX	否定词 not, n't
	ZZ1	单数字母 singular letter of the alphabet (e.g. A,b)
	ZZ2	复数字母 plural letter of the alphabet (e.g. A's, b's)
	APPGE	所有格代词 possessive pronoun, pre-nominal (e.g. my, your, our)
	BCL	小句前标记词 before-clause marker (e.g. in order (that),in order (to))
	EX	THERE 存在式 existential there
	FO	公式 formula
	FU	无法分类的词 unclassified word
	FW	外来词 foreign word
	GE	所有格符号 germanic genitive marker – (' or 's)
	TO	动词不定式符号 TO，infinitive marker (to)
	UH	感叹词 interjection (e.g. oh, yes, um)
句子类 2 个	s	句子开始处
	/s	句子结束处
标点类 7 个	,	逗号
	.	句号
	?	问号
	!	感叹号
	;	分号
	:	冒号
	"	双引号

中国科学院计算技术研究所汉语词性标记集

Version 3.0

制订人：刘群 张华平 张浩

1. 名词

n 名词

nr 人名

nr1 汉语姓氏

nr2 汉语名字

nrj 日语人名

nrf 音译人名

ns 地名

nsf 音译地名

nt 机构团体名

nz 其它专名

nl 名词性惯用语

ng 名词性语素

2. 时间词

t 时间词

tg 时间词性语素

3. 处所词

s 处所词

4. 方位词

f 方位词

5. 动词

v 动词

vd 副动词

vn 名动词

vshi 动词"是"

vyou 动词"有"

vf 趋向动词

vx 形式动词

vi 不及物动词（内动词）

vl 动词性惯用语

vg 动词性语素

6. 形容词

a 形容词

ad 副形词

an 名形词

ag 形容词性语素

al 形容词性惯用语

7. 区别词

b 区别词

bg 区别词性语素

bl 区别词性惯用语

8. 状态词

z 状态词

9. 代词

r 代词

rr 人称代词

rz 指示代词

rzt 时间指示代词

rzs 处所指示代词

rzv 谓词性指示代词

ry 疑问代词

ryt 时间疑问代词

rys 处所疑问代词

ryv 谓词性疑问代词

rg 代词性语素

10. 数词

m 数词

mq 数量词

11. 量词

q 量词

qv 动量词

qt 时量词

12. 副词

d 副词

13. 介词

p 介词

pba 介词"把"

pbei 介词"被"

14. 连词

c 连词

cc 并列连词

15. 助词

u 助词

uzhe 着

ule 了喽

uguo 过

ude1 的底

ude2 地

ude3 得

usuo 所

udeng 等等 等 云云

uyy 一样 一般 似的 般

udh 的 话

uls 来讲 来说 而言 说来

ujl 极了

uzhi 之

ulian 连（"连小学生都会"）

uqj 起见

16.叹词

e 叹词

17.语气词

y 语气词

18.拟声词

o 拟声词

19.前缀

h 前缀

20.后缀

k 后缀

21.字符串

x 字符串

xx 非语素字

xu 网址URL

22.标点符号

w 标点符号

wkz 左括号，全角：（〔 ［ ｛ 《 【 〖 〈 半角:([{<

wky 右括号，全角：）〕 ］ ｝ 》 】〗〉半角:)]{>

wyb 半角引号，半角：" '

wyz 左引号，全角："' 『

wyy 右引号，全角：" ' 』

wj 句号，全角：。

ww 问号，全角：？半角：?

wt 叹号，全角：！半角：!

wd 逗号，全角：，半角：,

wf 分号，全角：；半角：;

wn 顿号，全角：、

wm 冒号，全角：：半角：:

ws 省略号，全角：…… …

wp 破折号，全角：—— －－ ——－ 半角：--- ----

wb 百分号千分号，全角：%‰ 半角：%

wh 单位符号，全角：￥＄￡° ℃半角：$

UCREL 语义标注集

A1	General And Abstract Terms
A1.1.1	General actions / making
A1.1.1−	Inaction
A1.1.2	Damaging and destroying
A1.1.2−	Fixing and mending
A1.2	Suitability
A1.2+	Suitable
A1.2−	Unsuitable
A1.3	Caution
A1.3+	Cautious
A1.3−	No caution
A1.4	Chance, luck
A1.4+	Lucky
A1.4−	Unlucky
A1.5	Use
A1.5.1	Using
A1.5.1+	Used
A1.5.1−	Unused
A1.5.2	Usefulness
A1.5.2+	Useful
A1.5.2−	Useless
A1.6	Concrete/Abstract
A1.7+	Constraint
A1.7−	No constraint
A1.8+	Inclusion
A1.8−	Exclusion

A1.9	Avoiding
A1.9–	Unavoidable
A2	Affect
A2.1	Modify, change
A2.1+	Change
A2.1–	No change
A2.2	Cause&Effect/Connection
A2.2+	Cause/Effect/Connected
A2.2–	Unconnected
A3	Being
A3+	Existing
A3–	Non-existing
A4	Classification
A4.1	Generally kinds, groups, examples
A4.1–	Unclassified
A4.2	Particular/general; detail
A4.2+	Detailed
A4.2–	General
A5	Evaluation
A5.1	Evaluation: Good/bad
A5.1+	Evaluation: Good
A5.1–	Evaluation: Bad
A5.2	Evaluation: True/false
A5.2+	Evaluation: True
A5.2–	Evaluation: False
A5.3	Evaluation: Accuracy
A5.3+	Evaluation: Accurate
A5.3–	Evaluation: Inaccurate

A5.4	Evaluation：Authenticity
A5.4+	Evaluation：Authentic
A5.4-	Evaluation：Unauthentic
A6	Comparing
A6.1	Comparing：Similar/different
A6.1+	Comparing：Similar
A6.1-	Comparing：Different
A6.2	Comparing：Usual/unusual
A6.2+	Comparing：Usual
A6.2-	Comparing：Unusual
A6.3	Comparing：Variety
A6.3+	Comparing：Varied
A6.3-	Comparing：Unvaried
A7	Probability
A7+	Likely
A7-	Unlikely
A8	Seem
A9	Getting and giving；possession
A9+	Getting and possession
A9-	Giving
A10	Open/closed；Hiding/Hidden；Finding；Showing
A10+	Open；Finding；Showing
A10-	Closed；Hiding/Hidden
A11	Importance
A11.1	Importance
A11.1+	Important
A11.1-	Unimportant
A11.2	Noticeability

A11.2+	Noticeable
A11.2−	Unnoticeable
A12	Easy/difficult
A12+	Easy
A12−	Difficult
A13	Degree
A13.1	Degree：Non-specific
A13.2	Degree：Maximizers
A13.3	Degree：Boosters
A13.4	Degree：Approximators
A13.5	Degree：Compromisers
A13.6	Degree：Diminishers
A13.7	Degree：Minimizers
A14	Exclusivizers/particularizers
A15	Safety/Danger
A15+	Safe
A15−	Danger
B1	Anatomy and physiology
B2	Health and disease
B2+	Healthy
B2−	Disease
B3	Medicines and medical treatment
B3−	Without medical treatment
B4	Cleaning and personal care
B4+	Clean
B4−	Dirty
B5	Clothes and personal belongings
B5−	Without clothes

C1	Arts and crafts
E1	Emotional Actions, States And Processes General
E1+	Emotional
E1-	Unemotional
E2	Liking
E2+	Like
E2-	Dislike
E3	Calm/Violent/Angry
E3+	Calm
E3-	Violent/Angry
E4	Happiness and Contentment
E4.1	Happy/sad
E4.1+	Happy
E4.1-	Sad
E4.2	Contentment
E4.2+	Content
E4.2-	Discontent
E5	Bravery and Fear
E5+	Bravery
E5-	Fear/shock
E6	Worry and confidence
E6+	Confident
E6-	Worry
F1	Food
F1+	Abundance of food
F1-	Lack of food
F2	Drinks and alcohol
F2+	Excessive drinking

F2–	Not drinking
F3	Smoking and non-medical drugs
F3+	Smoking and drugs abuse
F3–	Non-smoking / no use of drugs
F4	Farming & Horticulture
F4–	Uncultivated
G1	Government and Politics
G1.1	Government
G1.1–	Non-governmental
G1.2	Politics
G1.2–	Non-political
G2	Crime, law and order
G2.1	Law and order
G2.1+	Lawful
G2.1–	Crime
G2.2	General ethics
G2.2+	Ethical
G2.2–	Unethical
G3	Warfare, defence and the army; weapons
G3–	Anti-war
H1	Architecture, houses and buildings
H2	Parts of buildings
H3	Areas around or near houses
H4	Residence
H4–	Non-resident
H5	Furniture and household fittings
H5–	Unfurnished
I1	Money generally

I1.1	Money and pay
I1.1+	Money：Affluence
I1.1-	Money：Lack
I1.2	Money：Debts
I1.2+	Spending and money loss
I1.2-	Debt-free
I1.3	Money：Cost and price
I1.3+	Expensive
I1.3-	Cheap
I2	Business
I2.1	Business：Generally
I2.1-	Non-commercial
I2.2	Business：Selling
I3	Work and employment
I3.1	Work and employment：Generally
I3.1-	Unemployed
I3.2	Work and employment：Professionalism
I3.2+	Professional
I3.2-	Unprofessional
I4	Industry
I4-	No industry
K1	Entertainment generally
K2	Music and related activities
K3	Recorded sound
K4	Drama, the theatre and show business
K5	Sports and games generally
K5.1	Sports
K5.2	Games

K6	Children's games and toys
L1	Life and living things
L1+	Alive
L1−	Dead
L2	Living creatures: animals, birds, etc.
L2−	No living creatures
L3	Plants
L3−	No plants
M1	Moving, coming and going
M2	Putting, pulling, pushing, transporting
M3	Vehicles and transport on land
M4	Sailing, swimming, etc.
M4−	Non-swimming
M5	Flying and aircraft
M6	Location and direction
M7	Places
M8	Stationary
N1	Numbers
N2	Mathematics
N3	Measurement
N3.1	Measurement: General
N3.2	Measurement: Size
N3.2+	Size: Big
N3.2−	Size: Small
N3.3	Measurement: Distance
N3.3+	Distance: Far
N3.3−	Distance: Near
N3.4	Measurement: Volume

N3.4+	Volume：Inflated
N3.4-	Volume：Compressed
N3.5	Measurement：Weight
N3.5+	Weight：Heavy
N3.5-	Weight：Light
N3.6	Measurement：Area
N3.6+	Spacious
N3.7	Measurement：Length & height
N3.7+	Long，tall and wide
N3.7-	Short and narrow
N3.8	Measurement：Speed
N3.8+	Speed：Fast
N3.8-	Speed：Slow
N4	Linear order
N4-	Nonlinear
N5	Quantities
N5+	Quantities：many/much
N5-	Quantities：little
N5.1	Entirety；maximum
N5.1+	Entire；maximum
N5.1-	Part
N5.2	Exceeding
N5.2+	Exceed；waste
N6	Frequency
N6+	Frequent
N6-	Infrequent
O1	Substances and materials generally
O1.1	Substances and materials：Solid

O1.2	Substances and materials: Liquid
O1.2-	Dry
O1.3	Substances and materials: Gas
O1.3-	Gasless
O2	Objects generally
O3	Electricity and electrical equipment
O4	Physical attributes
O4.1	General appearance and physical properties
O4.2	Judgement of appearance
O4.2+	Judgement of appearance: Beautiful
O4.2-	Judgement of appearance: Ugly
O4.3	Colour and colour patterns
O4.4	Shape
O4.5	Texture
O4.6	Temperature
O4.6+	Temperature: Hot / on fire
O4.6-	Temperature: Cold
P1	Education in general
P1-	Not educated
Q1	Linguistic Actions, States And Processes; Communication
Q1.1	Linguistic Actions, States And Processes; Communication
Q1.2	Paper documents and writing
Q1.2-	Unwritten
Q1.3	Telecommunications
Q2	Speech
Q2.1	Speech: Communicative
Q2.1+	Speech: Talkative
Q2.1-	Speech: Not communicating

Q2.2	Speech acts
Q2.2-	Speech acts：Not speaking
Q3	Language，speech and grammar
Q3-	Non-verbal
Q4	The Media
Q4.1	The Media：Books
Q4.2	The Media：Newspapers etc.
Q4.3	The Media：TV，Radio and Cinema
S1	Social Actions，States And Processes
S1.1	Social Actions，States And Processes
S1.1.1	Social Actions，States And Processes
S1.1.2	Reciprocity
S1.1.2+	Reciprocal
S1.1.2-	Unilateral
S1.1.3	Participation
S1.1.3+	Participating
S1.1.3-	Non-participating
S1.1.4	Deserve
S1.1.4+	Deserving
S1.1.4-	Undeserving
S1.2	Personality traits
S1.2.1	Approachability and Friendliness
S1.2.1+	Informal/Friendly
S1.2.1-	Formal/Unfriendly
S1.2.2	Avarice
S1.2.2+	Greedy
S1.2.2-	Generous
S1.2.3	Egoism

S1.2.3+	Selfish
S1.2.3–	Unselfish
S1.2.4	Politeness
S1.2.4+	Polite
S1.2.4–	Impolite
S1.2.5	Toughness; strong/weak
S1.2.5+	Tough/strong
S1.2.5–	Weak
S1.2.6	Common sense
S1.2.6+	Sensible
S1.2.6–	Foolish
S2	People
S2–	No people
S2.1	People: Female
S2.1–	Not feminine
S2.2	People: Male
S3	Relationship
S3.1	Personal relationship: General
S3.1–	No personal relationship
S3.2	Relationship: Intimacy and sex
S3.2+	Relationship: Sexual
S3.2–	Relationship: Asexual
S4	Kin
S4–	No kin
S5	Groups and affiliation
S5+	Belonging to a group
S5–	Not part of a group
S6	Obligation and necessity

S6+	Strong obligation or necessity
S6-	No obligation or necessity
S7	Power relationship
S7.1	Power, organizing
S7.1+	In power
S7.1-	No power
S7.2	Respect
S7.2+	Respected
S7.2-	No respect
S7.3	Competition
S7.3+	Competitive
S7.3-	No competition
S7.4	Permission
S7.4+	Allowed
S7.4-	Not allowed
S8	Helping/hindering
S8+	Helping
S8-	Hindering
S9	Religion and the supernatural
S9-	Non-religious
T1	Time
T1.1	Time: General
T1.1.1	Time: Past
T1.1.2	Time: Present; simultaneous
T1.1.2-	Time: Asynchronous
T1.1.3	Time: Future
T1.2	Time: Momentary
T1.3	Time: Period

T1.3+	Time period: long
T1.3-	Time period: short
T2	Time: Beginning and ending
T2+	Time: Beginning
T2-	Time: Ending
T3	Time: Old, new and young; age
T3+	Time: Old; grown-up
T3-	Time: New and young
T4	Time: Early/late
T4+	Time: Early
T4-	Time: Late
W1	The universe
W2	Light
W2-	Darkness
W3	Geographical terms
W4	Weather
W5	Green issues
X1	Psychological Actions, States And Processes
X2	Mental actions and processes
X2.1	Thought, belief
X2.1-	Without thinking
X2.2	Knowledge
X2.2+	Knowledgeable
X2.2-	No knowledge
X2.3	Learn
X2.3+	Learning
X2.4	Investigate, examine, test, search
X2.4+	Double-check

X2.4–	Not examined
X2.5	Understand
X2.5+	Understanding
X2.5–	Not understanding
X2.6	Expect
X2.6+	Expected
X2.6–	Unexpected
X3	Sensory
X3.1	Sensory：Taste
X3.1+	Tasty
X3.1–	Not tasty
X3.2	Sensory：Sound
X3.2+	Sound：Loud
X3.2–	Sound：Quiet
X3.3	Sensory：Touch
X3.4	Sensory：Sight
X3.4+	Seen
X3.4–	Unseen
X3.5	Sensory：Smell
X3.5–	No smell
X4	Mental object
X4.1	Mental object：Conceptual object
X4.1–	Themeless
X4.2	Mental object：Means，method
X5	Attention
X5.1	Attention
X5.1+	Attentive
X5.1–	Inattentive

X5.2	Interest/boredom/excited/energetic
X5.2+	Interested/excited/energetic
X5.2−	Uninterested/bored/unenergetic
X6	Deciding
X6+	Decided
X6−	Undecided
X7	Wanting; planning; choosing
X7+	Wanted
X7−	Unwanted
X8	Trying
X8+	Trying hard
X8−	Not trying
X9	Ability
X9.1	Ability and intelligence
X9.1+	Able/intelligent
X9.1−	Inability/unintelligence
X9.2	Success and failure
X9.2+	Success
X9.2−	Failure
Y1	Science and technology in general
Y1−	Anti-scientific
Y2	Information technology and computing
Y2−	Low-tech
Z0	Unmatched proper noun
Z1	Personal names
Z2	Geographical names
Z3	Other proper names
Z4	Discourse Bin

Z5	Grammatical bin
Z6	Negative
Z7	If
Z7–	Unconditional
Z8	Pronouns
Z9	Trash can
Z99	Unmatched

参考文献

ALI S M, HUSSEIN K S, 2014. The Comparative Power of Type/Token and Hapax legomena/Type Ratios: A Corpus-based Study of Athorial Differentiation [J]. Advances in Language & Literary Studies, 5 (3): 112-119.

AVNER E A, ORDAN N, WINTNER S, 2016. Identifying Translationese at the Word and Sub-word Level [J]. Digital Scholarship in the Humanities, 31 (1): 30-54.

BAAYEN R H, RENOUF A, 1998. Aviating among the Hapax Legomena: Morphological Grammaticalisation in Current British Newspaper English [J]. Explorations in Corpus Linguistics (23): 181.

BAAYEN R H, 2001. Word Frequency Distributions [M]. Dordrecht: Kluwer Academic Publishers.

BAKER M, SALDANHA G, 1998/2009. Routledge Encyclopedia of Translation Studies [M]. London & New York: Routledge.

BAKER M, 1993. Corpus Linguistics and Translation studies: Implication and Application [M]//BAKER M G, FRANCIS G & TOGNINI-BONELLI E (eds.). Text and Technology: In Honor of John Sinclair. Amsterdam: John Benjamins Publishing Company, 233-250.

BAKER M, 1995. Corpora in Translation Studies: An Overview and Some

Suggestions for Future Research [J]. Target Interintional Journal of Translation Studies, 7 (2): 223-243.

BAKER M, 1996. Corpus-based Translation Studies: The Challenges that Lie Ahead [M] //Somers (ed.). Terminology, LSP and Translation: Studies in Language Engineering in Sager. Amsterdam: John Benjamins Publishing Company, 175-186.

BAKER M, 2004. A Corpus-based View of Similarity and Difference in Translation [J]. International Journal of Corpus Linguistics, 9 (2): 167-193.

BAKER M, 2007. Patterns of Idiomaticity in Translated vs. Non-translated Text [J]. Belgian Journal of Linguistics, 21 (1): 11-21.

BALASKÓ M, 2008. What does the figure show? Patterns of translationese in a Hungarian comparable corpus [J]. Trans-Kom, 1 (1): 58-73.

BARONI M, BERNARDINI S, 2006. A New Approach to the Study of Translationese: Machine-learning the Difference Between Original and Translated Text [J]. Literary and Linguistic Computing, 21 (3): 259-274.

BERNARDINI S, BARONI M, 2005. Spotting Translationese: A Corpus-driven Approach Using Support Vector Machines [C]. Proceedings of Corpus Linguistics, 9.

BERNARDINI S, FERRARESI A, 2011. Practice, Description and Theory Come Together-Normalization or Interference in Italian Technical Translation? [J]. Meta, 56 (2): 226-246.

BIBER D, FINEGAN E, 1994. Introduction: Situating Register in Sociolinguistics on Sociolinguistic Perspectives on Register [M]. London: Oxford University Press, 4-5.

BIBER D, 1994. An Analytical Framework for Register Studies [M] // BIBER D & FINEGAN E (eds.) .Sociolinguistics on Sociolinguistic Perspectives on Register. London: Oxford University Press, 31-56.

BIBER D, 1995. Dimensions of Register Variation: A Cross Linguistic Comparison [M]. Cambridge: Cambridge University Press.

BIBER D, 1998. Variation Across Speech and Writing [M]. Cambridge: Cambridge University Press.

BIBER D, JOHANSSON S, LEECH G, et al, 1999. Longman Grammar of Spoken and Written English (Vol.2) [M]. Cambridge: MIT Press.

BIBER D, 2014. Using Multi-dimensional Analysis to Explore Cross-linguistic Universals of Register Variation [J]. Language in Contrast, 14 (1): 7-34.

BINNICK R I, 1991. Time and the Verb: A Guide to Tense and Aspect [M]. London: Oxford University.

BYSTROVA-MCINTYRE T, 2007. Looking at the Overlooked: a Corpora Study of Punctuation Use in Russian and English [J]. Translation and Interpreting Studies, 2 (1): 137-162.

BLUM-KULKA S, 1986. Shifts of Cohesion and Coherence in Translation [M] //HOUSE J & BLUM-KULKA S (eds.). Interlingual and Intercultural Communication: Discourse and Cognition in Translation and Second Language Acquisition Studies. Timbingen: Gunter Narr, 61-71.

CHEN W, 2006. Explication Through the Use of Connectives in Translated Chinese: A Corpus-based Study [D]. Manchester: University of Manchester.

CHESTERMAN A, 1989. Readings in Translation Theory [M]. Helsinki: Finn Lectura.

CHESTERMAN A, 2004. Beyond the Particular [M] //MAURANEN A & KUJAMKI P (eds.). Translation Universals: Do They Exist?. Amsterdam: John Benjamins Publishing Company, 33-49.

CHOMSKY N, 1957. Syntactic Structures [M]. Gravenhage:

Mouton.

CHOMSKY N, 1965. Aspects of the Theory of Syntax Cambridge [M]. Cambridge: MIT Press.

COLLINA S, 2002. Second Language Acquisition, Language Teaching and Translation Studies [J]. Translator, 8 (1): 1-24.

COULTHARD M, JOHNSON A, 2007. An Introduction to Forensic Linguistics: Language in Evidence [M]. London & New York: Routledge.

COMRIE B, 1989. Language Universals and Linguistic Typology [M]. 2nd edition. Chicago: The University of Chicago Press.

CORBETT G, 1991. Gender [M]. Cambridge: Cambridge University Press.

CROFT W, 1990/2000. Typology and Universals [M]. Beijing: Foreign Language eaching and Research Press.

CROFT W, 2003. Typology and Universals [M]. 2nd edition. Cambridge: Cambridge University Press.

CRYSTAL D, 1991. A Dictionary of Linguistics and Phonetics [M]. 3rd edition. Oxford: Basil Blackwell.

DAHL Ö, 1985. Tense and Aspect System [M]. Bath, UK: The Bath Press.

DAI G, XIAO R, 2011. "SL Shining Through" in Translational Language: A Corpus-based Study of Chinese Translation of English Passives [J]. Translation Quarterly, 62: 85-108.

DOWTY D, 1977. Towards a Semantic Analysis of Verb Aspect and the English Imperfective Progressive [J]. Linguistics and Philosophy (1): 45-77.

DUFF A, 1981. The Third Language: Recurrent Problems of Translation into English [M]. Oxford: Pergamon Press.

EVEN-ZOHAR I, 1978. Papers in Historical Poetics [M]. Tel Aviv:

Porter Institute for Poetics and Semiotics.

FIRTH J R, 1935. The Technique of Semantics [J]. Transactions of the Philological Society, 34(1): 36-73.

FIRTH J R, 1957. A Synopsis of Linguistic Theory 1930-1955 [J]. Studies in Linguistic Analysis (special volume of the Philological Society), 10-32.

FUTRELL R, MAHOWALD K, GIBSON E, 2015. Large-scale Evidence of Dependency Length Minimization in 37 Languages [J]. Proceedings of the National Academy of Sciences, 112(33): 10336-10341.

FRAWLEY W, 1984. Translation, Literary, Linguistic and Philosophical Perspectives [M]. Newark: University of Delaware Press; London: Associated University Presses.

GELLERSTAM M, 1986. Translationese in Swedish Novel Translated from English [M]//WOLLIN L & LINDQUIST H (eds.). Translation Study in Scandinavia. Lund: CWK Gleerup, 88-95.

GELLERSTAM M, 1996. Translations as a Source for Cross-linguistic Studies [M]//AIJMER B & JOHANSSON M (eds.). Languages in Contrast. Lund: CWK Gleerup, 53-62.

GHAZALA H, 2004. Stylistic-semantic and Grammatical Functions of Punctuation in English-Arabic Translation [J]. Babel, 50(3): 230-245.

GIBBONS J, 2003. Forensic Linguistics: An Introduction to Language in the Justice System [M]. Britain: Blachwell Publishing Ltd.

GRANGER S, 1983. The be + past Participle Construction in Spoken English with Special Emphasis on the Passive [M]. Elsevier Science Publishers: Amsterdam, New York and Oxford.

GRANT T, 2008. Approaching Questions in Forensic Authorship Analysis [M]//GIBBONS J & TURELL M (eds.). Dimensions of Forensic Linguistics. Amsterdam/Philadelphia: John Benjamins Publishing Company,

215-229.

GREENBERG J H, 1963. Universals of Language [M]. Cambridge: MIT Press.

HADIKIN G A, 2014. An and the Environments in Spoken Korean English [J]. Corpora, 9(1): 1-28.

HALLIDAY M A K, 1966. Lexis as a Linguistic Level [M]//BAZELL C E, et al. In Memory of J R Firth. London: Longmans, 148-162.

HALLIDAY M A K, 1976. System and Function in Language [M]. London: Oxford University Press.

HALLIDAY M A K, HASAN R, 1976/2013. Cohesion in English [M]. London & New York: Routledge.

HALLIDAY M A K, 1978. Language as Social Semiotic: The Social Interpretation of Meaning [M]. London: Arnold.

HALLIDAY M, MATTHIESSEN C, 1985/2014. An Introduction to Functional Grammar [M]. London and New York: Routledge.

HANSEN S, TEICH E, 2002. The Creation and Exploitation of A Translation Reference Corpus [M]//YUSTE-RODRIGO E (eds.). Proceedings of the Workshop on Language Resources in Translation Work and Research. Paris: European Language Resources Association, 1-4.

HATCHER A, 1949. To Get/Be Invited [J]. Modern Language Notes (64): 433-446.

HOEY M, 2005. Lexical Priming: A New Theory of Words and Language [M]. London & New York: Routledge.

HOEY M, 2011. Lexical Priming and Translation [M]//KRUGER A, WALLMACH K & MUNDAY J (eds.). Corpus-based Translation Studies: Research and Applications. London: Bloomsbury.

HOEY M, 2012. Lexical Priming: A New Theory of Words and Language [M]. London & New York: Routledge.

HOCKETT C F, 1958. A Course in Modern Linguistics [M]. New York: Macmillan.

HOLMES J S, 1988. Translated! Papers on Literary Translation and Translation Studies [M]. Amsterdam: Rodopi.

HOLMES D, 1991. Vocabulary Richness and the Prophetic Voice [J]. Literary & Linguistic Computing, (6): 259-268.

HORI M, 2004. Investigating Dickens Style: A Collocation Analysis [M]. New York: Palgrave Macmillan.

HOUSE J, 1977. A Model of Translation Quality Assessment [M]. Amsterdam/Philadelphia: John Benjamins Publishing Company.

HU X, XIAO R, 2014. General Tendencies and Variations of Translational English across Registers. In Using Corpora in Contrastive and Translation Studies 2014 Conference (UCCTS4) [M]. Lancaster: Lancaster University.

HUNSTON S, FRANCIS G, 2000. Pattern Grammar: A Corpus-driven Approach to the Lexical Grammar of English [M]. Amsterdam: John Benjamins Publishing Company.

HUNSTON S, 2007. Semantic Prosody Revisited [J]. International Journal of Corpus Linguistics, 12 (2): 249-268.

ILISEI I, INKPEN D, PASTOR G C, et al, 2010. Identification of Translationese: A Machine Learning Approach. In Computational linguistics and intelligent text processing [M]. Berlin & Heidelberg: Springer, 503-511.

ILISEI I, INKPEN D, 2011. Translationese Traits in Romanian Newspapers: A Machine Learning Approach [J]. International Journal of Computational Linguistics and Applications, 2 (1-2): 319-332.

ILISEI I, 2012. A Machine Learning Approach to the Identification of Translational Language: An Inquiry into Translationese Learning Models. PhD thesis [M]. Wolverhampton: The University of Wolverhampton.

IONIN T, KO H, WEXLER K, 2004. Article Semantics in L2-

Acquisition: The Role of Specificity [J]. Language Acquisition (12): 3-69.

JAKOBSON R, 1959. On Linguistic Aspects of Translation [M] // VENUTI (eds.), 2012. The Translation Studies Reader. 3rd edition. New York: Routledge, 127-131.

JANTUNEN J, 2001. Synonymity and Lexical Simplication in Translations: A Corpus-based Approach [J]. Across Languages and Cultures, 2 (1): 97-112.

JANTUNEN J, 2004. Untypical Patterns in Translations: Issues on Corpus Methodology and Synonymity [M] //MAURANEN A & KUJAMÄKI P (eds.). Translation Universals: Do They Exist?. Amsterdam: John Benjamins Publishing Company, 101-128.

JESPERSEN O, 1949. A Modern English Grammar on Historical Principles [M]. London: Allen & Unwin.

JOHANSSON S, 1998. On the Role of Corpora in Cross-linguistic Research [M] //JOHANSSON S & OKSEFJELL S (eds.). Corpora and Cross-Linguistic Research: Theory, Method, and Case Studies. Amsterdam: Rodopi, 3-24.

KENNEDY G, 2000. An Introduction to Corpus Linguistics [M]. Beijing: Beijing Foreign Language Teaching and Research Press.

KENNY D, 1999. Norms and Creativity: Lexis in Translated Text [D]. Manchester: University of Manchester.

KENNY D, 2001. Lexis and Creativity in Translation: A Corpus-based Study [M]. Manchester: St.Jerome Publishing.

KERN R G, 1994. The Role of Mental Translation in Second Language Reading [J]. Studies in Second Language Acquisition, 16 (4): 441-461.

KENTARO I, MASARU N, 2001. A Paraphrase-based Exploration of Cohesiveness Criteria [C] //Proceedings of the 8th European Workshop on

Natural Language Generation (Annual Meeting of the ACL). Toulouse, France, 6-7 July 2001, vol. VIII, 1-10. Morristown, New Jersey: Association for Computational Linguistics.

KLAUDY K, 1993. On Explicitation Hypothesis [C] //KLAUDY K & KOHN J (eds.). Transferre Necesse Est Current Issues of Translation Thoery. Proceedings of a Symposium in Honour of Gyorgy Rado on his 80th birthday. Szombathely: Daniel Berzsenyi College.

KLAUDY K, KAROLI K, 2005. Implicitation in Translation: Empirical Evidence for Operational Asymmetry in Translation [J]. Across Languages and Cultures, 6(1): 13-28.

KOPPEL M, ORDAN N, 2011. Translationese and its Dialects [C] //Proceedings of the 49th annual meeting of the association for computational linguistics. Human Language Technologies, 1318-1326.

KRUGER H, ROOY B, 2012. Register and the Features of Translated Language [J]. Across Languages and Cultures, 13(1): 33-65.

KUBLER C C, 1985. A Study of Europeanized Grammar in Mandarin Written Chinese [M]. Taipei: Student Book Co.Ltd.

LABOV W, WALESKY J, 1967. Narrative Analysis [M] //HELM J (eds.). Essays on the Verbal and Visual Arts. Seattle: University of Washington Press, 12-24.

LAKOFF R, 1971. Passive Resistance [M] //Chicago Linguistic Society (eds.). Papers from the Seventh Regional Meeting of Chicago Linguistic Society. Chicago: Chicago Linguistic Society, 149-162.

LANGACKER R W, 1987. Foundations of Cognitive Grammar: Theoretical Prerequisites [M]. Stanford: Stanford University Press.

LANGACKER R W, 2002. Grammar and Conceptualization [M]. Berlin & New York: Mount de Gruyter.

LANGACKER R W, 2008. Cognitive Grammar: A Basic Introduction

[M]. Oxford: Oxford University Press.

LAPSHINOVA-KOLTUNSKI E, 2015. Variation in Translation: Evidence from Corpora [M] //FANTINUOLI C & ZANETTI F (eds.). New Directions in Corpus-based Translation Studies. Berlin: Language Science Press, 93-114.

LAVIOSA S, 1998. Core Patterns of Lexical Use in a Comparable Corpus of English Narrative Prose [J]. Meta, 43 (4): 557-570.

LAVIOSA S, 2002. Corpus-based Translation Studies [M]. Amsterdam/New York: Rodopi.

LIU H, 2008. Dependency Distance as A Metric of Language Comprehension Difficulty [J]. Journal of Cognitive Science, 9 (2): 159-191.

LEECH G, SMITH N R, 2006. Grammatical Change in Written English 1961-1992: Some Preliminary Findings of a Comparison of American with British English [J]. Language and Computers (1): 185-204.

LYONS J, 1977. Semantics [M]. Cambridge: Cambridge University Press.

MAURANEN A, 2000. Strange Strings in Translated Language: A Study on Corpora [M] //OLOHAN M (ed.). Intercultural Faultlines. Research Models in Translation Studies 1: Textual and Cognitive Aspects. Manchester: St.Jerome, 119-141.

MALINOWSKI B, 1923. The Problem of Meaning in Primitive Languages [M] //MAYBIN J (ed), 1994. Language and Literacy in Social Practice: A Reader, 1-10. Clevedon, Philadelphia, Adelaide: Multilingual Matters Ltd. In association with The Open University.

MALMKJÆR K, 1997. Punctuation in Hans Christian Andersen's Stories and in their Translations into English [M] //POYATOS F (eds.). Nonverbal Communication and Translation. Amsterdam/Philadephia: John Benjamins Publishing Company, 151-162.

MANNING C, SCHUTZE H, 2001. Foundations of Statistical Natural Language Processing [M]. Cambridge: The MIT Press.

MAY R, 1994. The Translator in the Text: On Reading Russian Literature in English [M]. Evanston, Illinois: Northwestern University Press.

MAY R, 1997. Sensible Elocution: How Translation Works in and upon Punctuation [J]. The Translator (1): 1-20.

MEYER C F, 1987. A linguistic study of American punctuation [M]. New York: Peter Lang.

MCENERY T, XIAO R, 2006. Passive Constructions in English and Chinese [J]. Language in Contrast (1): 109-149.

MCENERY T, XIAO R, 2010. Corpus-based Contrastive Studies of English and Chinese [M]. London & New York: Routledge.

MAURANEN A, 2000. Strange Strings in Translated Language: A Study on Corpora [M] //OLOHAN M (eds.). Intercultural Faultlines. Research Models in Translation Studies 1: Textual and Cognitive Aspects. Manchester: St. Jerome, 119-141.

MAURANEN A, 2008. Chapter "Universal Tendencies in Translation" [M] //ANDERMAN J M (eds.). Incorporating Corpora: the Linguist and the Translator. Clevedon: Multilingual Matters Ltd, 32-48.

MELDRUM Y F, 2009. Contemporary Translationese in Japanese Popular Literature [D]. Alberta: University of Alberta.

MILIC L, 1991. Progress in Stylistics: Theory, Statistics, Computer [J]. Computers and the Humanities (25): 393-400.

MUNDAY J, 2012. Introducing Translation Studies: Theories and Applications [M]. London & New York: Routledge.

NEWMAN A, 1980. Mapping Translation Equivalence [M]. Leuven: ACCO.

NEWMARK P, 1988/2002. A Text Book of Translation [M].

Shanghai: Shanghai Foreign Language Education Press.

NIDA E A, 1964. Toward a Science of Translating [M]. Leiden: E. J. Brill.

NIDA E A, Taber C R, 1969. The Theory and Practice of Translation [M]. Leiden: E. J. Brill.

NIDA E A, 1969. Science of Translation [J]. Language, 45 (3): 483-498.

NISIOI S, DINU L P, 2013. A Clustering Approach for Translationese Identification [C] //Proceedings of the International Conference Recent Advances in Natural Language Processing RANLP 2013, 532-538.

NUNBERG G, 1990. The Linguistics of Punctuation [M]. Chicago: The University of Chicago Press.

OLOHAN M, BAKER M, 2000. Reported 'that' in Translated English: Evidence for Subconscious Processes of Explicitation? [J]. Across Languages and Culture, 1 (2): 141-158.

OLOHAN M, 2001. Spelling Out the Optionals in Translation: A Corpus Study [C] //RAYSON P, WILSON A, MCENERY T, HARDIE A & KHOJA S (eds.). Proceedings of the Corpus Linguistics 2001 Conference. UCREL Technical Papers (Vol 113). UCREL: Lancaster University, 423-432.

OLSEN M B, 1994. A Semantic and Pragmatic Model of Lexical and Grammatical Aspect [D]. Evanston, Illinois: Northwestern University.

ØVERÅS L, 1998. In Search of the Third Code: An Investigation of Norms in Literary Translation [J]. Meta, 43 (4): 571-590.

PÁPAI V, 2004. Explicitation: A Universal of Translated Texts? [M] //MAURANEN A & KUJAMÄKI P (eds.). Translation Universals: Do They Exist?. Amsterdam: John Benjamins Publishing Company, 143-164.

PARTINGTON A, 2004. "Utterly Content in Each Other's Company": Semantic Prosody and Semantic Preference [J]. International

Journal of Corpus Linguistics (1): 131-156.

PASTOR G C, MITKOV R, AFZAL N, et al, 2008. Translation Universals: Do They Exist? A Corpus-based and NLP Approach to Convergence [C] //LREC (2008) Workshop on "Comparable Corpora". LREC-08. Marrakesh, Morocco.

PEREGO E, 2003. Evidence of Explicitation in Subtitling: Towards a Categorisation [J]. Across Languages and Cultures, 4 (1): 63-88.

POPESCU I, ALTMANN G, 2008. Hapax Legomena and Language Typology [J]. Journal of Quantitative Linguistics, 15 (4): 370-378.

POPESCU M, 2011. Studying Translationese at the Character Level [C] //Proceedings of Recent Advances in Natural Language Processing, 634-639.

POUTSMA H, 1914. A Grammar of Late Modern English [M]. Parts I -- II, Noordhoff Ltd., Groningen.

PRINCE P, 1996. Second Language Vocabulary Learning: The Role of Context Versus Translations as a Function of Proficiency [J]. The Modern Language Journal, 80 (4): 478-493.

PUURTINEN T, 2003a. Explicitating and Implicitating Source Text Ideology [J]. Across Languages and Cultures, 4 (1): 53-62.

PUURTINEN T, 2003b. Genre-specic Features of Translationese? Linguistic Dierences between Translated and Non-translated Finnish Childrens Literature [J]. Literary and Linguistic Computing, 18 (4): 389-406.

PUURTINEN T, 2004. Explicitation of Clausal Relations: A Corpus-based Analysis of Clause Connectives in Translated and Non-translated Finnish Children's Literature [M] //MAURANEN A & KUJAMKI P (eds.). Translation Universals: Do They Exist?. Amsterdam: John Benjamins Publishing Company, 165-176.

PYM A, 2011. Translation Research Terms: A Tentative Glossary for Moments of Perplexity and Dispute. Translation Research Projects 3 [C].

Tarragona: Intercultural Studies Group, 75-110.

QUIRK R, SVARTVIK J, LEECH G, et al, 1985. A Comprehensive Grammar of the English Language [M]. London: Longman.

RABINOVICH E, WINTNER S, LEWINSOHN O L, 2015. The Haifa Corpus of Translationese [J]. Computer Science, 9 (11).

RAYSON P, XU X, XIAO J, et al, 2008. Quantitative Analysis of Translation Revision: Contrastive Corpus Research on Native English and Chinese Translationese [J]. XVIII FIT World Congress.

REISS K, 1977. Text Types, Translation Types and Translation Assessment [M]. Translated by CHESTERMAN A//CHESTERMAN A (ed.). Readings in Translation Theory. Oy Finn Lectura Ab, 105-115.

RODRÍGUEZ-CASTRO M, 2011. Translationese and Punctuation: An Empirical Study of Translated and Non-translated International Newspaper Articles (English and Spanish) [J]. Translation and Interpreting Studies, 6 (1): 40-61.

ROMAINE S, 1980. The Relative Clause Marker in Scots English: Diffusion, Complexity, and Style as Dimensions of Syntactic Change [J]. Language in Society (9): 221-247.

ROMAINE S, 1982. Socio-Historical Linguistics: Its Status and Methodology [M]. Cambridge: Cambridge University Press.

SAEED J I, 2009. Semantics [M]. 3rd edition. West Sussex: Blackwell Publishing Ltd.

SANTOS D, 1995. On Grammatical Translationese [C]//KOSKENNIEMI K (ed.). Short Papers Presented at the Tenth Scandinavian Conference on Computational Linguistics. Helsinki, 59-66.

SCOTT M N, 1998. Normalization and Readers' Expectation [D]. Liverpool AELSU University of Liverpool.

SCOTT M N, 2004. The WordSmith Tools (v.4.0) [M]. Oxford:

Oxford University Press.

SELINKER L, 1972. Interlanguage [J]. International Review of Applied Linguistics in Language Teaching, 10 (1–4): 209–232.

SHORT M, SEMINO E, CULPEPER J, 1996. Using a Corpus for Stylistics Research: Speech and Thought Presentation [M] //SHOT M & THOMAS J (eds.). Using Corpora in Language Research. London: Longman.

SILVERSTEIN M, 1976. Hierarchy of Features and Ergativity [M] //Dixon R M W (ed.). Grammatical Categories in Australia Languages. Canberra: Australian Institute of Aboriginal Studies, 112–171.

SINCLAIR J, 1987. Collocation: A Progress Report [M] //Halliday M A K, Steele R & Threadgold T (eds.). Language Topics: Essays in Honour of Michael. Amsterdam and Philadelphia: Benjamin, 319–331.

SINCLAIR J, 2004. Trust the Text [M] //Sinclair J & Carter R (eds.). Trust the Text: Language, Corpus and Discourse. London and New York: Routledge.

SMITH C S, 1991. The Parameter of Aspect [M]. Dordrecht: Kluwer.

SPIVAK G, 1993/ 2012. The Politics of Translation [M] //Venuti L (ed.). The Translation Studies Reader. 3rd edition. New York: Routledge, 312–330.

SWEETSER E, 1990. From Etymology to Pragmatics [M]. London: Cambridge University Press.

TEICH E, 2003. Cross-Linguistic Variation in System and Text: A Methodology for the Investigation of Translations and Comparable Texts [M]. Berlin: Mouton de Gruyter.

TIRKKONEN-CONDIT S, 2002. Translationese: A Myth or an Empirical Fact? A Study Into the Linguistic Identiability of Translated Language [J].

Target International Journal of Translation, 14（2）: 207-220.

TIRKKONEN-CONDIT S, 2004. Unique items: Over-or Under-represented in Translated Language?［M］//MAURANEN A & KUJAMÄKI P (eds.). Translation Universals: Do They Exist?. Amsterdam: John Benjamins Publishing Company, 177-184.

TOGNINI-BONELLI E, 2002. Functionally Complete Units of Meaning across English and Italian: Towards a Corpus-driven Approach［M］//ALTENBERG B & GRANGER S (eds.). Lexis in Contrast: Corpus-based Approach. Amsterdam and Philadelphia: John Benjamins Publishing Company, 73-96.

TOURY G, 1995. Descriptive Translation Studies and Beyond［M］. Amsterdam/Philadelphia: John Benjamins Publishing Company.

TOURY G, 1979. Interlanguage and its Manifestation in Translation［J］. Meta, 24（2）: 223-231.

URE J N, 1971. Lexical Density and Register Differentiation［M］//PERREN G E & TRIM J L M (eds.). Applications of Linguistics: Selected Papers of the Second International Conference of Applied Linguistics. Cambridge: Cambridge University Press, 443-452.

VANDERAUWERA R, 1985. Dutch Novels Translated into English: The Transformation of a "Minority" Literature［M］. Amsterdam: Rodopi.

VINAY J, DARBELNET J, 1958/1995. Comparative Stylistics of French and English: A Methodology for Translation［M］. trans of Vinay and Darbelnet (1958) by SAGER J C and HAMEL M. Amsterdam and Philadelphia: John Benjamins.

WEINREICH U, 1953. Languages in contact: Findings and problems［M］. Ninth printing 1979. Paris/ New York: Mouton Publishers, The Hague.

WANG K, QIN H, 2010. A Parallel Corpus-based Study of Translational

Chinese [M] //XIAO R (ed.). Using Corpora in Contrastive and Translation Studies. Newcastle: Cambridge Scholars Publishing, 164-181.

WHALEY L J, 1997/2009. Introduction to Typology: The Unity and Diversity of Language [M]. Beijing: World Book Inc.& Sage Publications.

XIAO R, MCENERY T, 2002. Situation Aspect as a Universal Aspect: Implications for Artificial Languages [J]. Journal of Universal Language, 3 (2): 139-177.

XIAO R, MCENERY T, 2004. Aspect in Mandarin Chinese: A Corpus-based Study [M]. Amsterdam/Philadephia: John Benjamins Publishing Company.

XIAO R, MCENERY T, 2006. Collocation, Semantic Prosody, and Near Synonymy: A Cross-linguistic Perspective [J]. Applied linguistics (1): 103-129.

XIAO R, YUE M, 2009. Using Corpora in Translation Studies: The State of the Art [M] //BAKER P (ed.). Contemporary Corpus Linguistics. London: Continuum International Publishing Group, 237-262.

XIAO R, MCENERY T, 2010. Corpus-Based Contrastive Studies of English and Chinese [M]. London & New York: Routledge.

XIAO R, 2011. Word Clusters and Reformulation Markers in Chinese and English: Implications for Translation Universal Hypotheses [J]. Languages in Contrast, 11 (2): 145-171.

XIAO R, DAI G, 2013. Lexical and Grammatical Properties of Translational Chinese: Translation Universal Hypotheses Reevaluated from the Chinese Perspective [J]. Corpus Linguistics & Lingustic Theory, 10 (1): 11-55.

XU J, LI X, 2014. Structural and Semantic Non-correspondences between Chinese Splittable Compounds and Their English Translations: A Chinese-English Parallel Corpus-based Study [J]. Corpus Linguistics and Linguistic

Theory, 10（1）：79-101.

柴秀娟，2012．Translationese及相关概念探析［J］．当代外语研究（3）：104-108.

郭鸿杰，韩红，2012．语料库驱动的英汉语言接触研究：以"被"字句为例［J］．外语教学与研究（3）：359-370.

贺阳，2008．现代汉语欧化语法现象研究［J］．世界汉语教学（4）：16-31.

胡显耀，曾佳，2010．翻译小说"被"字句的频率、结构及语义韵研究［J］．外国语（3）：73-79.

胡显耀，2010．基于语料库的汉语翻译语体特征多维分析［J］．外语教学与研究（6）：451-458.

黄立波，2008．英汉翻译中人称代词主语的显化——基于语料库的考察［J］．外语教学与研究（6）：454-459.

金立鑫，2006．语言类型学——当代语言学中的一门显学［J］．外国语（5）：33-41.

李德超，王克非，2012．汉英同传中词汇模式的语料库考察［J］．现代外语（4）：409-415.

李德超，杨晓琳，2017．基于语料库的"more and more"及其触发环境研究：词汇触发理论的视角［J］．北京第二外国语学院学报（1）：116-126.

刘泽权，刘超朋，朱虹，2011．《红楼梦》四个英译本的译者风格初探——基于语料库的统计与分析［J］．中国翻译（1）：60-64.

罗卫华，佟大明，2011．篇际零重复词分布和增长模式实证研究［J］．中国外语（6）：53-87.

王还，1957．"把"字句和"被"字句［M］．北京：新知识出版社．

王克非，胡显耀，2008．基于语料库的翻译汉语词汇特征研究［J］．中国翻译（6）：16-21.

参考文献

王克非，秦洪武，2009．英译汉语言特征探讨——基于对应语料库的宏观分析［J］．外语学刊（1）：101-105．

王克非，胡显耀，2010．汉语文学翻译中人称代词的显化和变异［J］．中国外语（7）：16-21．

王力，1958．汉语史稿［M］．北京：商务印书馆．

王力，1959/2002．中国现代语法［M］．香港：中华书局（香港）有限公司．

魏志成，2010．英汉语比较导论［M］．2版．上海：上海外语教学出版社．

维特根斯坦，1953/1992．哲学研究［M］．汤潮，范光棣，译．北京：三联书店．

夏云，2014．现代汉语"被"字句语义特征和结构容量的演化：语言接触视角［J］．外文研究（4）：89-94．

肖忠华，2012．英汉翻译中的汉语译文语料库研究［M］．上海：上海交通大学出版社．

肖忠华，戴光荣，2010．寻求"第三语码"——基于汉语译文语料库的翻译共性研究［J］．外语教学与研究（1）：52-58．

肖忠华，戴光荣，2010．汉语译文中习语与词簇的使用特征:基于语料库的研究［J］．外语研究（3）：79-86，112．

谢耀基，1990．现代汉语欧化语法概论［M］．香港：香港光明图书公司．

许家金，2016．基于可比语料库的英语译文词义泛化研究［J］．中国翻译（2）：16-21．

杨普习，刘典忠，周小岩，2009．Translationese：翻译体？翻译症？翻译腔？［J］．中国科技术语（3）：52-54．

杨晓琳，2013．从翻译共性的角度探析英译汉中的"翻译文体"［D］．杭州：浙江大学．

杨晓琳，程乐，2016．英汉翻译不同语域下被动标记形式及语义韵变化中的"Translationsess"[J]. 中国翻译（1）：5-12.

于涛，梁茂成，2014. 英语被动结构多维度对比研究[J]. 外语教学（4）：11-15.

于秀金，2013. 类型学视野下的英汉时体研究[D]. 上海：上海外国语大学.

曾小兵，张志平，刘荣，等，2008.《中国语言生活状况报告》中成语与习语的调查与思考[J]. 中文信息学报（6）：43-49.

朱一凡，胡开宝，2014. "被"字句的语义趋向与语义韵——基于翻译与原创新闻语料库的对比研究[J]. 外国语（1）：53-64.

凌濛初，2010. 二刻拍案惊奇[M]. 杭州：浙江古籍出版社.

曹雪芹，1987. 红楼梦[M]. 北京：人民文学出版社.

芥川龍之介，1968/2015. 戯作三昧・一塊の土[M]. 東京：新潮社.